2015年度全国毕业生就业50所典型经验高校经验汇编

主　　编　张凤有
副 主 编　石鹏建
执行主编　余　舰

中国财经出版传媒集团
中国财政经济出版社

图书在版编目（CIP）数据

2015年度全国毕业生就业50所典型经验高校经验汇编 / 张凤有，石鹏建，余舰编. —北京：中国财政经济出版社，2017.3

ISBN 978-7-5095-7330-3

Ⅰ.①2… Ⅱ.①张… ②石… ③余… Ⅲ.①高等学校-毕业生-就业-工作经验-汇编-中国-2015 Ⅳ.①G647.38

中国版本图书馆CIP数据核字（2017）第042608号

责任编辑：李　冰　　　　责任校对：胡永立

封面设计：汪俊宇

中国财政经济出版社出版

URL：http：//www.cfeph.cn

E-mail：cfeph@cfeph.cn

社址：北京市海淀区阜成路甲28号　邮政编码：100142

营销中心电话：88190406　北京财经书店电话：64033436　84041336

北京中兴印刷有限公司印刷　各地新华书店经销

787×1092毫米　16开　21印张　372 000字

2017年3月第1版　2017年3月北京第1次印刷

定价：56.00元

ISBN 978-7-5095-7330-3

（图书出现印装问题，本社负责调换）

打击盗版举报热线：010-88190492、QQ：634579818

2015 年 7 月 30 日，教育部召开 2015 年度全国毕业生就业典型经验高校座谈会。教育部副部长林蕙青出席会议并讲话。

座谈会上，高校学生司司长王建国宣布 2015 年度 50 所就业典型经验高校名单。

就业总结宣传工作领导小组为 2015 年度 50 所就业典型经验高校授牌。

2015 年 5 月 7 日，2015 年度就业总结宣传工作实地调研预备会在京召开。

就业总结宣传工作专家组成员、全国高等学校学生信息咨询与就业指导中心副主任石鹏建带队在华中科技大学进行实地调研。

就业总结宣传工作专家组成员、湖南师范大学副校长黎大志带队在云南大学滇池学院实地调研。

就业总结宣传工作专家组成员、大连海事大学党委书记郑少南带队在南京工程学院实地调研。

就业总结宣传工作专家组成员、安徽师范大学党委书记顾家山带队在河北师范大学实地调研。

教 育 部 办 公 厅

教学厅函〔2015〕38号

教育部办公厅关于公布2015年度全国毕业生就业典型经验高校名单的通知

各省、自治区、直辖市教育厅（教委），有关省、自治区人力资源社会保障厅（局），部属各高等学校：

高校毕业生就业创业工作是教育领域重要的民生工程，事关经济社会发展和社会稳定。在党中央、国务院的高度重视和正确领导下，“十二五”期间各地各高校共同努力，就业创业政策不断完善，就业创业指导服务水平不断提升，就业创业扶持力度不断加大，教育教学改革和人才培养模式改革不断深化，为促进毕业生就业、着力提高人才培养质量做出了大量艰苦细致的工作，积累了宝贵经验，有力确保了高校毕业生就业局势的总体稳定，高校毕业生就业创业工作取得积极进展。

为持续发挥就业典型经验高校的示范引领作用，有效推动提升全国高校毕业生就业创业工作的整体水平，2014年12月，我部启动开展了2015年度高校毕业生就业总结宣传工作。经过申报推荐、专家初选、社会调查和实地调研等环节，推选产生了2015年度50所全国毕业生就业典型经验高校。现将名单公布如下（按照行政区划排列）：

一、中央部门直属高等学校（5所）

中国传媒大学、武汉大学、华中科技大学、暨南大学、电子科技大学

二、省属本科院校（28所）

河北师范大学、石家庄铁道大学、沈阳工程学院、北华大学、吉林动画学院、黑龙江中医药大学、黑龙江八一农垦大学、南京工程学院、温州医科大学、浙江工商大学、黄山学院、蚌埠医学院、江西农业大学、山东协和学院、青岛滨海学院、郑州轻工业学院、新乡医学院、湖南文理学院、广东工业大学、广东技术师范学院、广西大学、右江民族医学院、三亚学院、重庆师范大学、云南大学滇池学院、西藏大学、西京学院、宁夏大学

三、高职高专院校（17所）

北京财贸职业学院、石家庄邮电职业技术学院、辽宁经济职业技术学院、江苏农林职业技术学院、江苏工程职业技术学院、浙江建设职业技术学院、安徽商贸职业技术学院、福州职业技术学院、德州职业技术学院、武汉电力职业技术学院、长沙航空职业技术学

院、张家界航空工业职业技术学院、广西建设职业技术学院、重庆电子工程职业学院、四川工程职业技术学院、贵州轻工职业技术学院、昆明工业职业技术学院

教育部办公厅

2015年6月24日

编委会名单

代 序

今天，我们在这里召开2015年度全国毕业生就业典型经验高校座谈会。刚才，张凤有同志介绍了有关情况，总结宣传领导小组为50所典型经验高校授牌。4所高校代表做了典型发言。我觉得非常受启发，在此，我代表教育部，向50所高校表示热烈祝贺！下面，我就毕业生就业创业工作谈三点意见，供大家参考。

一、迎难而上，2015年高校毕业生就业创业工作取得了积极的进展

高校毕业生就业创业工作是教育领域重要的民生工程，涉及亿万家庭福祉，关乎改革发展稳定全局。党中央、国务院高度重视毕业生就业创业工作。习近平总书记在不同场合多次强调，要强化就业创业服务体系建设，努力实现更高质量的就业、创业。李克强总理6次到高校视察，今年"五四"青年节给清华大学学生创客回信，最关心的问题就是大学生的就业创业。延东同志多次作出重要批示，亲自部署、推动毕业生就业创业工作。5月份，国务院出台了《关于进一步做好新形势下就业创业工作的意见》，国务院办公厅印发《关于深化高等学校创新创业教育改革的实施意见》，同时召开全国就业创业工作电视电话会议，对新形势下做好就业创业工作进行了全面部署。

教育部全面贯彻落实中央精神，相继出台一系列重要举措，推动就业创业促进政策不断完善。各部门、各地、各高校共同努力，进一步加强就业创业指导服务，在全国就业形势严峻复杂的情况下确保了高校毕业生就业创业局势的总体稳定。

二、导向鲜明，就业总结宣传工作取得新进展

2009年，按照延东同志的批示要求，教育部启动了高校毕业生就业总结宣传工

作。开展这项工作的目的，就是要深入挖掘并推广宣传高校在深化教育改革和促进就业创业方面的成功做法，大力发挥就业典型经验高校的示范带动作用，不断探索解决高校毕业生就业问题的长效机制，推动实现更加充分和更高质量的就业。迄今为止，就业总结宣传工作已经开展六年，推出了六批共300所就业典型经验高校。随着工作的不断深入，这项工作在就业战线乃至社会的影响不断扩大，在推动各高校深化高等教育改革、创新人才培养模式、促进毕业生就业创业工作等方面都发挥了重要导向作用，国务院领导和部党组积极评价，省市高校普遍认可，社会广泛关注。

专家实地考察认为，这一批典型经验高校在促进毕业生就业工作中，探索和实践很多好经验和做法，主要有4个特点：一是体现改革导向。学校坚持以就业促改革、以改革推就业的工作思路，努力形成以就业创业引导高校招生、培养等各环节工作的系统改革，努力探索培养适应社会需求的各类专业人才，从源头上解决我国高校毕业生就业问题。二是体现基层导向。许多学校都通过观念引导、政策宣传、资金奖励、制度保障等手段，积极宣传引导毕业生面向基层就业，毕业生基层就业人数比例进一步提升。三是坚持创业导向。学校高度重视学生创新创业能力的培养，紧跟大众创业、万众创新的时代要求，积极构建“课程、大赛、实训、实践”四位一体的创业教育新模式，学生创业和参与创业比例进一步提高。四是体现服务导向。学校注重创造性地开展工作，因地因校制宜，积极主动、多渠道、多方式为毕业生落实就业岗位。积极完善就业创业指导服务体系，服务质量不断提升，学生满意度普遍较高。

这些好的经验和做法值得我们大力宣传推广。希望在座50所典型经验高校在已有成绩基础上，继续创新思路方法，发挥示范作用，推动学校就业创业工作不断跨上新台阶。

三、把握机遇，开创就业创业工作新局面

当前，高校毕业生就业创业工作面临多方面挑战，就业形势仍然复杂严峻。毕业生总量居高不减，今后几年将稳定保持在750万人以上。教育结构不尽合理，部分高校、部分专业的人才培养结构和质量，与社会需求不相适应，就业压力突出。城乡间、区域间、行业间收入分配和社会保障差距较大，就业导向和政策导向不尽一致，制约了毕业生到基层就业创业。但我们也应看到，国家坚持扩大就业发展战略，并且党中央、国务院始终把毕业生就业创业摆在就业工作首位，国家实施创新驱动发展战略，大众创业、万众创新的政策、环境不断完善。可以说，高校毕业生就业创业工作机遇

和挑战并存。我们要紧紧抓住当前时机，认真贯彻落实中央领导一系列重要指示和国务院文件精神，坚持创新引领创业、创业带动就业，进一步做好高校就业创业工作。在这里，我再强调几点，希望在大家已有工作基础上进一步引起重视。

一是全面深化高校创新创业教育改革，教育部贯彻落实党中央国务院精神，6月份专门召开深化高校创新创业教育改革全国视频会和首届中国“互联网+”大学生创新创业大赛全国视频会，贵仁同志对深化高校创新创业教育改革工作进行了全面动员和系统部署。7月22日，教育部召开直属高校工作咨询委员会第25次全体会议，会议的主题是“全面提升高等学校创新能力，支撑引领创新驱动发展战略实施”，延东副总理出席并讲话，她的讲话被与会代表视为全面提升我国高校创新能力的“动员令、行动纲领和路线图”。对此，我们要认识到，今后一个时期，深化高校创新创业教育改革是加快实施国家创新驱动发展战略的迫切需要，是推进高等教育综合改革的突破口，是新形势下全面深化高等教育教学改革、提高人才培养质量的重要抓手。高校要抓住机遇、积极行动，把思想、认识、行动统一到党中央、国务院的决策部署上来。以立德树人、增强学生的社会责任感、创新精神和实践能力为核心，以培养学生创新精神、创业意识和创新创业能力为着力点，全面深化创新创业教育改革。通过修订人才培养方案，探索与企业、行业和社会各界建立协同育人新机制，强化实验、实训、实践，改革教学方式、改革学生评价标准和管理制度，提升教师教学能力，建设校园创新创业文化等一系列举措，使创新创业教育面向全体学生、全体教师参与、融入人才培养全过程，推动我国高校人才培养工作迈上新台阶，也从根本上推动我国大学生创业就业工作迈上新台阶。

二是大力推进创业就业工作。高校毕业生是大众创业、万众创新的生力军，高校要有所作为、大有作为，成为大学生创新创业助推器。近段时期以来，很多高校积极响应，顺势而为，推进创业工作取得积极进展。最近，教育部对近百所中央部委高校创业工作情况进行调查统计：93%的高校设立了创业指导课程，95%的高校向大学生开放了各类实验设备，92%的高校建立了学生创业协会或俱乐部，举办多种创业大赛和讲座。还有部分高校设立了创业资金，出台了休学创业规定。尽管创业学生人数占毕业生的比例不大，但创业这项工作对促进就业和人才培养具有十分重要的意义。各地各高校要完善创业指导服务，组建专、兼职结合的，经验丰富的创业导师队伍对创业学生给予指导，为创业学生提供信息咨询、项目对接等服务。要积极开拓大学生创业平台，充分利用大学科技园、创业园等资源，为创业学生提供资金、场地、项目支持。要深入细致地做好政策解读和落地工作，多种方式宣传国家和地方扶持大学生创业的各项优惠政策，帮助学生切实享受到创业担保贷款、求职创业补贴等政策，推动更多大学生实现创业。

三是扎实做好大学生参军入伍工作。征集大学生参军入伍，是党中央、国务院、中央军委作出的一项重大战略决策，不仅利国利民利军，而且利教利校利生，意义重大。今年，国家又出台了6项新政策鼓励更多大学毕业生、在校生和新生参军入伍。各地各高校要持续地宣传好、解读好、落实好国家鼓励大学生入伍的一系列政策措施，推动大学生入伍工作迈上新台阶。

四是大力提高就业指导服务水平。为毕业生提供更加细致、完善的指导服务，是教育系统促进大学生就业的重要内容和抓手，也是建立现代大学制度，推进高校治理体系和治理能力现代化的必然要求。高校要进一步加强和完善适应新形势需要的高校就业创业指导服务中心建设，建设更加专业化、职业化的就业机构和工作队伍。要健全并完善就业创业指导课程体系，及时将学科专业动态和行业发展成果融入就业指导。要进一步完善信息服务体系和政策宣传网络，针对毕业生的不同特点和需求，更多地开展个性化咨询服务。

同志们，大学生是国家宝贵的人才资源，做好高校毕业生创新创业就业工作，事关每个学生的切身利益，事关国家改革发展稳定大局。我们要切实增强责任意识，锐意进取、真抓实干，全面提升创业就业服务水平和质量，努力开创高校毕业生就业创业工作新局面，为建设创新型国家和人力资源强国作出我们的贡献。

谢谢大家!

（本文系作者在2015年度全国毕业生就业典型经验高校座谈会上的讲话）

林蕙青

2015年7月30日

目录

利用新媒体信息服务体系
助推新时期就业工作

中国传媒大学

中国传媒大学是教育部直属的国家“211 工程”重点建设大学，已正式进入国家985“优势学科创新平台”项目重点建设高校行列。建校 60 年来，学校一直致力于培养具有强烈社会责任感和国际视野，基础扎实、实践能力和创新能力强的传媒领域精英人才，为党和国家的传媒事业以及经济社会发展培养了大批信息传播领域高层次人才，被誉为“中国广播电视及传媒人才摇篮”、“信息传播领域知名学府”。我校坚持“结构合理、层次分明，重点突出、特色鲜明，优势互补、相互支撑”的学科建设思路，充分发挥传媒领域学科特色和综合优势，形成了以新闻传播学、艺术学、信息与通信工程为龙头，文学、工学、艺术学、管理学、经济学、法学、理学等多学科协调发展，相互交叉渗透的学科体系。学校现有全日制在校生近 15000 人，其中普通全日制本专科生 9000 余人，博士、硕士研究生 4000 余人；有继续教育在读生近 15000 人。

2012—2014 年，中国传媒大学毕业生就业率均保持在 95% 以上，2014 届毕业生就业率达到 97.45%，超过五成的毕业生赴国家重点企事业单位工作。毕业生就业结构、行业流向进一步趋于合理，供需双方满意度均在 95% 以上。学校的优势专业，如播音专业、电视编辑专业、广播电视新闻学专业、国际新闻专业、电视摄影专业、动画专业、广告学专业、各非通用语专业、广播电视工程技术类专业等，供需比历年都在 1∶10 以上，需求状况良好。

为适应新媒体对高校就业工作提出的新要求，中国传媒大学结合学校专业优势打造了“网站+微博+微信+短信平台+手机报”的立体式就业信息服务体系。通过践行“三个结合”原则，即：广泛撒网与突出重点相结合，实训实践与学生培养相结合，工作效率与服务质量相结合，真正实现了信息服务体系的全面性、个性化、交互式推送，使其成为新时期学校就业工作高效开展的重要助推器。

一、“广泛撒网”与“突出重点”相结合

学校依托网络、微博、微信、短信、手机报五大平台的不同特点，精确定位，合理传播，既做到基础性、政策性信息的“广泛撒网”，又注重了高品质、个性化信息的“重点培养”。网站作为内容信息池，通过完善网站版块设置和保证信息更新速度提供广而全的就业信息；短信平台发挥“点对点”传播特点，向不同毕业生群体发布具有针对性的招聘信息及就业通知；手机报将精品信息进行群发，保证重点信息的最大传播度；微博可以保证就业信息的实时推送，还可以实现信息的交互功能，促进了就业指导部门和毕业生之间、用人单位和毕业生之间，毕业生与毕业生之间的沟通和交流；结合微信使用特点每日向毕业生发送招聘信息、每周向毕业生发布《成才与就业微报》，主打信息速递和专题深度类就业辅导信息，打破手机报及微博图文篇幅限制，将更多精品信息快速推送给毕业生。同时，利用微信自助回复功能将就业流程、职业辅导资源等制作成“关键词知识库”，强调互动性（见图1）。

此外，结合信息化建设，就业指导中心还建立了就业工作系统内部工作动态报送机制，每周编辑发布汇聚全校就业工作信息的《中国传媒大学就业工作简报》电子版通过OA办公平台向全校发送；每两周或三周选取就业工作中的重点信息和突出问题进行专题调研分析，编辑一期《中国传媒大学就业工作专报》以手机报的形式向校部（院）两级就业工作领导小组进行发送；每日搜集主流媒体发布的大学生就业创业相关报道制作就业创业舆情并通过手机彩信形式发送给校部（院）两级就业工作领导小组，掌握就业创业动态，学习各高校优秀经验做法。就业工作专报、就业工作简报与就业创业舆情相结合，通过校部（院）两级就业工作信息汇总与校级就业工作专项问题调研分析，结合舆情提供的社会行业信息，使部（院）级掌握工作开展思路及具体方法，使校级全面把握就业工作开展进度和仍存在的重点问题以便决策，确保就业工作体系高效率运转，各项工作扎实、有效推进。

2014年，学校面向应届毕业生共发送16期手机报，60000多条短信，近100条微信和超过700条微博，共制作发送《中国传媒大学就业工作简报》30期，《就业工作

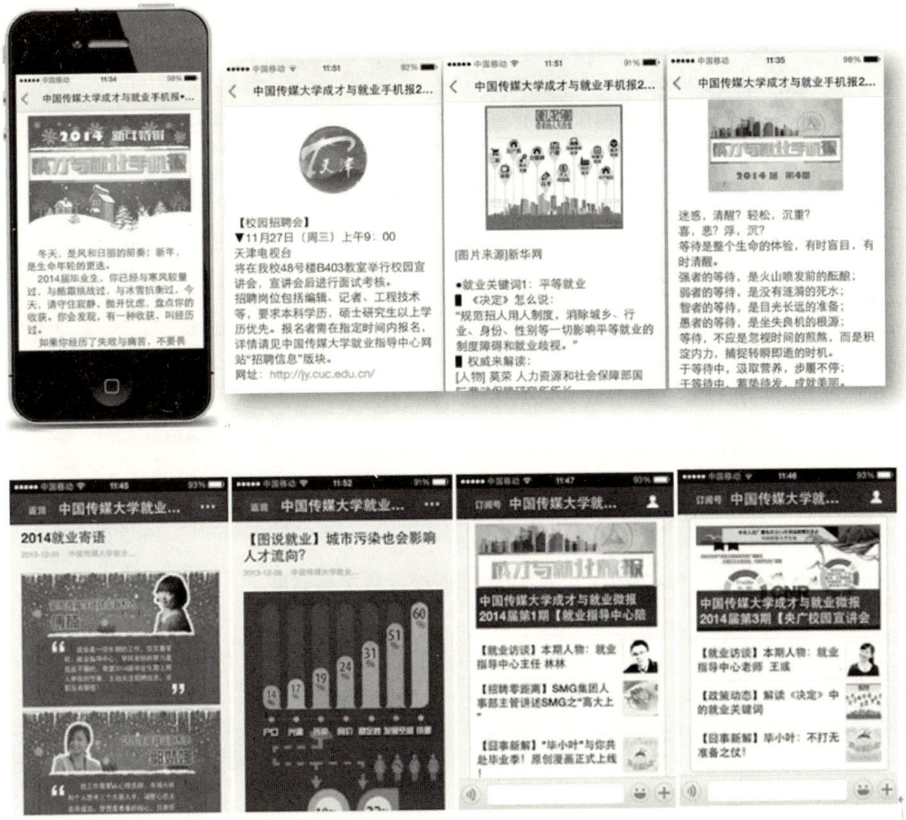

图1　中国传媒大学《成才与就业手机报》、就业指导中心官方微信平台

专报》7期，《就业创业舆情》100期（见图2－1、图2－2）。

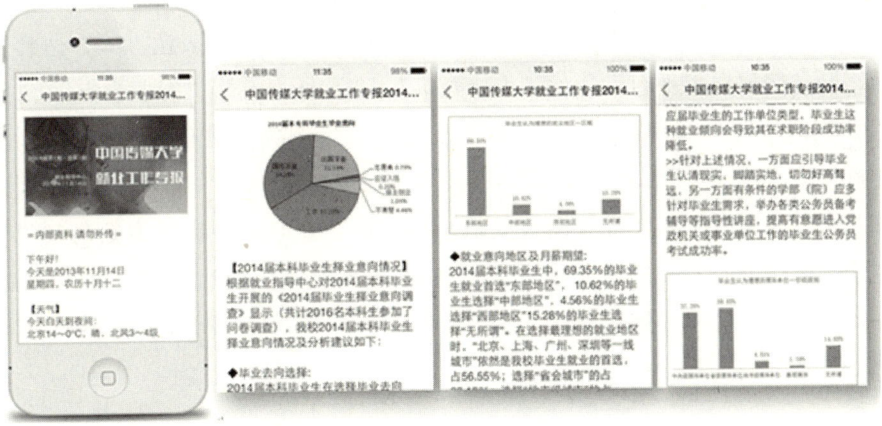

图2－1　中国传媒大学就业工作专报

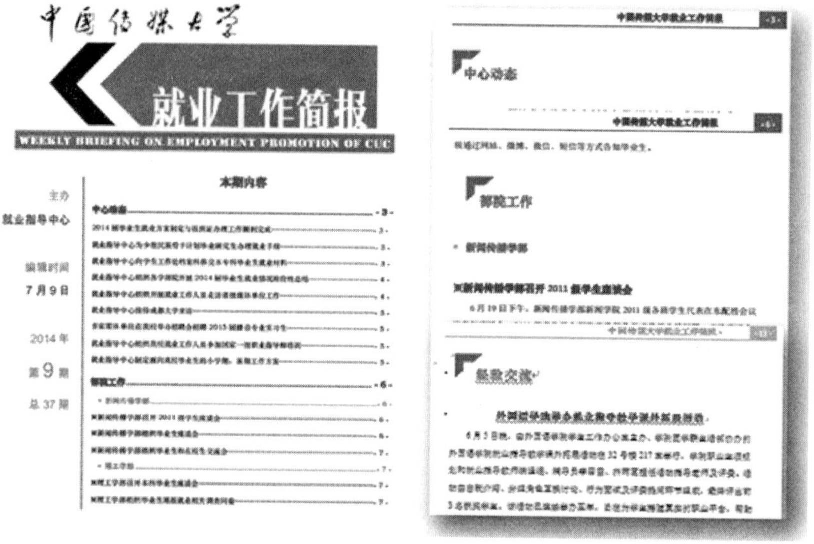

图 2－2　中国传媒大学就业工作简报

二、“实训实践”与“学生培养”相结合

相对大部分高校就业信息通常来自于转载的现状，学校发挥传媒院校的优势，以教师为核心指导，以学生团队为主力，坚持编辑网络内容和自采相结合，挖掘外界信息与本校实际的结合点，同时将大量针对性强的原创自采内容在五大平台进行发送，结合学生受众的喜好，注重采用“清新活泼”、“图文结合”的表达方式，达到了良好的传播效果。例如在各平台发送的“小伟开讲”、“就业访谈”、“行业视点”、“图说就业”、“西区故事”等品牌自采内容版块都受到了学生的普遍欢迎，此外，特别推出的专题漫画人物“毕小叶”，通过虚拟的漫画形象向毕业生展示毕业环节中的常见问题与解决方式，在寓教于乐中提升毕业生信息接受度，在学生中影响力颇高（见图3）。目前，就业指导中心网站的日平均浏览量达到4000余次，官方微博粉丝量突破7600人，官方微信用户订阅人数超过5200人，向2014届和2015届毕业生发送的《成才与就业手机报》受到广泛好评。

图3　原创漫画“毕小叶”及三期毕小叶系列漫画主题

三、“工作效率”与“服务质量”相结合

一是建立了招聘信息自助发布平台，以用人单位、学生、教师不同的功能需求为出发点，通过完备的后台假设，实现了用人单位自助发布信息、学生浏览和检索需求信息、教师审核统计需求信息的便捷与高效，大大提高了招聘需求发布、浏览、审核的效度，很好地满足了用人单位、学生和教师的不同需求。

二是与中国移动建立合作，构建了一个标准化短信平台，并将其内嵌入就业信息管理系统，可以实现对毕业生的短信、彩信群发，也可以根据专业、性别、生源等限定条件实现定制发送服务（见图4）。

三是研发新版就业信息管理系统（见图5），为校级就业部门、相关职能部门、部（院）级专兼职就业工作人员、班主任或导师、学生五类用户“量身订造”了功能板块，通过完备的后台架设，实现了毕业生签约解约、派遣改派等就业手续全部网上办理，为学生提供了更加便捷、高效、智能化的就业服务；实现了“本人录入—学部（院）初审—就业指导中心审核”的就业信息录入与审核的三级管理机制，提高了校院两级就业工作效率，保证了工作质量；实现了就业信息维护便捷化、就业率统计实时化，将大量的就业工作人力成本解放出来，投入到需要情感投入和个性化指导的工作

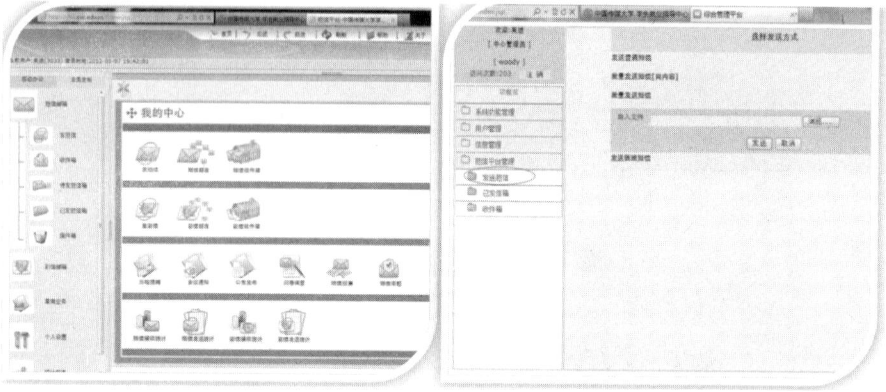

图 4　标准化短信平台

上；使招生、教务等部门实现了就业率情况查阅便捷化，完善了“招生—培养—就业”的时时联动；使班主任、导师方便查阅学生具体就业进展情况，根据学生的个体情况开展就业帮扶，贯彻“全员就业”的理念。

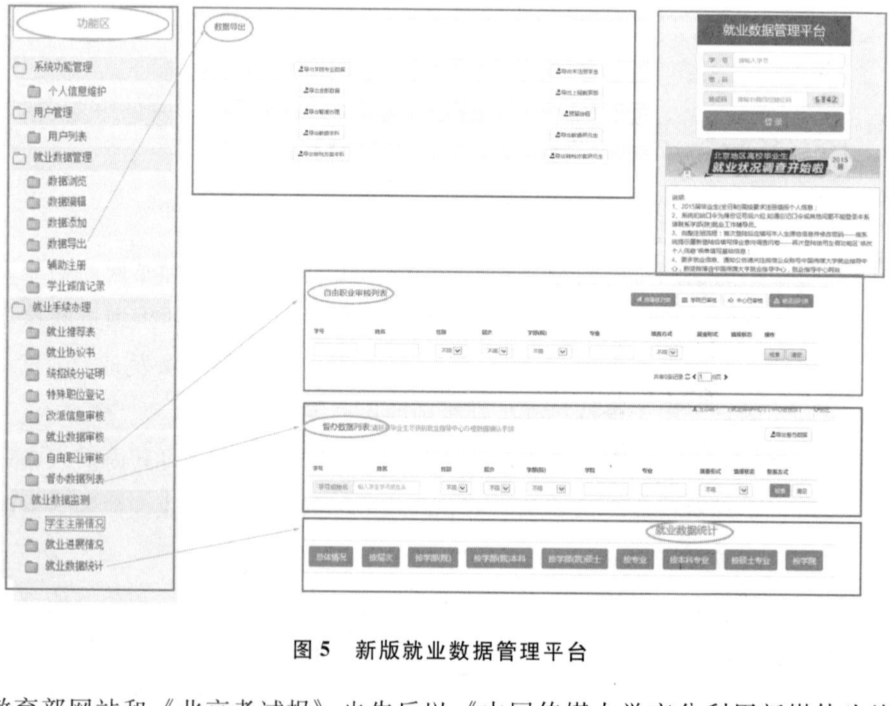

图 5　新版就业数据管理平台

教育部网站和《北京考试报》也先后以《中国传媒大学充分利用新媒体为毕业生就业服务》和《中国传媒大学就业服务：新媒体成“主角儿”》为题，报道和推广了学校利用学校专业特色优势，打造立体式就业信息服务体系，助推学校新时期就业工作高效开展的工作经验。

创新人才培养模式　服务学生成长成才 全面提升就业质量

武汉大学

武汉大学是教育部直属重点综合性大学，是国家“985 工程”和“211 工程”重点建设高校，具有悠久的办学历史、深厚的文化底蕴和较强的综合实力。2014 年，学校在全球三大权威大学排行榜 QS、TIMES（THE）、US. news 中综合排名均进入 400 强，在 Nature 首次发布的体现研究水平的“自然指数”排名中位列全球第 105 位，国家教学成果一等奖获奖数位列全国高校第一，教育部人文社会科学重大攻关项目立项数位列全国高校第一，有两个协同创新中心入选国家“2011 计划”，位列全国高校第二；校友捐赠累计 11.29 亿元，排名全国高校第三。学校在建设“中国特色、世界一流、国际知名高水平大学”的办学过程中，致力于培养厚基础、宽口径、高素质、具有国际竞争力的拔尖创新人才；坚持以学生发展为中心，努力做好就业管理与服务工作。

武汉大学十分重视大学生就业创业工作，认真落实就业工作“一把手工程”和“导师工程”，建立了校院两级就业工作领导体制，书记、校长亲自担任学校就业创业工作领导小组组长，院系主要领导直接负责本单位就业工作，分管副书记和辅导员具体落实。

武汉大学就业工作机构健全，投入充足，保障有力，服务到位。2013 年 9 月，学校整合研究生和本科生就业工作职能，成立学生就业指导与服务中心（简称“就业中心”），统一负责全校学生的就业管理、服务和档案管理等工作，较好地解决了就业工作的组织机构、人员编制、经费投入、场地保障等问题。就业中心办公和招聘专用场地 2000 平方米，配套设施齐全，条件良好，能较好满足中小型供需见面会、组团招聘会的需要（见图1、图2）。

图1　武汉大学就业办公场地

图2　武汉大学学生就业信息管理系统（整合升级版本，实现网上签约功能）

武汉大学就业工作分工明确，责任到位，考核有力。2014 年学校调整了校领导的分工，将就业中心纳入学生工作的范畴，充分发挥“大学工”的优势，在学生工作先进集体评选、导师评先、辅导员评先等工作中，都充分考虑毕业生就业创业工作。武汉大学在各培养单位业绩考核和经费拨款中，毕业率、就业率和考研成功率也均作为重要指标（见图 3）。

图 3　武汉大学编印的就业相关材料（保证毕业生人手一册）

作为一所具有悠久办学历史和深厚文化底蕴的国家“985 工程”重点建设综合性大学，武汉大学始终坚持以人才培养为中心，以服务学生成长成才为根本，坚持把发展改革的成果优先用于学生。学校以“三创教育”理念统领教育教学改革，在学生成长成才过程中，充分发挥专业教师的作用，全面推进“导师工程”；在学生求职过程中，通过广泛的“校地合作”，借力地方政府，积极引导毕业生到基层和二、三线城市就业。经过多年努力，武汉大学就业工作形成鲜明特色，受到社会各界的广泛关注和高度评价。

一、以“三创教育”为核心，不断提高人才培养质量和毕业生就业竞争力

武汉大学在全国高校率先提出“创造、创新、创业”教育理念，并以此为核心全面推进教育教学改革，形成了通识教育与专业教育有机融合，科学研究与教学研究有机融合，理论教学与实践教学有机融合的复合型人才培养模式。学校依托多学科综合的优势，开设了七大领域1000多门通识选修课程。2013年学校重新修订了本科人才培养方案，确定本科生课程由通识课程（56—76学分）、专业课程（60—90学分）和任意选修课程三部分组成，其中通识课程包括必修课程26学分、选修课程30—50学分。新版人才培养方案突出了通识教育与专业教育的有机融合，进一步拓宽了学生的知识面。学校充分发挥研究型大学的优势，支持和鼓励学生开展探索性研究和创新创业实践。学校每年投入不少于500余万元，资助1000个左右大学生科研项目；投入1000万元，支持学生开展创新和创业实践。学校大力推进教授给本科生上课，55岁以下的教授给本科生上课的比例达到95%以上，院士、人文社科资深教授和全国教学名师均参加本科教学，其中由李德仁、刘经南等6位院士和4位知名教授联袂主讲的《测绘学概论》受到本科新生的热烈欢迎，在全国具有较大影响。学校在全国建立了332个教学实践实习基地、113个研究生实践或挂职锻炼基地，2012—2014年，学校约有15000余名研究生参加了实习实践活动，每年大约有3000名学生参与专业教学实践实习。2014年学校组织了652个暑期社会实践小分队，参加社会实践的人数超过4000人。

通过践行“三创”教育理念，学校人才培养质量逐年提升，毕业生就业竞争力不断增强。在武书连的大学排行榜中，2012—2014年武汉大学毕业生质量在国内高校排名分列第20、16、14位。在QS世界大学排行榜中，学校毕业生雇主评价位列全球第298名，在亚洲高校排名70名以内，在内地高校名列第9位。学校毕业生质量和就业竞争力受到用人单位的广泛好评。近年来，学校涌现出以吴斌、曹祺、向涛等为代表的一大批创业典型，在全国具有较大影响。

二、以“导师工程”为抓手，充分发挥专业教师在学生职业生涯发展和就业中的作用

武汉大学高度重视导师在学生成长成才和就业中的作用。2012 年学校在总结“两访两创”活动中，部分院系从专业教师中遴选聘任烛光导航师，为学生开展学业和职业导航，在帮助学生成长成才和就业的成功经验基础上，出台了《武汉大学烛光导航工程实施办法》，在学校本科生中全面推广烛光导航工程。目前，学校共有 2282 名专业教师担任学生烛光导航师，覆盖了 22506 名本科生。在研究生就业工作中，武汉大学历来重视导师的作用，坚持推进“导师工程”，强调并要求导师利用自己的学术影响、科研项目等优势开辟就业渠道，帮助学生高质量就业（见图 4）。2014 年学校出台了《关于进一步推进本科生参与科研项目工作的意见》，明确要求学校教师承担的各级各类研究项目必须吸收在校全日制本科生参与科研，其中经费 10 万元以内的科研项目必须接收至少 1 名本科生，10 万元至 50 万元的科研项目必须接收至少 3 名本科生，50 万元以上的科研项目必须接收至少 5 名本科生。学校每年评选 50 名优秀烛光导航师，对工作成绩特别突出的导航师给予表彰和奖励。对负责的毕业生就业率不高的导师，减少其研究生招生计划甚至停止招生。

图 4　武汉大学就业指导师资队伍

在学校政策的激励和推动下，各院系及培养单位精心挑选优秀专业教师和知名学者一对一指导帮扶学生，有的学院将“烛光导航工程”与本科生进实验室、大学生科研立项相结合，着力提高学生的创新实践能力。部分研究生培养单位依托“导师工程”，既要求研究生导师突出专业对口、点面结合，强化对学生就业的全程指导和个别指导，同时要求研究生导师利用自身影响力，为学生提供更多行业对口的就业机会。“烛光导航工程”和“导师工程”的全面推行，贯通了人才培养的全过程，改变了学生职业生涯规划和就业工作单纯依靠学工系统和就业工作人员的格局，充分发挥了专业教师在学生就业中的作用，成效十分显著。据初步统计，每年学校研究生中约45%的毕业生通过导师或导师的资源实现就业。2014 年学校毕业生就业率达到95.76%，比上年同期提高3.94%，导师在毕业生就业中发挥了重要作用。

三、以“校地合作”为契机，积极引导毕业生到基层和二、三线城市就业

早在2006年，学校即与武汉市人社局共同建立了全国首家由地方政府和高校共同设立的校园大学生就业市场——武汉大学生就业市场武汉大学分市场。分市场建立八年来，学校与武汉市人社局精诚合作，共同开拓毕业生就业市场，为用人单位和毕业生提供全程化、专业化、便捷化和个性化的校园招聘及就业服务，取得了良好效果。通过武汉市人社局这个平台，学校与武汉东湖高新技术开发区、武汉经济技术开发区等区县，与湖北省襄阳、荆州、宜昌、孝感、黄冈等地市的人社部门建立了紧密联系，推动学校超过40%的毕业生就业于湖北。依托武汉市人才市场，学校与南方人才市场，与长三角、珠三角等经济发达地区省会或二、三线城市的几十家人社局、人才市场建立了密切联系，与连云港高新区、南昌高新区管委会、湖州市人社局、佛山市人社局等十多家政府人才部门签订人才培养与合作协议，推动学校毕业生到二、三线城市建功立业。2014年，学校与武汉市人才市场合办了10场校园招聘会，二、三线城市来校招聘单位578家，提供岗位信息23534个。

学校还积极与地方政府组织人事部门合作，努力引导毕业生到基层就业。2014年，学校与广西、四川、重庆、河北、辽宁等省、市委组织部合作，成功开展毕业生定向选调工作，全校共有45人作为选调生到基层工作。通过做好“选聘高校毕业生到村任职”、“大学生志愿服务西部计划”、“选调生”、“大学生预征入伍”等基层项目的宣传、引导工作，表彰和奖励自愿到边远艰苦地区就业的毕业生，武汉大学毕业生

到基层和二、三线城市就业的学生人数不断增加。2014 年到基层就业毕业生 2446 人，占毕业生总数 21.49%，比 2013 年同期上升 3.23%。

武汉大学毕业生就业工作具有良好的基础和鲜明的特色，成效显著。面对国家经济社会发展的“新常态”，学校将积极研究毕业生就业工作中的新情况、新问题，自觉服务国家战略需求，不断提高人才培养质量和毕业生就业竞争力，不断加强就业指导与咨询服务，不断创新就业工作的方式、方法，努力促进毕业生更高质量和更加满意地就业，在全国高校中充分发挥示范和引领作用（见图 5）。

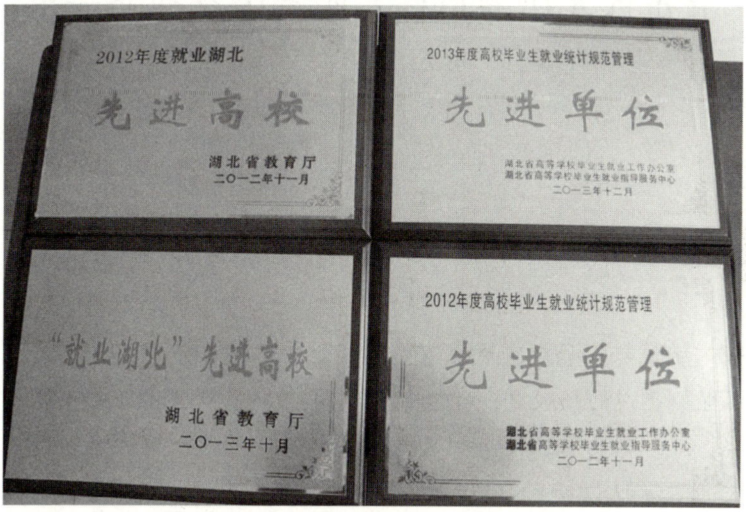

图 5　武汉大学 2012 年、2013 年就业工作获得的荣誉

立足人才培养目标　服务国家战略需求

华中科技大学

华中科技大学是教育部直属重点大学，是首批列入国家“211 工程”重点建设和国家“985 工程”建设的高校之一。学校学科齐全、结构合理，基本构建起研究型大学的学科体系。3 个学科在 2012 年教育部发布的学科评估结果中排名第一，17 个学科名列前十。12 个学科入选美国基本科学指标数据库（ESI）优势学科。建设有武汉光电国家实验室（筹）、脉冲强磁场国家重大科技基础设施，拥有 5 个国家重点实验室、1 个国防科技重点实验室、6 个国家工程（技术）研究中心，1 个国家工程实验室以及一批省部级研究基地（见图 1）。

图 1　华中科技大学校园鸟瞰图

学校秉承“顶天立地、服务需求”的就业工作理念，立足于培养具有国际竞争力的高素质创造性人才，紧紧围绕国家经济发展、产业结构调整需要，全面落实“一把手工程”，构建“服务—指导—管理”于一体的工作模式，将就业工作纳入院系综合改革考核指标，扎实推进毕业生就业工作。

2009年，学校被教育部授予“全国普通高等学校毕业生就业工作先进集体”荣誉称号，2010年被科技部和教育部联合授予“高校学生科技创业实习基地”，2013年被湖北省教育厅评为“湖北省大学生创业示范基地”。2012年、2013年两次获评“就业湖北”先进高校。学校在创新人才培养及就业创业工作方面不断探索，取得了一定成效。

一、深化教育教学改革，提高人才培养质量

（一）创新人才培养机制体制

启明学院作为学校培养拔尖创新人才、探索人才培养新模式的试验区，打破大学组织结构和传统学术管理机制，突破学科限制，集中学校优势资源，为三类群体——学科创新实验班、示范性学生创新团队和学习特优生提供脱颖而出的平台。学院目前各类学生3500多名，占学校本科生总数的11%。基于创新研究院，开展以学科交叉的项目研究为驱动的研究生教育，促进多学科研究合作，开展了与业界的科技合作。

（二）改革人才培养体制机制

依托试点学院，探索面向全体学生的拔尖创新人才培养；建设国际化示范学院，探索工程科学领域精英培养模式；探索校企联合培养模式，创新“卓越工程师教育培养计划”，推进“基于项目、基于问题、基于案例”的研究性学习；与各大企业联合，建立实习实践基地，利用产业优势，强化学生工程实践能力。建设高水平、国际化课程，获批湖北省研究生课程建设试点单位。启动学术学位研究生长学制培养模式试点改革，试行学术学位研究生硕士和博士阶段贯通培养的“硕博生”培养模式，强化专业学位研究生实践能力。

（三）建立就业反馈联动机制

建立更加客观、科学的就业质量评估体系，反馈教育教学改革、回应社会关切。

通过访谈、问卷调查、第三方机构调查等方式收集用人单位对学校教育教学改革、人才培养的意见和建议。进一步建立健全“招生—培养—就业”联合联动机制，结合国家经济发展、产业结构调整和毕业生就业状况，科学制定年度招生计划，及时调整培养方案。

二、着力打造三大平台，开展创新创业教育

（一）建设创新思维培养平台

加强创新教育，成立本科人才培养工作领导小组，依托启明学院，推动“大学生创新研究计划”，建立基于协同创新的跨学科课程体系、基于创新实验的实训平台（见图2）。建设科技创新第二课堂，成立大学生创新活动指导委员会，开展“大学生科技创新计划”，建设大学生科技创新基地24个，培育大学生创新团队19个，每年开展创新项目3000余项，参与创新活动2万余人次。

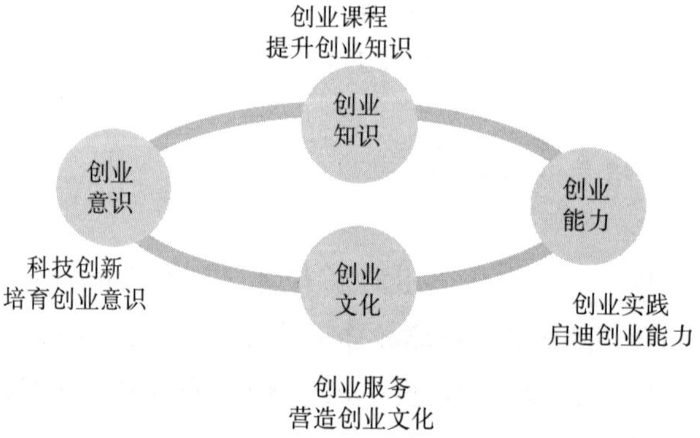

图2　创新实训平台

（二）建设创业能力训练平台

完善创业指导课程体系，开展创业大讲堂、创新与创业论坛、创业咖啡沙龙，举办未来企业家训练营，成立大学生创业实践中心，培育创业竞赛文化。2014年，学校承办了“创青春”全国大学生创业大赛，并以“五金一银”、团体总分第一的成绩夺

得“冠军杯”。

（三）建设创业孵化支持平台

加强智力指导，组建近300人的创新创业导师团。募集创业基金，设立“大学生创新创业基金”500万元，依托校友募集1000万元创新创业种子基金，依托学校科技企业孵化器设立2000万元“天使基金”。提供创业场地，建设大学生校园创业社区，免费开放1500平方米创业办公区，提供“一站式”服务，为创业团队与政府部门、企业搭建信息平台。完善孵化体系，建成由创业团队—预孵化（大学生创业社区）—孵化（大学生创业园）—加速器（政府或社会企业背景的创业园）组成的完整孵化体系。创新创业教育贯穿于人才培养各个环节，已初显成效，学校毕业生创新创业已形成群星效应（见图3）。

图3　华中科技大学知名创业毕业生

三、强化就业引导工程，顶天立地服务需求

（一）服务国家战略发展需求

引导学生服务国家发展战略需求，顶天创一流。学校与重点单位、重要行业、重点地区需求接轨，优化人才培养及输送过程，学校领导亲自带队走访重点单位，有效推动校企合作良性互动（见图4）；与中国核工业集团公司、中国广核集团、中国长江电力股份有限公司、中国南方航空公司签订“订单+联合”培养协议，将专业化人才培养过程前移，为企业培养后备人才和中坚力量；与中国移动、微软、武钢集团等单位建立校企联合实验室、校外实习实践基地，实现用人单位与毕业生无缝对接。每年超过60%的毕业生进入关系国计民生的重要行业和重要领域就业。

图4　华中科技大学校领导亲自带队推动校企合作

（二）服务地方基层建设需求

鼓励毕业生到西部、基层和祖国最需要的地方经受锻炼，立地做贡献。聘请校内外专家为西部、基层就业毕业生提供岗前培训，帮助毕业生树立持续、协调发展的科学就业观，持续关注和支持他们在基层的成长和发展。制定《华中科技大学引导和鼓

励毕业生到西部、基层和国家重点单位就业的表彰奖励办法》，2014 年表彰 143 名到艰苦地区、基层及国家重点单位就业的毕业生，发放奖励金 35 万元。

倡导“学在湖北，业在湖北”，发挥人才、科研、文化辐射源作用，推动校地战略合作和校企协同创新，提倡“论文出自生产线、科研走进操作间、创业依托孵化器”；参与“壮腰工程”、“中国农谷”等系列校地深度合作。近年来，约三分之一签订协议就业的毕业生留在湖北工作，为地方经济建设和中部崛起贡献力量。

四、创新就业指导体系，促进学生成长成才

（一）创新形式拓展生涯教育

创新就业指导体系，促进学生成长成才。进一步完善课堂讲授、职业测评、就业指导讲座与企业参观考察的“一体三翼”立体化就业指导模式，实现课程教学与职场有效互动（见图 5）。通过“一对一”职业咨询、团体辅导等多种形式帮助学生解决生涯发展困惑。全校共有就业指导教师 32 人，全部具备国家职业指导师、全球职业规划师（GCDF）或全球生涯教练（BCC）等资格证书。《中国大学生就业》（2014 年第 11 期）以《一体三翼，讲求实效——华中科技大学就业指导课程建设巡礼》为题，进行专题报道。

图 5 “一体三翼”的就业指导模式

（二）多措并举促进充分就业

按照“重点关注、分类指导”的原则，做到“信息到位、沟通到位、跟踪到位、

服务到位”。联合校友企业开展“暖春”就业帮扶行动，援助家庭经济困难毕业生赴深圳求职。成立文科就业联盟，积极应对文科毕业生就业难题。启动少数民族毕业生就业服务工作，依托民族事务服务部开展就业指导及培训。通过“职场助力计划——女性职场”促进女大学生职业发展；启动“就业促进计划”，采取多种方式向离校未就业毕业生宣传就业政策、推送就业信息，提供求职辅导，做到离校不离心，服务不断线。

（三）深入开展就业调查研究

坚持理论联系实际，开展就业工作研究。积极探索基于大数据思维的工作模式，面向就业毕业生，离校未就业毕业生、少数民族毕业生开展全样本调查；通过访谈、问卷调查、第三方机构调查等方式收集用人单位对学校教育教学改革、人才培养质量的意见和建议。

近年来，学校公开发表就业指导相关著作 4 部、研究论文 77 篇，申报省部级及校级研究课题 10 项。积极推动就业创业工作的理论研究和实践探索，开展就业工作组织建设、全程化职业发展教育、就业特殊群体帮扶、学生职业发展等多个专题研究，逐步提升就业指导工作的专业化水平。

在学校党委、行政的领导下，学校全员参与、共同关心毕业生成长成才，毕业生就业工作不断取得新的成就，就业质量稳步提升，就业结构趋于合理。华中科技大学将继续努力探索，用勇气和智慧开拓就业工作新局面。

创新科学育人机制　服务学生就业创业
全力以赴推进学生就业工作科学发展

暨南大学

暨南大学是中国第一所由国家创办的华侨学府，是国务院侨办、教育部、广东省人民政府共建的国家“211 工程”重点综合性大学，广东省 2015—2017 年高水平大学重点建设高校。学校积极贯彻“面向海外，面向港澳台”的办学方针，从 1906 年建校至今，共培养了来自世界五大洲 160 个国家和港澳台地区的各类人才 25 余万人，堪称桃李满天下。学校已形成了丰厚的学术积淀和鲜明的办学特色，已成为高水平创新人才培养、科技创新、华侨华人教育的重要基地和国家与地方重大经济社会发展问题研究的重要力量。目前，学校设有 27 个学院，61 个系，在校全日制学生 32000 余人，本科生 21000 余人，其中海外及港澳台学生（外招学生）达 11774 人。

学校始终把学生就业工作摆在突出位置，成立校、院两级就业工作领导小组，健全就业工作领导体制，把就业工作纳入校、院两级领导干部和相关职能部门负责人的业绩考核；每年与各学院“一把手”签订就业工作目标责任书，责任到人；保证就业工作机构、场地、人员、经费到位；每年开展就业工作考核评估，以提高就业质量和就业满意度为工作目标，不断完善、创新工作举措，形成全校多方联动、相互协同的科学机制和良好格局，推动就业工作深入向前发展，学校毕业生就业能力不断提升。近年来，学校每届毕业生总体就业率均超过 94%，2014 届毕业生总体就业率再创新高，达 97.13%，在广东省同类高校中位居前列。

一、创新育人机制，为学生高质量就业创业奠定基础

（一）创建“三三三本科教学体系”，增强学生就业创业竞争优势

学校不断深化教育教学和人才培养模式改革，逐步探索形成一套以教师教学发展、学生学习发展为核心的教学机制改革系统工程——“三三三本科教学体系”（见图1）：狠抓本科教学三大核心要素“教师、课程和学生”，搭建本科教学核心团队、本科课程建设与管理中心和“卓越未来”创新人才教育计划三个平台，实施教风学风分级预警与处置系统、教师教学绩效测评系统和课堂教学辅助系统三套系统，促进教学质量内涵式发展。这一系列举措较好地凝聚了一批教学核心力量，学校创新人才培养质量不断提高，科研创新能力显著提升，100%的研究生和超过50%的本科生在校期间参与科研项目。2011年以来，本科生发表A类高水平学术论文154篇，国家级、省级、校级大学生创新创业训练计划立项1994项。这些举措，有力地增强了学校毕业生在就业创业方面的竞争优势，人民日报等境内外媒体对此进行了专门报道。

三三三本科教学治理体系

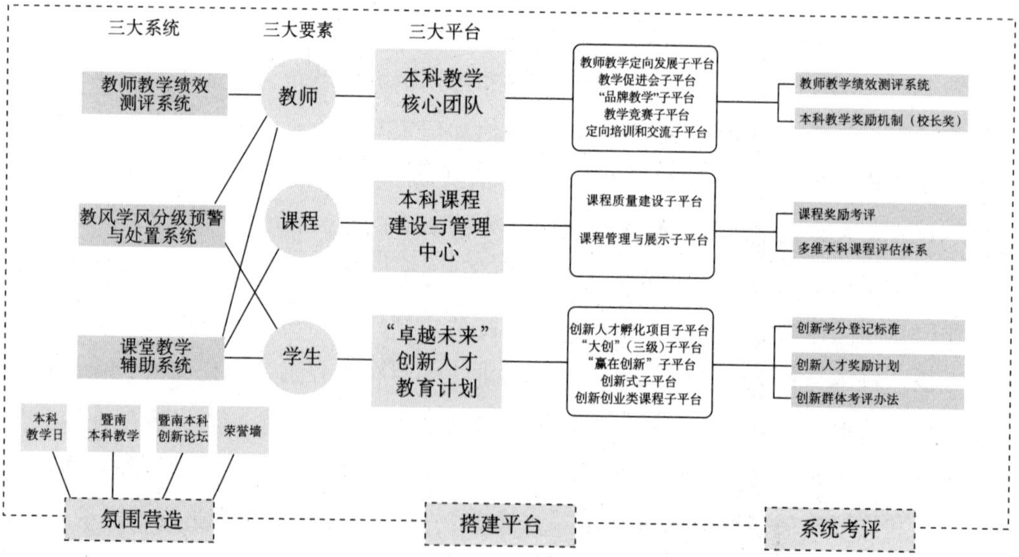

图1　暨南大学“三三三本科教学治理体系”

（二）遵循三个“适度挂钩”原则，深化人才培养动态联动

学校将就业工作与学校事业发展、规模扩大适度挂钩，明确规定新专业应充分考虑社会需求。每年编印就业工作年报和质量报告，把就业率、就业分布和就业满意度纳入各专业人才培养质量评价体系。强化就业调研反馈，明确产业结构调整和经济社会发展对人才需求的动态趋势，增强社会资源与学校有效互动，确保人才培养改革能够把握市场脉搏。

二、发挥优势，开辟创新创业教育新模式

（一）打造“三创”教育课程体系，培养创新创业精神

学校率先提出“创意、创新、创业”（以下简称“三创”）教育，并于2011年成立了创业学院。目前学校系统开设《大学生创新与创意》、《创业基础》等12门创业指导课程体系，形成以“三创”教育为基础，以创业精神激发和引导未来创业行动为目标的具有本校特色的创业教育体系。同时，推出并实施“卓越未来”创新人才教育计划。一方面在人才培养方案中开设必选的6学分创新创业就业类课程群，另一方面设立“未来科学家”、“未来企业家”等创新人才孵化项目，组成暨南大学创新创业教育体系。

（二）坚持理论与实践相结合，创新创业工作结硕果

学校高度重视校内外创新创业实践、孵化平台建设，同时通过创业训练营、创业大赛等活动，鼓励和带动一批大学生参与到创业教育与演练中来，并推进社会资金与学生项目的对接，如与广州冠昊生物科技股份有限公司携手共建的国内首个平台型创业基地“WE创空间”众创平台（见图2）。2012—2014年，学校成功孵化30余个创业团队。

学校认真实施大学生创新创业训练计划，2012—2014年共投入专项经费1100余万元支持学生参与挑战杯、大学生创新创业训练计划和社会实践等活动。学校2个创新项目在全国大学生创新创业年会上获最高荣誉，在2014年“挑战杯”中国大学生创业

图2　国内首个平台型创业基地"WE创空间"众创平台在暨南大学落户

计划竞赛中获得金奖，广东大学生创业大赛中荣获3金8银7铜的好成绩，全国大学生课外学术科技作品7个项目立项，名列广东省高校第一。

三、瞄准关键，构建特色就业市场体系

（一）筑牢校企合作桥梁，深化就业市场开发

一是坚守重要市场。学校常年组织市场调研活动，建立了较为稳定的用人单位资源库，校企共同建设了300多个就业实习实践基地，形成较大规模就业岗位群。二是开拓潜在市场。坚持每年主动向用人单位推荐学校毕业生信息；注意发挥教职工资源，发挥企业精英、校友在市场资源引入中的作用，敦聘优秀校友为就业导师。三是打造高质量市场。坚持就业信息全面开放、坚持校内多开招聘会、坚持内外招生两手抓原则，切实为毕业生提供高质量的就业市场服务。

（二）巩固招聘专场优势，推进特色就业市场建设

一方面坚持校内多办招聘会原则，大幅度增加招聘会数量和行业专场，年均举办16场次以上大中型招聘会，提供招聘岗位60000余个；另一方面提高招聘会准入标准，加强招聘会服务管理，实现招聘会整体水平稳中有升。同时，依托著名校董企业优势建设特色市场。学校校长于2008年底率先在广东提出召开校董校友专场招聘会，

每年亲自写信推荐毕业生，帮助学生顺利就业，支持校董企业建设发展，树立就业品牌效应。近年来，具有暨南大学特色的专场招聘会，起到了“以点代面、辐射周边、促进就业”的核心就业市场作用，已成为学校就业市场建设的一大亮点（见图3）。

图3　暨南大学2014年校董、校友、校市专场招聘会

（三）推进网络管理服务，畅通信息传递机制

学校全力推进毕业生派遣相关工作全部网上操作，实现毕业生就业进程和就业质量动态监测，有效进行分类管理，重点帮扶，并方便学生。健全网上求职招聘服务平台，嵌入全国大学生就业信息服务一体化系统和广东大学生就业在线，开辟短信平台，结合微信、“QQ群”等新媒体手段，为毕业生提供高效、便捷的信息服务。

四、关注外招学生发展需求，完备特色就业服务体系

（一）深化职业指导，提升外招学生综合职业素养

作为华侨最高学府，学校特别注重对外招学生以职业生涯教育为重点开展就业指导服务，为外招学生提供个性化咨询，细致帮助外招学生规划职业生涯；积极邀请具有多元文化背景和遍及世界各地分（子）公司的优质外企来校开展活动，增强外招学生对职场的认知；对有意在内地就业的港澳台侨学生，积极宣传相关政策并为其提供

必要的帮助。

（二）广开渠道，着力加强外招学生就业推广力度

学校注重加强与中央驻港驻澳机构、港澳政府职能部门、行业协会、校董事会港澳董事、港澳校友会等沟通交流，加大港澳台侨等外招学生就业推荐工作。学校领导每年都率团赴港澳台调研毕业生就业情况，开办港澳学生专场招聘会，建立港澳台学生就业实习实践基地；定期和港澳驻粤办联系，开展港澳公务员招考讲座；邀请港澳地区知名企业来校宣讲招聘；学校国际学院结合自身特色开辟“国际项目办公室”，每学期推荐学生分赴世界各地进行游学或短期培训（见图4）。

图4　暨南大学校长胡军参加澳门学生专场招聘会启动仪式

五、注重实质，实施全程化就业指导

（一）完善就业课程体系，推进职业指导学科建设

学校成立就业指导课程教研室，由《大学生职业生涯与发展规划》、《大学生职业素养与职业教育》等课程组成就业指导课程群，编印新生职业规划手册、毕业生实用手册、毕业生风采录等就业资料，辅之以实习、讲座、沙龙等隐性课程，形成一年级“适应与规划”、二年级“学习与实践”、三年级“创新与提升”、四年级“就业与发

展”的就业教育网络，引导学生自我发现和提升。学校构建多层次职业培训系统，选派就业工作骨干到美国、德国、香港及内地著名高校交流和学习，分批选送人员参加全球职业规划师等各类培训，推进队伍建设与人才培养协调发展。

（二）营造就业校园文化氛围，提升学生就业竞争力

学校围绕“职涯兴趣探索、职能诊断、能力养成”的工作思路，通过就业启航节和就业文化节两个平台，上半年以职业规划大赛、规划训练营、校友沙龙等活动引导学生提早规划，下半年以模拟面试大赛、提升训练营、实习实践等活动推动毕业生求职技能提升。针对新生专门开展职业性向测评和新生职业规划月，对专业认同度低的新生开展团队辅导和生涯咨询，深化就业指导服务。系列活动在校内营造了良好的职业探索和技能提升的就业文化氛围。

（三）强化就业保障机制，努力实现毕业生充分就业

学校每年举行毕业生座谈会，校领导与学生面对面畅谈毕业生职业发展；特别关注特殊毕业生群体，建立“动态就业不顺利学生信息库”和“离校未就业毕业生信息库”，重点跟进、专项培训、优先推荐。2014 年，通过各类奖助学金为 353 名家庭经济困难毕业生合计资助 114.9 万元，切实帮助就业困难毕业生解决实际问题，顺利就业。

服务国家建设　创新工作举措
开创就业工作新局面

电子科技大学

电子科技大学于1956年建校，是教育部直属、国家“985工程”、“211工程”重点建设大学。经过近60年的建设，学校形成了从本科到硕士研究生、博士研究生等多层次、多类型的人才培养格局，成为一所完整覆盖整个电子类学科，以电子信息科学技术为核心，以工为主，理工渗透，理、工、管、文协调发展的多科性研究型大学。

学校以培养“基础知识厚、专业能力强、综合素质高、具有国际视野和社会责任感的拔尖创新人才”为根本任务，设有24个学院（部），59个本科专业，现有各类全日制在读学生33000余人，其中博士、硕士研究生12000余人。

学校高度重视就业工作，坚持“平台资源优质化、服务指导专业化、社会影响品牌化、学生满意度最大化”的“就业四化”工作思路，引导广大毕业生争做行业精英和领军人才，积极投身“国防建设主阵地、经济建设主战场、基层项目大舞台、创新创业新天地”建功立业。

学校就业工作紧紧抓住“一项保障”、“两个机制”、“三项计划”、“四化目标”这四个发力点，创新方法，扎实推进，形成学校就业工作的鲜明特色。

一、坚持“一项保障”，提供就业原动力

学校高度重视就业工作，坚持“一把手工程”，从“三个层面”即在组织上、政策上和制度上始终坚持优先保障就业工作。

组织上，坚持由学校党委牵头领导，学生就业指导服务中心统筹协调，确保“机构、人员、资金、场地”四到位，建立健全就业体制机制，保障就业工作全面开展（见图1）。

图1　电子科技大学校长李言荣与就业学生亲切交流

政策上，始终坚持将就业工作列入学校年度党政工作要点，明确提出“确保高就业率和高就业质量”的目标，就业工作定期向学校党委常委会、校长办公会汇报。

制度上，学校将就业工作纳入学院工作“目标考核体系”，形成以学院为主体、校院两级共同推进的就业工作制度。此外充分利用学校心理健康中心、资助中心、学习发展指导中心、校友办等各类资源，确保就业工作全员参与。

二、构建“两个机制”，注入就业新活力

学校重视就业工作对人才培养的反馈作用，努力构建“两个机制”，即“招生、培养、就业”联动和“学校、企业、校友”联动。

得益于“招生、培养、就业”联动机制的建立，学校不断完善“成电英才计划”实验班等创新人才培养模式实验班；结合国家需求，新开设物联网工程等专业，在软件工程等专业实施卓越工程师培养计划；在4个学院试点按照大类进行招生，提高培养质量。

“学校、企业、校友”联动。学校每年暑期大面积开展校友回访，通过开展“校友企业洽谈会”等活动了解行业发展前沿和生涯发展实况，聘请校友担任“创业导师”指导在校学生开展创业实践。学校坚持定期回访用人单位，邀请知名企业HR进课堂；探索多种校企合作模式，共建教研室、设立奖助学金、赞助专业竞赛、设置企业俱乐部等。学校把就业工作作为学生和用人单位的纽带桥梁，强化三者的互动，促进其持续发展。

三、实施“三项计划”，提升就业竞争力

学校坚持“以学生为中心”，积极实施“三项计划”，全面培养和提升学生的核心竞争能力和综合素质。

学校实施“教师就业指导专业水平提升计划”，制定并实施《电子科技大学就业指导人员系列培养方案》，提升教师的专业化水平。

学校实施“学生职业发展竞争力提升计划”，为学生提供更多提升核心竞争力的资源和平台，加强学生会、社团等组织建设，培养学生领导力；开展丰富多彩的校园活动，特别是打造辩论文化，培养学生的表达及思辨能力；打造“成电下午茶”、“破冰驿站”等品牌活动，搭建跨专业、多元化的学术、学习交流平台；依托艺术中心、大学生文化素质教育基地，打造好“成电讲坛”“成电舞台”“成电辩坛”，提升学生人文素养，有效地提升了学生的职业发展竞争力。

学校实施“学生创新创业能力提升计划”，培养学生的创新创业意识和能力，孵化科技型创业企业。创新创业工作坚持“普及化教育、项目化资助、基地化支撑、多元化投入、社会化运作、制度化保障”的工作理念，建立校院两级工作体系，配备资深的创业导师和专业的服务团队；构建“金字塔”式的教育体系，以创新创业课程的第一课堂为基础，普及意识；以企业家讲坛等讲座的第二课堂为载体，强化能力；以公益创业大赛等赛事的第三课堂为“塔尖”，学以致用。

四、落实“四化目标”，彰显就业影响力

（一）平台资源优质化

1. 拓宽就业市场平台。学校坚持每年暑期组织全校就业工作人员开展就业单位走访工作，通过调研拓展人才机构及用人单位，对就业工作进行科学预判和分析。同时，学校自2014年寒假开始，创新实施“寒冬就业双促行”活动，组织就业工作人员走访就业困难学生家庭，调研拓展生源地人才机构及用人单位，开展就业学生重点推荐（见图2）。

2. 搭建基层就业平台。学校利用校园广播、就业网、海报和现场咨询等开展多渠道、多形式的氛围营造，鼓励广大毕业生进基层干事业（见图2）。积极与组织部门对接，通过邀请进校园做重点推介，资助毕业生驻村实习，建立选调生与村官培养基地。成立校级“预征工作领导小组”扎实推进、宣传动员，抓实预征入伍工作。

图2　国防重点单位进校开展校园招聘

3. 深挖网络媒体平台。学校以“就业人才信息网”为主阵地，通过改版升级，提升互动感，个性化定制。发挥移动终端的普及性、便捷性的优势，着力打造“成电就业”微信公众平台和微博等，提高信息发布的针对性。同时，学校、学院以校园BBS、“QQ群”等为媒介，实现就业资讯学校、院系、班级三级信息畅通，确保就业信息全覆盖、全渗透。

（二）服务指导专业化

学校构建了具有成电特色的就业指导服务体系，全程化职业生涯规划教育体系初步形成。学校开设《职业生涯规划》课程及《大学生就业指导》课程，学院结合专业特色开设《行业环境解析》、《职业能力提升》等特色课程（见图3）。学校打造“就业服务月”品牌活动，深入学生公寓开展个性咨询、模拟面试、团队辅导等活动，利用校图书馆学生访问密集的重要优势，打造“生涯规划与就业指导”阅览专区。

图3 学校开展就业指导教师专业化培训

（三）社会影响品牌化

1. 打造“成电就业”品牌。学校与产业结构和学校专业设置结合紧密的城市主动开展互访活动；建设巩固实习实训基地，举办实习生校园招聘会（见图4），为学生提供实习锻炼；通过举行大型校园双选会、区域及行业组团招聘会、企业单场招聘会、发布需求信息，为毕业生提供充足优质的就业岗位；学校自2014年以来召开“就业重点单位宣介对接会”，引导学生到国家重点行业和领军企业就业。

2. 打造“成电创业”名片。电子科技大学创新创业工作受到了社会各界的大力支持和重点关注，学校是四川省“大学生创业俱乐部”首批示范高校，学生获得“创青春”全国大学生创业大赛决赛金奖等赛事奖项；凝聚富有创新创业意愿的青年学生和团队，打造一流的高校科技型企业创业孵化器和创新创业生态圈。现阶段，学校扶持

图 4　电子科技大学实习生招聘会

产生了300余个创新创业团队，1500余个自主研发项目，成功孵化30个学生创业团队注册成立公司，先后有8个学生创业公司获得企业投资和风险投资达2000余万元。

（四）学生满意度最大化

1. 困难群体帮扶，实现满意就业。实施“暖心”计划：开展“一对一”个体辅导、“工科女生生涯论坛”（见图5）、“求职加油站”等各类求职指导活动；发放求职补贴金、及时建立“就业小分队”，对离校未就业毕业生关心到底、重点推荐、跟踪服务。

图 5　学校举办面向工科女生的生涯发展论坛

2. 提升毕业生校园求职体验感。为最大限度地提升学生满意度，学校改进工作模式，逐步由原来的“垂直化管理”向“扁平化服务”转变，直接面对学生进行各类指导和服务。强化“以学生为中心”的理念，进一步“突出指导服务，弱化显性管理”。

就业工作机遇与压力并存，电子科技大学将会不断总结经验，创新进取，扎实推进，努力开创学校就业工作的新局面。

强化能力　顺应需求
努力开创新型师范院校就业工作新局面

河北师范大学

河北师范大学是河北省人民政府与教育部共建的省属重点大学，具有一百余年的发展历史和光荣的办学传统。目前，学校现有在职教职工2818名，其中专任教师1469人。在职教职工中，中科院院士1人、省级以上各类专家117人次、教授420人。学校现设21个专业学院，1个独立学院（汇华学院），各类在校生近4万人。有本科专业103个，博士学位授权一级学科8个，硕士学位授权一级学科26个，学科专业覆盖哲学、经济学、法学、教育学、文学、历史学、理学、工学、管理学、艺术学等十大学科门类。

学校一直高度重视就业工作，始终以学生的成长和出路为根本，经过多年的探索实践，形成了“强化师范特色，顺应社会需求，推进创新创业”的就业工作模式，努力开创新型师范院校就业工作新局面。

一、强化师范特色，打造顶岗实习品牌工程

（一）工作措施

针对师范生实习实践环节缺失、师范生的教学水平和实践能力不足的弊端，学校

决定从加强实习实践环节、提高学生实践能力入手，进行刚性实习、硬实习，让学生在课堂上扎扎实实地锻炼基本功，全面提高人才培养质量。自2006年起，学校启动顶岗实习支教工程，所有师范专业均实施“3.5+0.5”的教学改革，用半年时间到基层中学实习支教，完成实习任务，成绩合格者计18学分。

统筹安排组织形式。采取有利于教师专业发展的组织形式——多学科混合编队。以一所实习学校为单位，有利于发挥“多兵种联合作战”的优势，互帮互学，文理渗透。

科学设置实习内容。实习生在完成教育实习所规定的任务，课堂教学、班主任和学校管理工作、教育调研的同时，要因地制宜参加专业调研和社会实践工作。

教学指导内外结合。利用校内校外两种教师资源，采取多种途径强化对实习生的全程教学指导：通过教师教育云平台对学生进行远程指导，学校教学论教师到中学对学生进行巡回指导，当地组成名师指导组对学生进行名师指导。

有效实施置换培训。“输血”不如“造血”，为农村订单式培养农村教育硕士和免费师范生的同时，与顶岗实习相结合，对实习学校教师开展置换培训工作，将置换研修项目与实习岗位需求衔接。

（二）工作成效

经过近10年的扎实推进，有效实施了20期、共24000余名师范生到农村基层学校进行为期半年的顶岗实习，覆盖了河北、北京、天津、新疆、山东、河南等125个县（市、自治区）的4100余所农村中小学，人数之多、规模之大在全国领先。此项工作的研究成果《河北师范大学教师培养模式改革——职前职后一体化》荣获第七届高等教育国家级教学成果二等奖。

通过顶岗实习，学校达到了提高人才培养质量、促进学生就业和服务基层教育的多重目的。真实基层教学工作的体验，坚定了学生“扎根农村，服务基层”的意愿，也真正催生学生“愿意为基层而教”的职业理想。在驾驭真实课堂的过程中，学生形成了专业能力并确立专业自信，从“被气哭”到“被迷恋”，从“手心出汗”到“镇定自若”，从“眉毛胡子一把抓”到“教学成绩顶呱呱”，从“不知远近”到“恰如其分”，切实锻造了学生“能够为基层而教”的职业技能。在发现和确认教师价值的过程中，完成使命感的确立，自觉自愿地坚定了“自觉为基层而教”的职业生涯观念。“顶岗”的实践经历，已经成为学校毕业生向用人单位展示的第一“名片”（见图2）。

2013年6月8日，国务院总理李克强同志到学校视察大学生就业工作（见图1），看到顶岗实习的学生非常高兴，称赞说：“你们是让农村孩子能受到平等教育的最关键的资源，你们是打开农村孩子思想、心灵、知识大门的金钥匙。”并鼓励学校毕业生“青年人只有‘下得去’，本事才能‘上得来’，干事才能‘拿得起’，要从思想上和觉悟上转变那里的学生，只有这样才能从根本上改变基层的教育，改变农村的现状。”

图 1 李克强总理视察河北师范大学就业工作

图 2 河北师范大学学生顶岗实习出征仪式

此外，时任国务院总理温家宝同志曾两次到六道河中学看望学校顶岗实习学生，刘延东副总理两次批示，教育部四期专题简报，多家主流媒体连续报道学校顶岗实习工程。

2014 年 4 月 24 日，教育部学生司王建国司长到学校调研学生就业并与学生座谈时，参加顶岗实习支教的杨建丽同学非常有感触地说到："顶岗实习支教让我学会了如何更好地准备一节精彩的课，这使得我在面试的最后一轮试讲中，顺利击败3个研究生和多个优秀本科生，获得了石家庄43中学唯一一个招聘名额。"

"2013年度最美乡村教师"、"2014感动中国十大人物"格桑德吉、参与创办"爱西行"公益团队的优秀"西部计划"志愿者高岑岑、赴甘肃天祝支教的"五朵金花"，都是学校毕业生扎根基层、服务基层的典范。实践证明：顶岗实习这条路，学校走对了！"顶岗实习支教 + 特岗计划 + 教育硕士 + 免费师范生"一体化的教师培养模式，使学校形成了教师职前、职中、职后的一体化培养链条，"下得去、干得好、留得住"人才培养方式极大地促进了学生就业。

二、顺应社会需求，促进应用型人才培养转型

（一）工作措施

促进毕业生高质量就业，核心是提高人才培养质量，关键是创新人才培养机制。学业与事业、理论教学与实践实训、大学文化与企业文化、社会化与国际化相融合是应用型人才培养的必由之路。目前，学校以"大学文化与企业文化相结合，理论课堂与实践课堂相促进，社会化与国际化相结合"为人才培养理念，形成了校企合办、校部共建、产教融合、国际合作等四种主导模式，毕业生综合素质较高，就业竞争力较强，具有示范意义和引领作用。

软件学院遵从"理论与实践一体化、能力培养与项目开发一体化、产学研一体化"理念，按照"课堂教学、实验教学、真实项目研发、企业实习"四个阶段有序衔接的培养过程，倾力打造卓越软件工程师。在实践中，凝练出了"2 + 0.5 + 0.5 + 1"的人才培养模式，"2 + 2"能力培养目标，将学生实习与就业合二为一，实现与未来岗位工作真正意义上的接轨。师资队伍实行"学工结合、校企结合"，专业基础知识与理论课程由专任教师承担，选修课、高阶课程由行业一线专家承担，采取集体备课、竞争上岗机制确定主讲教师，激发了教师的教学投入，提高了课堂教学质量。

除软件学院外，旅游系与北京广慧金通教育科技有限公司合作培养表演（为航空服务业培养）学生。商学院与国家开发银行河北省分行签署全面合作协议，与河北银行签署了互联网金融战略合作协议，实行职业技能达标、实务模拟体验、企业家进课

堂、百本经典书籍阅读等举措，促进专业知识学习与从业技能培养的连贯性。新闻传播学院与省委宣传部共建，按照“基础课程结合前沿阐释理论，专业课程结合现代传媒技术和社会需求锻炼实战能力”的理念，构建了14 +4 教学模式，指定全国大学生广告大赛等9项专业竞赛作为学院确认的学科竞赛活动，以赛代学、以赛带练，培养贴近市场需求的专业人才，实现业界和学界合作联动、互聘双进、共建共享、互利双赢。

构建学校与行业、企业、实务部门协同育人机制，打造特色、丰富内涵、提升质量，促进应用型人才培养转型，正在成为学校教学改革的重点和主阵地。

（二）工作成效

人才培养与行业、企业、实务部门的有效贯通和深度融合，不仅提升了人才培养质量，而且促进了毕业生的就业质量，在就业市场中赢得口碑。在麦可思教育研究机构为学校所做的就业调研项目指标中，学校非师范专业的毕业生质量总体处于领先地位。软件学院毕业学生在北京就业的达到60%，年薪8万—10万元的达到22%，年薪6万—8万元的达到40%，实现了高端就业、高质量就业。职业技术学院电气工程自动化专业47名毕业生，18人考取国网河北电力公司、6人考取冀北电网，实践能力得到广泛认可。

三、深化创新创业教育，构建创新创业平台

（一）工作措施

开展创新创业教育，学校的目的不是学生开公司、挣大钱，而是着眼启迪学生创新精神，将创新创业贯穿教育全过程，为此，学校将创新创业教育纳入人才培养体系，出台了《本科生创新、创业教育与实践学分认定管理办法》、《大学生创新创业训练计划项目管理办法》等，规定了创业实践、创业竞赛的学分认定规则。

为了营造良好的创新创业氛围，从2009年首届“大学生创业精英训练营”开始，“创客训练营”、“创新创业实验班”……一次次创业者的盛宴，创造着学生与企业高管、创业精英、理财专家零距离接触的机会，也孕育着校园里创业者的梦想。

大学生创新创业梦想离不开实践的支撑，学校以系列赛事和学生社团为综合载体，设计组织了一系列创新创业活动和创新创业竞赛，以此助力学生创新创业活动的高效开展，培养学生的创新精神、创业意识。为此，学校与石家庄国家高新技术产业开发区签署战略合作协议，每年提供创业资金扶持74.5万元，鼓励各级创新创业立项，这种以赛代学、以赛带练的方式，使实践主体的青年学生，切实提高了创新能力（见图3、图4）。

图3　河北师范大学师生自编自导自演大型歌舞剧《西柏坡》

图4　学校与石家庄国家高新技术产业开发区签署战略合作协议

与此同时，学校还为创新创业提供实体环境，积极开拓并建成了时光空间、大学科技园等共计3000多平方米的创业孵化园，最大限度保障学生的创业想法能落地、能实施。目前，学校从95个创业项目中遴选了30余个项目成功进驻孵化园。

（二）工作成效

经过几年的运行，学校已经建立“创业教育启迪创新精神——创业赛事培育创新能力——创业孵化实践创业梦想——创业典型反哺创业教育”良性循环的创新创业教育模式。2010年，学校被命名为首批“河北省创业教育示范学校”，2015年，学校创业孵化园被评为“河北省高校大学生创业孵化示范园”。

在2014年全国“创青春”创新创业大赛中，学校三个创业项目分获银奖和铜奖。2013届毕业生汪磊创建的“校园速递联合服务中心”，目前固定资产100万元，拥有员工20名，办公场所600平方米，年收入400万元。2010届毕业生李圣勇、刘好宽建立的阳光学校经过五年的发展已经成为业界教育领军品牌，2014年营业额达到6000多万元。

学校培养的创业成功典型，又回来给毕业生提供就业岗位、创业资金，反哺校园创业创新教育。数学系校友、中国燃气控股有限公司总裁刘明辉感恩母校培养、不忘创业历程，以个人名义向母校捐款100万元人民币，用以激励和奖励学校优秀学子。

2014年5月28日，省委副书记赵勇视察学校大学生创业孵化园，对学校创业工作给予高度评价（见图5），对创业学生提出殷切希望：“我们已经进入创新创业的伟大时代，创新的希望在青年，青年大学生一定要有勇气，有担当，为国家的创新事业担起重任。”

图5　河北省省委副书记赵勇视察学校创业孵化园

走基层成才路　育艰苦创业人

石家庄铁道大学

石家庄铁道大学创建于1950年，原为中国人民解放军铁道兵工程学院，1979年被列为全国重点院校，1984年随铁道兵并入铁道部，2000年划归河北省，建校65年来，学校三次迁址，七次更名，两次转制。

学校建筑面积50多万平方米，教学科研仪器设备价值2.8亿余元，图书馆藏书100多万册。在校教职工1700余人，其中教授240人，中国工程院院士1人，长江学者1人，“973”、“863”首席科学家各1人，国家杰出青年1人，全国杰出专业技术人才2人，国家教学名师1人，2个博士后流动站。

学校面向全国招生，本科第一批录取。学校始终坚持“质量第一、内涵发展、特色取胜、追求卓越”的办学理念，坚持以育人为根本的办学指导思想，为国家基本建设和河北区域发展精心育人的服务定位。长期致力于融知识教育、能力培养、素质提升为一体的教学改革。近年来获国家教学成果一等奖1项、二等奖4项，省部级教学成果奖61项，2006年教育部本科教学水平评估中取得“优秀”成绩。集中力量开展办多学科联合攻关，承担了一批在国内外具有重大影响的科研项目，取得了具有国内领先水平的标志性成果。学校转制河北以来，获国家、军队、省部级科研成果奖210余项，其中国家科技进步特等奖1项、一等奖2项、二等奖6项，省部级一等奖39项。

学校坚持以育人为根本，以就业为导向，走以提高质量为核心的内涵发展道路，始终把大学生就业工作列为“一把手”工程，纳入学校人才系统培养，作为一项战略性和日常性重点工作常抓不懈。

经过多年的探索，逐步形成了“123”就业工作格局，即：坚持“一个根本”——以高质量的人才培养夯实大学生就业根基；构建“两项机制”——就业工作领导机制和就业工作保障机制；实施“三大工程”——就业市场开拓工程、就业服务工程和创新创业工程，为国家经济建设尤其是铁路建设，以及区域经济社会发展输送了一大批富有社会责任感、创新精神和实践能力的高素质人才，较好地实现了一所大学人才培养和服务社会的重要使命。学校本科毕业生初次就业率近10年连续保持在96%以上，2004年曾在全国毕业生就业工作视频会上作典型发言，2009年被评为“全国毕业生就业工作先进集体”。

“军魂永驻，校企结合，育艰苦创业人”是石家庄铁道大学在六十多年历史积淀中形成的办学特色，亦是学校就业工作的特色亮点。长期以来，学校坚持为国家基本建设一线输送毕业生的人才培养定位，以铁道兵的艰苦创业、勇于担当为基本要素凝练和打造校园精神和校园文化，持续推进校企结合、产学研结合和人才培养模式创新的综合改革，着力培养“下得去、用得上、干得好、发展快”的优秀人才。受到用人单位的普遍欢迎，赢得了良好的社会声誉。学校就业工作特色主要表现在以下几个方面。

一、传承铁道兵文化基因，培育大学生艰苦奋斗精神

学校非常珍视三十四年的军校历史，“志在四方、艰苦创业”的爱国主义情操一直深深地影响着全校师生，传承了铁道兵“逢山凿路，遇水架桥”的文化基因，将其作为文化建设的重要内容被列入学校“十二五”规划，不仅被物化在学校的校史馆、文化长廊、伟人塑像、八零广场和以校友建功的青藏铁路等命名的校内道路等有形设施中，更内化于广大教师和学生日常行为所体现出的积极进取意识和无私奉献精神之中。学校科研团队面向国家重大工程开展科技攻关，荣获多项国家科技大奖，除具有高水平的学术价值外，还蕴含着不畏艰险、顽强拼搏的道德意义，营造了以德立教、以德立研，立德树人的良好道德氛围。广大教师在向学生传授知识的同时，更加注重学生事业心、责任感、使命感等精神文化素质的培养，学校长期坚持大学本科学生出早操和打扫校园环境卫生等制度，以磨炼和培养学生的意志品质、团体意识、吃苦和负责精神。这些做法自觉地将文化道德要求植入了人才培养的全过程。长期的文化浸润，形成了艰苦奋斗的主流价值导向和学生就业时的价值判断标准，“到基层去，到艰苦的地方

去，到祖国最需要的地方去”成为每届毕业生的主动选择和自觉行动（见图1、图2）。

图1　石家庄铁道大学学生实习现场

图2　石家庄铁道大学学生在实习基地实习

二、强化与董事单位深度合作，实现人才培养与社会需求良性互动

产学研合作是联系学校与企业并建立良好关系的平台，也是促进毕业生就业的重要途径和良好机制。学校吸纳中国铁建、中国中铁、中国铁路总公司等56家国有大型知名企业为学校的董事单位，并开展深度合作。积极创新人才培养模式，先后实施了“3+1+1”、“3+1”、“2+2”等订单式培养，与中国铁建股份有限公司、太原铁路局联合建立了2个国家级工程实践教育中心和140多个大学生工程实践实习基地。校企

科研合作带动就业。学校和铁路、工程单位的科研合作经费在亿元以上，学校教师在参与国内第一长隧道——秦岭铁路隧道，第一大桥梁——芜湖公铁两用桥梁，第一快速铁路——秦沈铁路客运专线和世界第一高原铁路——青藏铁路等国家重点铁路工程的科研攻关中，吸引大批在校学生参与，部分大学生毕业后直接去项目合作方就业。董事单位不仅为学生提供实习实践平台，而且还成为了学校最为稳固的就业市场。据统计，学校每年到董事单位就业的人数基本保持在50%左右，他们分布在国家各项基础设施工程建设中，很多毕业生成为了单位的中坚力量。

三、注重大学生思想政治教育　确保就业工作顺利开展

注重思想政治工作和严格管理是学校的优良传统。多年来，学校注重抓好以辅导员为主体的思想政治教育专职队伍建设。坚持把教育融入专业学习和日常生活中，不断扩展思想教育的时空范围，增强其渗透性，使学生在潜移默化中受到积极的影响。同时，注重将择业观教育与职业生涯规划的培训结合起来，通过举办“荣盛杯”等职业生涯规划设计大赛等活动，引导学生深入思考人生未来的成长道路，通过“开展专题讲座，搭建竞赛平台，举办技能培训”等，引导青年学生转变就业观念，合理设定就业期望值，选择基层成才、艰苦成长、实践成才的成长道路。同时，不断加强心理健康教育，关注并及时调整毕业生群体的情绪和精神，引导他们正确认识自我，培养健全的自我意识，提高认识水平、思想境界、职业成熟度和抗挫折能力，磨炼奋斗的勇气和不怕困难的精神，以不畏艰难、不怕吃苦的精神，培养职业自信，促进实践成才。

四、引导学生基层成长，打造“下得去、留得住、干得好、发展快”的优秀品牌

长期以来，学校注重对学生基层成长、基层成才的教育和引导。学校的就业指导课，坚持突出实践性，注重校本化，多以毕业生的成功范例为素材启发引导在校的学生。在世界上第一条跨越高原多年冻土地区青藏铁路建设中，参加建设的中铁建总公司所属10个集团公司有8个项目的指挥长是石家庄铁道大学毕业生（见图3）；在风

火山隧道、三岔河特大桥等条件十分艰苦的施工一线，学校毕业生更是占到工程技术人员总数的70%以上（见图4）；在京九铁路、南昆铁路、武广高铁、京沪高铁、兰新高铁和贵广高铁等工程的施工中，1/3的指挥长是石家庄铁道大学的毕业生。他们以“氧气缺，人气不缺；海拔高，追求更高”的精神和自身的模范行为赢得了广泛的赞誉。

图3　青藏铁路施工现场

图4　风火山隧道施工现场

曾培炎副总理曾号召青藏铁路全体建设者向石家庄铁道大学的毕业生况成明学习，李岚清副总理曾称赞参加京九铁路建设的石家庄铁道大学毕业生群体为“托起彩虹的年轻人”。学校把这些毕业生的事迹编辑成册并制作成纪实录像片《高擎五星红旗的人》、《大路朝阳》、《天路放歌》、《青春筑路魂》等，以此教育在校的大学生。同时还持续不断地把那些艰苦创业的成功典型请回学校做报告。多年来持之以恒、一以贯之的教育，逐步显示出毕业生就业质量高和成长性好的效果。“下得去、用得上、干得好、发展快”已成为学校毕业生的优秀品牌。

依靠特色取胜，凭借质量卓越。学校多次被评为河北省就业工作先进单位，《人民日报》、《光明日报》、《中国教育报》、中央电视台等多家媒体先后以《花儿为什么这样红》、《挑战“生命禁区”——青藏铁路线上的石铁毕业生》、《靠什么保持全省第一高的就业率》等为题报道石家庄铁道大学就业工作。

建立两支专职就业工作队伍 树立为毕业生终身服务理念

沈阳工程学院

沈阳工程学院是2003年经教育部批准，由原沈阳电力高等专科学校和原辽宁商务职业学院合并组建的辽宁省内唯一一所以能源电力为主干学科专业，以培养高级应用型人才为主的全日制省属普通本科院校。目前学校全日制在校生约11000人，开设本科专业35个，高职专业10个，本科专业涵盖了工、管、经、法、文、理6个学科门类。

作为一所新建本科院校，面对日益严峻的就业形势，学校牢固树立“以学生为本、以市场需求为导向”的指导思想，秉承“工程教育、职业取向”的办学理念，采取有力措施，就业工作在学校的战略地位初步建立，“学校统筹、院（系）为主体、全员参与”的就业工作体制已经形成。

一、打造辽宁省第一支二级院系层面的专职就业总指导员队伍

（一）深入调研、顺应民意，创新就业指导队伍建设

2010年，学校针对学生及家长进行了就业服务工作专项调查。调查结果显示，在

校生和学生家长对学生就业以及学校提供的就业指导高度关注，并对就业指导的专业化、就业市场的拓展等方面工作提出了更高的要求。当时学校只有少数人员组成的校级专职就业工作队伍，在二级院（系）层面上没有专职就业工作队伍，而是由院（系）的辅导员来承担这项工作。由于辅导员的主要工作职责是针对所有年级学生的思想教育和日常管理，每一届毕业年级的辅导员面对就业工作时都是“新面孔”，使得学校整体就业工作缺少连贯性，而且不能深入拓展就业市场，难以适应毕业生数量急剧膨胀的现状和不断增加的个性化服务的要求。因此，学校党委着手在现有就业工作体制外，创新就业指导队伍建设，为毕业生提供更好的就业服务。

（二）两支专职就业工作队伍初步建立

从2010年起，学校除了组建校级专职就业工作队伍外，开始着力打造一支“沿职业化方向，走专业化路线，实现专家化目标”的二级院（系）专职就业总指导员队伍。经多次调研、论证，学校决定每年多投入120万元，率先在辽宁省内设置“专职就业总指导”岗位，为11个二级学生院（系）配备专职就业总指导员，以协助各二级院（系）分管副院长（副主任）抓好毕业生就业工作，并对辅导员的就业工作进行业务指导。专业就业总指导员岗位职级确定为正科级，不参与辅导员工作，不占用辅导员岗位指标。2010年至2014年，学校共聘任了三届专职就业总指导员，共计20人次。他们中既有一线教师、副教授，又有辅导员以及机关管理干部，形成了一支既懂专业又了解岗位需求，既懂教学又具有工程背景的专业就业工作队伍。

（三）通过制度倾斜、政策激励等方式发挥其最大效能

学校规定专职就业总指导员队伍实行双线晋升，在评聘职称时，实行单独系列、单独标准、单独评审；以专职就业总指导员队伍为主体承担学生就业指导课程的教学任务；设立专项就业工作经费，经费投向重心下移，各系（院）就业经费占全校就业工作经费的70%以上，保证就业工作顺利开展。学校还制定了《专职就业总指导员管理办法》和《二级院（系）就业市场建设考评办法》等一系列规章制度，定期对专职就业总指导员的职责履行情况进行考核，调动了专职就业总指导员队伍的积极性，最大限度地发挥了其应有的作用。

（四）专职就业总指导员队伍效果显著

专职就业总指导员队伍实现了就业指导队伍的“职业化、专业化、专家化”，使就业指导更加精细化、就业服务更加人性化，形成了就业工作与人才培养工作相互促进的良性循环。设立了两级专职就业工作队伍以来，学校的就业工作取得了长足的进步，全校毕业生就业率稳步提升，连续三年超过95%，就业质量有了较大的改善，专业对口就业率超过80%，截至2015年6月，学校2015年毕业生离校就业率达到94.10%，名列辽宁省高校本科第二名。《中国教育报》、《辽宁就业》等媒体对学校这一独创做法进行了专题报道，并给予了高度评价。

二、树立起为毕业生终身服务的理念

学校重视对毕业生创业意识的培养，通过创业教育与指导，强化学生就业创业意识，采取有效措施帮扶困难毕业生，对学生进行毕业后的就业质量跟踪调查，并对未能及时就业的学生不断提供就业服务，与当地政府对接，提供培训信息，帮助他们在离校后尽早实现就业，从而形成了对在校生和毕业生全方位、终身服务的工作理念。

（一）积极为学生开拓就业市场

学校充分发挥电力行业的学科优势，逐步建立了以电力行业为核心的就业基地，确定了“找准突破点，以点连线、由线成面”的全方位就业网络。在完善原有的毕业生就业渠道基础上，学校采取“走出去”和“请进来”相结合的办法，打造行业市场，拓展就业平台。学校先后组织就业工作人员奔赴全国近三十个省市与近千家用人单位进行沟通，建立了400余家稳固就业单位。几年来共计引进1736家用人单位来校招聘，提供就业岗位34953个，占本科毕业生总数的386.48%（见图1）。目前学校建有94个校内实验实习场所、132个校外专业实习基地，覆盖所有的专业（见图2）。

（二）采取有效措施，全方位抓好就业困难学生的就业援助工作

2014年，学校成立“郭明义爱心团队沈阳工程学院捐资助学分队”，郭明义出席

图1　沈阳工程学院火热的招聘会现场

图2　沈阳工程学院学生在大学科技园进行创新创业实践

大会并捐款，社会各界爱心人士共捐资60.3万元，200名贫困毕业生得到资助（见图3）；学校构建了校、院（系）、班级三级联动网，实施分类“一对一”帮扶工作，学校146名领导干部主动自掏腰包帮扶贫困毕业生，四年预计总帮扶金额达120余万元；学校还定期举办专场招聘会，邀请爱心企业来院招聘。通过不懈地努力，每年有95%以上的困难学生找到了理想的就业单位。

（三）开展毕业质量跟踪调查

学校制定了《毕业生质量跟踪调查工作实施办法》，自主研发了在线问卷调查和统计分析系统，了解毕业生离校后的就业状况和工作状况。通过对教师、在校生、毕业生、用人单位四个层面开展的“人才培养质量”“就业服务水平”等8个方面的调查，形成对就业工作的详细报告，对发现的问题提出解决方案，形成了毕业生就业质

图3 “当代雷锋”郭明义同志为沈阳工程学院捐资助学分队授旗

量对招生工作的反馈机制；学校加大对未就业学生的后续帮扶工作，各二级院（系）就业总指导员、班级辅导员通过电话、“QQ群”等方式与毕业生保持联系，给未就业学生及时提供相关就业信息，大幅提高了离校未就业学生的年终就业率。学校毕业生离校就业率连续五年保持在90%以上，且年终就业率达到94%以上。

（四）为学生搭建良好的创业平台

学校积极响应国务院“大众创新、万众创业”的号召，依托学校辽宁省大学科技园，创建了“辽宁省大学生创业孵化示范基地”和“沈阳市创业孵化基地”，拿出5500平方米场地用于大学生创新创业教育。学校设立了“大学生创业基金”，该基金由辽宁省政策支持100万元，沈阳市支持80万元，学校自己投入180万元，辽宁百家创业投资公司授信300万元，另外再募集社会资金，按工作预期将融资1000万元用于大学生创新创业工作（见图4）。学校也涌现了一批就业创业典型。典型创业代表张文刚同学，创办了沈阳丹孚润滑油有限公司，目前拥有会员3000余人，发展市级服务站5家，经销商100余家。2014年企业营业额达200余万元，净利润35万元。《辽宁日报》等媒体对他的事迹进行了报道，在学生中产生了很大的反响。

2012年，学校被国家电网公司确定为二类本科院校毕业生招聘对象学校，全国只有六所二类本科电力院校入选。2013年，学校被命名为“全国电力人才网络联盟校园招聘基地”，并成功举办“第八届全国电力人才就业论坛”（见图5）；2015年，学校承办了“辽宁省第三届大学生创业大赛总决赛”，校园内就业创业氛围浓郁。在历年国家电网录用考试中，学校学生的录取率在辽宁省高校中名列第一，在全国同类院校中也处于领先水平，录取率连续两年高于80%。

图 4　沈阳工程学院与创业投资公司合作协议签字仪式

图 5　沈阳工程学院承办第八届全国电力人才就业论坛

沈阳工程学院成功入选“2015 年度全国毕业生就业典型经验高校”，成为全国获得该荣誉的 28 所省属本科院校之一。荣誉的取得是上级部门对学校就业创业工作给予的肯定，也是全校教职员工共同努力的结果。学校一定会以此为契机，向兄弟院校学习先进经验，继续加大对就业创业工作的投入，继续创新工作模式和方法，争取在就业创业工作上取得更多更好的成绩。

面向基层扎根服务　培育区域市场品牌
打造地方综合性高校大学生就业工作特色

北华大学

北华大学是吉林省省属规模最大的重点综合性大学，1999 年经教育部批准，由原吉林师范学院、吉林医学院、吉林林学院、吉林电气化高等专科学校合并组建而成。学校现有东、南、北三个校区和一所附属医院，占地面积 279 万平方米，建筑面积 55 万平方米。现有专任教师 1591 人，高级专业技术职务人员 894 人，共享 4 名两院院士和 189 名高级专家作为学校的兼职教授和客座教授。现有各类全日制在校生 2.5 万人，其中硕士研究生 1259 人、本科生 2.22 万人。设有 80 个本科专业、16 个硕士学位授权一级学科点、7 个硕士学位授权二级学科点和 8 个类别硕士专业学位授权点，涵盖 11 个学科门类。学校在吉林省高等教育发展结构中具有特殊地位，是实施高教强省战略的优质资源（见图 1）。

长期以来，北华大学始终高度重视毕业生就业工作，立足综合性优势，坚持特色导向，着力强化毕业生就业工作内涵发展和质量建设，务实有效地推动了毕业生就业工作持续发展。学校毕业生初次就业率始终位于省属同类院校前列，多次被评为全省普通高校毕业生就业管理工作先进集体。特别是在长期的办学实践中，学校坚持走创新之路、品牌之路，形成了“面向基层扎根服务，培育区域市场品牌”的毕业生就业工作特色，收到了较好的办学效益和社会效益。

图1　北华大学合校10周年庆典大会现场

一、以社会需求为导向，鼓励毕业生到基层建功立业

学校始终坚持“尊重学生、服务学生、导航学生”的就业工作理念，以社会人才需求和毕业生充分高质量就业为导向，不断优化办学服务和人才培养目标定位，积极推进人才培养模式改革，形成了“一主多样性、创新实践型”人才培养模式，提升了人才培养质量和毕业生就业竞争力，毕业生以“能吃苦、上手快、业务精、后劲足、留得住”的特质，得到了社会的广泛认同和欢迎。

（一）优化顶层设计，形成了人才培养的特色模式

学校“十二五”规划确立了“一线实用，落地生根”的人才培养特色定位，把服务面向定位在基层，培养实用型人才，极大的提升了人才培养的社会适应性。同时，学科门类齐全，文理渗透、理工融合的综合性优势以及对应社会行业领域广泛的背景优势，为校企联合共建学生创新实践教育基地提供了先决条件，为实施个性化指导、分层次培养奠定了基础，形成了具有学科专业特点、形式多样的创新实践人才培养特色模式。

图 2　北华大学 2015 届学生毕业典礼

（二）优化运行方式，构建了人才培养的长效机制

学校注重学生的个性发展，把创新教育和实践活动纳入培养方案。在运行机制上，采取校院两级管理体系，构建了国家和省、校三级创新实践人才培养平台；在基地建设上，将学校各类省级研究中心、校内各类实验室、研究室、实训室、创作室等打造成培养大学生科技创新能力的实践教育基地，为学生创新实践能力的培养提供了强有力的支撑，保障了“一主多样性、创新实践型”人才培养特色模式有效推进和落实。

（三）优化实施载体，提升了人才培养的质量效果

学校不断加强实践教学硬件建设，努力改善实践教学条件。注重学生创新实践团队建设，实行科研助理制、学生社团制、工作室制和创新创业项目组制、竞赛小组制，依托校内外各类创新实践基地和科研平台，让学生直接参加教师科研活动，尝试教研产相结合的实战性训练，积极鼓励学生参与企业技改项目，学生实践能力和创新能力、工程实践能力、科研素质显著提高。学生在国家和省各类大学生竞赛中，先后荣获国家级奖励 601 项，省级奖励 854 项。特别是在全国“挑战杯”大学生课外科技学术作品竞赛中，学校先后四届获得一等奖 5 项；校龙舟队在中华龙舟大赛和中国龙舟公开赛中获“双冠王”，2014 年以国家队的身份参加亚洲龙舟锦标赛，取得了 2 金、3 银、2 铜的优异成绩，为国家赢得了荣誉，被评为吉林省模范集体（见图 3）。创新实践环

节的教学改革，培养了学生的一技之长，增强了毕业生的社会适应性，得到了用人单位的青睐。

图 3　北华大学课外科技学术作品展示

（四）优化指导体系，形成了扎根服务基层的长效

学校遵循“以学生为本”的教育理念，本着“重培养、多引导”的工作原则，发挥思想政治教育主渠道作用，通过开展文明修身工程、励志青春报告会等校园文化活动，将就业指导与生涯规划贯穿于学团活动全过程，全方位、多角度开展了就业指导服务。营造了扎根服务基层、到祖国最需要的地方建功立业的“就业环境”，面向基层就业成为了自觉，毕业生遍布吉林大地。其中，吉林省林业系统中技术与管理骨干的70%、吉林省东北地区教师总数的40%、医护人员中的30%、机械电气类技术人员近30%为北华大学毕业生，凸显了学校服务地方经济建设的能力和水平，体现了地方综合性大学服务经济社会发展的高贡献率。

二、构建区域市场品牌，促进毕业生充分高质量就业

学校确立了“主动走出去、积极引进来，以点带面、广泛联络、创新载体”的市场开发、建设战略，立足吉林，辐射全国，开发建设了千余家稳固的就业基地，为毕业生搭建了广阔的就业平台，提供了充分的就业机会。

（一）发挥综合性大学优势，打造校园市场

学校每年有毕业生6000多人，学历层次包括研究生、本科生、专科生，专业涵盖了经济学、法学、教育学、文学、历史学、理学、工学、农学、医学、管理学、艺术学等11个学科门类的80个本科专业，这样的教育资源极大的吸引了用人单位的眼球。学校每年举办各类供需见面洽谈会近300场次，接待用人单位近1000家，提供就业岗位15000余个，参会求职学生达12000多人次，签约和意向签约率达到30%，成为毕业生就业的主要渠道。成熟的校园招聘市场，既满足了用人单位对人才的需求，也为毕业生创造了更多的就业机会。

（二）发挥区域领头羊作用，搭建人才市场

吉林市虽处偏远的二线城市，但吉林地区拥有丰富的人才资源，现有本科、高职院校8所，中等教育学校近20所。北华大学作为省属规模最大的重点综合性大学，充分发挥区域“领头羊”作用，以“整合人才资源，方便供需双方”为出发点，在省教育厅的支持下，联合吉林地区20所大中专院校，牵头举办“吉林省吉林地区大中专院校毕业生供需见面洽谈会”（见图4），搭建区域性大中专院校毕业生人才市场，开创了吉林地区大中专院校毕业生就业工作整体合作的先河，起到了综合性大学的引领带动作用，赢得了良好的社会声誉和影响。

图4　吉林地区2015届毕业生校园招聘会

（三）发挥用人单位桥梁作用，建设区域市场

学校拥有百年传承的办学历史，不仅毕业生遍布祖国各地，与学校长期合作的用人单位也遍布祖国的大江南北，丰厚的就业基地资源，为新形势下做好毕业生就业工作，发挥了畅通、高效的桥梁纽带作用。学校在长三角、珠三角等发达地区开发、建设了一大批新的就业基地，成为就业工作持续发展的新的增长点。先后与上海第二十冶金建设公司、天津钢铁集团、中国铝业集团公司等大型国有企业，与天津市北城区教育局、宁波市教育局等教育主管部门，与深圳市罗湖区人力资源局、嘉兴市人社局等政府机关，与江苏省苏州市、扬州市、四川省成都市等人才中心签订了合作协议，打造了区域就业基地群，扩大了就业面向区域，为提高毕业生的就业质量奠定了坚实的基础。

（四）发挥网络平台联动特性，打造无形市场

学校建有完善的就业工作网络信息平台——“北华就业网”，打造了内容丰富的无形就业市场。目前，“北华就业网”已有近3000家企业注册，每年有5000多名毕业生登录，年均访问量达30万人次。“北华就业网”实现了与教育部“大学生就业一站式服务系统”、吉林省高等学校毕业生就业信息网、东北高师网以及其他院校的网络链接，获取了大量最新的招聘信息，方便了对毕业生的信息服务。学校还与58同城、智联招聘等网站合作，举行线下的实体招聘会，为毕业生创造更多的就业机会。

三、加强创业指导服务，扎实推进大学生自主创业

北华大学是国家大学生创新创业训练计划项目学校、国家级大学生创新创业训练计划实施工作先进单位，大学生创业园被评为省级示范园，创新创业教育成果丰硕（见图5）。

（一）在完善创业教育体系上狠下功夫

校长任大学生创新创业领导小组组长，各教学单位党政齐抓共管，学生工作部门

图5　北华大学大学生创业园

全员参与，广大教师广泛支持，形成的组织领导体系坚强有力。通过开设创新创业大讲堂、举办财富精英挑战赛和创业计划书大赛等具体举措，培养学生创业兴趣、激发创业热情，形成了浓厚的校园创业氛围。

（二）在加强创业孵化平台建设上狠下功夫

学校在办学实践中，总结提炼了“培树大学生创业理想、打造大学生创业团队、孵化大学生创业项目、服务大学生创业需求”的工作理念，形成了以大学生创业园为核心，统筹大学生创新实践基地、就业实习基地和创业实训基地为一体的“一园多基地”创业孵化平台建设模式。学校每年获批国家级创新创业训练计划项目60项，形成了国家、省、校三级大学生创新创业训练计划项目体系。

（三）在健全创业扶持机制上狠下功夫

学校采取校企合作模式，聘请专业指导机构全程参与学生创业，为学生提供创业培训、创业实训、项目论证、登记注册、财务管理、咨询服务等系统帮扶措施；免费提供场地、设备等办公条件，实现了学生零投入入园、零风险创业。2012届毕业生曹良克创办的吉林省鼎易商务咨询有限公司，年收益在100万元以上，带动就业35人，吉林省教育电视台等多家媒体对此进行了全面报道。

新形势下的大学生就业工作虽然困难很大，但是学校深信，有党和国家的高度重视，有地方政府的正确领导和大力支持，全体北华人一定牢记党和人民的重托，以时不我待的责任感、只争朝夕的紧迫感，开拓创新，锐意进取，努力开创地方综合性高校大学生就业工作的崭新局面。

坚持特色办学　优化培养服务
全面提高大学生就业创业工作水平

吉林动画学院

吉林动画学院创建于2000年，2008年经教育部批准转设为民办普通本科高校(见图1)。学校秉承“自尊、自强、创新、创造”的校训精神，坚持“开放式国际化、学研产一体化、创意产品高科技化”办学特色，本着“对学生负责、对家长负责、对行业负责、对社会负责、对国家负责”的责任感和使命感，致力于“创新能力强、艺术素养高、具有国际视野的应用型高级专门人才”培养。坚持人才培养与文化产业发展紧密结合，建立了与吉林纪元时空动漫游戏科技股份有限公司及学院研究机构实行一体化人才培养的新型学研产联合体，在艺术、技术、市场、文化的融合探索中，走出了一条适应时代发展，符合学校实际的特色办学之路。

图1　吉林动画学院校园全景

学校先后被确定为“国家动画教学研究基地”、“国家动画产业基地”、“国家文化产业示范基地”。与北京电影学院、中国传媒大学一道，在亚太地区近百所大学中脱颖而出，共同荣登“泛亚太地区动漫教育机构综合实力十强”榜单。

2014 年 10 月，学校顺利完成教育部本科教学工作合格评估。专家组认为，“吉林动画学院创造性地打造了学研产一体化办学模式，是一所很有思想的高校，是一所特色凸显、充满潜力的高校，是一所前景看好的高校。吉林动画学院为民办高校发展提供了一个成功范例。”

多年来，学校发展得到党和国家领导、相关部门的殷切关注和大力支持。吴邦国、温家宝、贾庆林、李长春、刘云山、刘延东等领导相继来校视察，对学校学研产一体化办学特色以及办学成绩给予高度评价和充分肯定。

学校始终把就业工作放在重要位置，发挥办学优势，创新发展思路，强化能力培养，构建完整有效的工作体系，全面提高大学生就业创业工作水平。目前，学校共培养毕业生 18000 余人。十届毕业生一次性就业率保持在 90% 以上。很多毕业生就职于我国文化领域知名企业，如百度、腾讯、新浪、网易等互联网企业，完美世界、环球数码、蜗牛科技、光宇华夏、西基动画等游戏、数字媒体、动画企业，中影集团、上海文广集团等传媒企业。毕业生已逐步成为国内文化创意产业特别是动漫游戏产业中的一支不容忽视的生力军。

一、坚持特色办学，推动内涵发展，构建创新型应用人才培养体系

（一）坚持“开放式国际化”办学理念，拓宽学生视野，提升产业、行业和市场理解力

学校与 19 个国家和地区的 80 多所高校和企业建立了友好合作关系。充分利用国际资源优势，特别是行业资源优势，深化联合培养与跨境实训，拓展教育、企业、文化、技术、艺术、市场的共赢空间，营造内外互补的育人环境。聘请了国际动画协会会长尼尔森·申，影片《星球大战》奥斯卡视觉特效奖获得者罗伯特·布莱拉克，韩国釜山 Contents Market（电影节）执行委员会主席具宗祥等 328 位国内外高水平专家担任客座教授、特聘教授。成功举办、承办“中国·吉林国际动漫游戏论坛”、“中国文化产业峰会”等大型活动近 30 次（见图 2）。李彦宏、熊晓鸽、王强、于冬以及韩

国文化产业振兴院院长洪相杓等一批国内外文化企业精英为学生带来文化产业、企业运营、创新创业等方面前沿资讯，极大拓宽了学生视野，为学生在校期间对行业、市场理解力的提升起到积极的促进作用。

图2　吉林动画学院承办的2014中国文化产业峰会

（二）深化“学研产一体化”人才培养模式，强化能力培养，实现专业与职业的有效对接

学校突破传统教学模式，形成“以教学为主导、科研为支撑、产业为导向”的学研产一体化人才培养模式。构建电影、游戏、互联网、产品设计、广告等学产对接实践教学平台，面向全校所有学院和所有专业，实现大一大二基础教学，大三大四打通专业壁垒，进入校企合作平台、国内外专家（导演）工作室、个性化工作室等平台进行实践教学，为学生“低年级选专业，高年级选职业”，提升实践能力、与市场对接能力、就业创业能力奠定坚实基础。

根据应用型人才培养对产业环境的需求，建立学校与企业双向流动、人才互补的双师型教师队伍储备机制。充分利用国际专家资源优势，发挥“大师引领、骨干支撑、青年跟进”的双师型教师队伍在学生培养中的重要作用。学院已组建了一支近500人规模的双师型教师队伍，为学生创新创业能力提升提供了坚实的师资保障。

积极发展校缘产业。2002年学校成立“吉林盘古广告有限公司”，2005年组建10个产业性质的动画项目制作室，2008年成立吉林禹硕动漫公司，2015年成立纪元时空公司和天博影视制作公司，有效发挥产业公司对平台的支撑作用。同时，深化与完美游戏、百度、爱奇艺、韩国IHQ等国内外知名企业的战略合作，整合各方优势资源，强化实习、实训平台建设，大力促进平台对学生实践能力、职业能力、市场能力的有效提升（见图3）。

图3 吉林动画学院游戏实践平台·完美祖龙娱乐游戏实训基地

落实专业设置、招生、人才培养、就业“四点联动”机制。持续开展“毕业生就业状态跟踪调查”、“就业市场调查 ”、“用人单位满意度调查”等调研活动，以调研情况为依据，以文化产业发展趋势和市场需求为导向，先后增设和调整学校相关专业、专业方向和招生计划，对毕业生就业起到了积极的促进作用。

（三）发挥“创意产品高科技化”对艺术、文化、市场的重要支撑作用，提升学校办学的核心竞争力

充分发挥技术创新对文化传承、文化创新的驱动作用，提升创意产品文化承载力、传播力和内涵价值，强化核心技术成果转化能力，提升办学的核心竞争力。以应用技术为支撑，学校师生共制作了《青蛙王国》等12部动画电影、4D特种电影和动画系列片；《猫和老鼠谁将被埋葬》等201部优秀动画短片；《关公》等2款大型网络游戏。学校师生作品斩获“美猴奖”、“上海电影节白玉兰奖”等多项中国动画行业最高奖项以及日本广岛国际动画节等多项国际大奖。师生原创3D动画电影《青蛙王国》先后获得中国动画电影“天马杯”最佳动作设计奖、“天马杯”优秀编剧奖，中宣部第13届精神文明建设“五个一工程奖”和“中国文化艺术政府奖”，并成为我国唯一入围“第八届亚太电影节最佳动画片奖”的动画影片。

二、顺应文化产业和市场需求，打造创新创业文化，大力提升学生创新创业能力和就业能力

（一）激发“全员创新创业”热情，构建创新创业良好环境

2009年，学校将创新创业工作正式纳入整体工作，搭建创新创业服务平台，制定《吉林动画学院大学生创业基金管理办法》，并设立200万元大学生创业基金，大力支持大学生开展创新创业活动。近年来，学校按照打造“创意硅谷”、“创业硅谷”的战略目标，建立创新创业中心，进一步完善、优化创新创业体系，全面激发“师生同创”的活力，着力打造以教师和学生为主体的创新创业团队，构建大学生创新创业孵化体系，为全校师生创业提供团队组建、政策、资金扶持等一系列服务保障，大力推动全员创新创业，以创新带创业，以创业带就业。

（二）构建“三层次递进式”创新创业教育模式

将创新创业教育纳入教学计划，作为教育教学改革的重要内容推进，并设置创新学分，根据不同年级特点，有针对性地开展教育引导。形成“三层次递进式”创新创业教育模式：第一层次，在基础教学环节，植入创业意识和知识理论引导；第二层次，在专业教学实训环节，以各类工作室为平台开展实习实训；第三层次，在实践平台和创业训练环节，开展项目实战实训，提升学生实践体验。仅2014年，学校举办就业创业活动13场、讲座31场。举办“大师讲堂”，邀请38位国内外知名专家、学者和企业精英与学生分享创业故事，激励青年学生创业梦想。

（三）开展多样化创新创业实践活动

创立了大学生创业协会和“创意文化社”等16个学生专业性社团。自2011年开始，连续举办四届大学生创业大赛。实施大学生创新创业训练计划，已完成项目264项，其中国家级项目200项，省级项目38项。2012年，学校被评为国家级大学生创新创业项目实施单位，是吉林省获此殊荣的唯一民办高校。积极推荐优秀项目参加国家

和省市各级各类创业大赛，斩获全国大学生创新创业年会创业推介项目、“挑战杯”吉林省大学生创业计划竞赛等重要奖项16项。一些项目获得创业基金支持和长春青年创业园、“大创梦城”创业园等入园资格。6个创业类项目注册了公司，18个创业类项目通过不同方式展开商业运营。

三、坚持以学生为本，全面提升就业指导服务水平

（一）实施“七个一工程”，实现学生就业创业服务常态化

坚持讲好一套课程，开设《职业发展与就业指导》、《KAB创业教育》必选课，保证学时，注重实效性；树立一批典型，每年请十余名优秀毕业生回校介绍就业创业先进事迹；办好一个论坛，请优秀校友和知名企业家现身说法；组织一场赛事，结合专业特点开展校园创业大赛；建立一批基地，与文化企业建立长期合作关系；办好一场校园供需见面会（见图4），着力提升签约率；搭建一个立体化信息平台，实现信息服务全覆盖。

图4 吉林动画学院举办的2015届毕业生供需见面会

（二）以专业特点、生源情况为出发点，以行业发展趋势为参考，积极开拓就业市场

逐步探索和建立以一线城市为中心，二三线城市为支撑；以行业领军企业为龙头，中小企业为基础；以创作生产流程为依据，岗位需求为依托的全产业链就业市场格局。

学校每年都组织教师团队走访、回访中影集团、搜狐畅游、广州网易、腾讯公司、深圳华强等数百家用人单位。目前，学校与全国部分国家级文化产业基地，国家级、省级动漫游戏产业园区，相关产业行业协会以及17个省、市及香港地区的37个城市241家企事业单位建立了相对稳定的就业协作关系，有效提升了毕业生实习就业机会（见图5）。

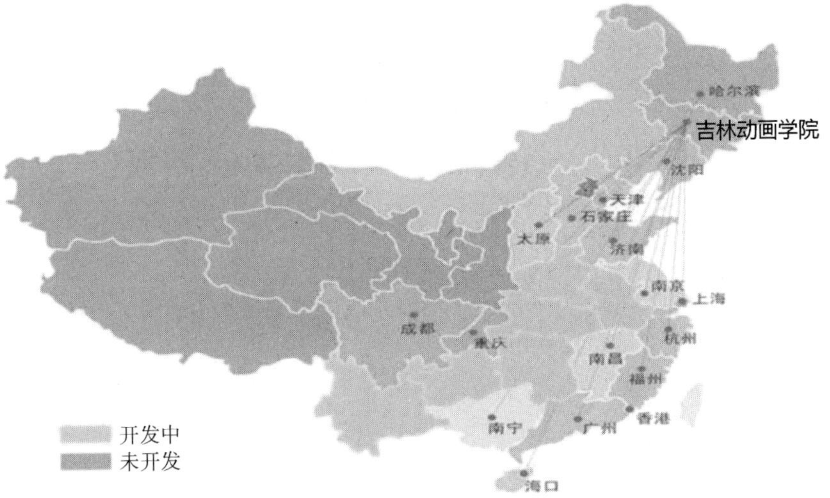

图5　吉林动画学院就业市场建设格局示意图

（三）加强困难帮扶，引导学生多渠道就业

学校始终把就业困难学生帮扶工作当作一项校园民生工程来抓。认真落实吉林省“双困生”培训工作，不断加大就业援助力度，通过发放求职补贴、勤工助学、素质拓展、双困生培训、职业核心能力培训等多种方式开展帮扶。建立就业困难群体以及离校未就业学生档案。针对特别困难学生实施“一对一”就业指导和心理辅导。发挥各学院领导、学工人员和专业教师作用，联系用人单位，开展定点推荐。

突出中医药特色优势
构建“一体六化”就业工作体系

黑龙江中医药大学

黑龙江中医药大学始建于1954年，1996年正式更名，是全国最早更名大学的7所中医药大学之一，现为黑龙江省重点建设的高水平大学。学校下设11个学院、1个研究院、11个附属医院（9个非直属）、24个教学医院、62个实习基地、45个实习就业一体化基地（见图1）。设有21个本科专业及13个专业方向，28个学科具有博士学位授予权，36个学科具有硕士学位授予权。设有中医学、中药学、中西医结合、药学4个博士后科研流动站，有国家一级重点学科4个，国家精品课程8门。现有教职工3184人，全日制研究生、本科在校生11517人。

图1　黑龙江中医药大学校园景观图

2004 年学校全国首批以全"A"成绩获得教育部本科教学工作水平评估优秀结论，2007 年全国首家通过教育部本科中医学专业认证，2008 年被确定为国家中医临床研究基地建设单位，2009 年晋升为全国精神文明建设工作先进单位，2015 年晋升为全国文明单位。

学校 2012 年毕业生总数 2636 人，初次就业率 86.68%；2013 年毕业生总数 2697 人，初次就业率 83.61%；2014 年毕业生总数 2725 人，初次就业率 85.95%，年终就业率均能达到 90% 以上。

学校始终高度重视毕业生就业工作，在"十一五"、"十二五"发展规划中，将就业工作作为高水平大学建设和办人民满意教育的重要内容，长期坚持就业工作"一把手"工程，举全校之力积极推进，构建了"校院两级管理、学校统筹安排、相关部门协作、学院主体落实"的就业工作管理体制和运行机制；坚持面向经济建设主战场，以满足医药卫生事业和地方经济社会发展需求为导向，以培养学生核心就业能力为根本，以提升就业指导服务水平为目标，鼓励引导毕业生面向基层就业，深入开展创新创业教育，加大特殊群体帮扶力度，全面提高毕业生就业数量和质量，形成了全盘筹划、全员参与、全程关注、全心服务的就业工作格局。依据这样的整体布局，学校全面深化教育教学和人才培养模式改革，着力构建"一体六化"就业工作体系，不断探索解决毕业生就业难的长效机制，努力实现毕业生充分就业。

一、深化教育教学和人才培养模式改革，打牢中医药专业功底，通过提升学生内涵，夯实就业基础

（一）坚持专业建设与服务面向相结合，突出人才培养特色

根据地方经济建设和社会需要、学生就业面向及学校资源优势，调整专业建设思路，巩固以中医药专业为主体，医、理、文、工、管等多学科交叉渗透，协调发展的专业格局。以突出中医药特色为重点，创新人才培养模式，2011 年开设中医学专业经典实验班、中药学专业创新实验班，实施卓越中医医生教育培养计划，以岗位胜任能力为导向，建立五年制中医学专业人才培养模式和创新中医拔尖人才培养机制。2007 年中药类专业人才培养模式创新试验区确定为教育部首批人才培养模式试验区。2009 年中医临床人才培养模式试验区确定为黑龙江省首批人才培养模式试验区。

（二）坚持教学改革与内涵建设相结合，提高人才培养质量

学校全面实施631教学改革工程，着力进行课程体系与教学内容改革，根据社会发展需求和用人单位及毕业生的反馈信息，不断修订、完善教学计划，本着“厚基础、宽口径、精专业、重实践、强能力、广适应、高素质、有特色”的思路，优化课程结构。积极开展教学方法和教学手段改革，推进研究性教学，开展教学设计改革，构建以学生为中心，以提高学生自主学习能力为基础的新型教学模式，全面提升教育教学质量、人才培养水平和办学效益。获得国家级教学成果奖7项，国家级教学名师3名，有国家级教学团队3个。

二、强化实习、实训、实践，提高学生专业实践和服务社会能力，通过课堂教学的不断延伸，增强就业能力

（一）坚持导学实训与岗位实践相结合，搭建能力提升平台

学校充分利用国家级实验教学示范中心等实训基地，开展临床技能实训和科研实验活动。通过经典诵读、跟师临诊等方式，突出中医师承培养特色，通过增加实验、实践课比例，加强学生自学能力、创新能力和批判性思维的培养，通过开展临床技能训练和基本功竞赛，增强学生实际操作和实践动手能力（见图2）。同时建立以附属医院、教学医院、实习就业基地为代表的实践教学基地网络，每年向各类基地派出课程见习、课间实习、生产实习、毕业设计等在校生、毕业生1700余人，每年投入学生实习实训经费120万元，有效地提高了学生实验动手能力，增强了学生在就业市场的竞争力。

（二）坚持专业优势与社会实践相结合，提升服务社会能力

学校以锻炼学生服务社会能力为宗旨，突出专业特色，积极开展大学生社会实践和志愿服务活动，开展医疗志愿服务、中医药科普文化知识宣传、就业市场调研、毕业生回访等工作。通过社会实践，使同学们了解国情、省情、行情，就业定位更加准

图 2　黑龙江中医药大学校长匡海学与参加全国中医药院校技能大赛获奖学生合影

确，也通过实践活动，锻炼了专业动手能力，全面提高了实践技能、职业素质和服务社会能力。学校博士生社会实践服务团先后两次被五部委授予全国“三下乡”社会实践活动“优秀团队”称号，学校先后七次被评为“年度全国‘三下乡’社会实践活动先进单位”，中央电视台“新闻联播”等多家媒体对学校实践活动进行了报道。

三、加强国际交流与合作，培养学生国际视野和家国情怀，通过中医药文化传播，拓展就业渠道

目前，学校已同世界上 30 多个国家和地区的 40 多所医学院校或研究机构开展了教育、医疗、科技合作与交流，2008 年与英国伦敦南岸大学联合创办的世界首家中医孔子学院连续五次被评为“先进孔子学院”，2014 年与美国中药联商会合作创办的美国分校正式成立，成为全球首个在海外开设中药学学士学位课程的机构。学校组织大学生利用校内外国际交流合作的机会，广泛传播中华传统和中医药诊疗技术，大学生艺术团欧洲巡演、中俄生物医药论坛师生交流、与俄罗斯阿穆尔国立医学院互派学生临床实习、举办汉语言及中医药文化体验与研修班等形式，有力促进了中俄、中英等国家青年学生之间的科技、医疗、文化交流，进一步拓宽了学生的国际视野，培养了学生的家国情怀。

四、坚持“一体六化”同步推进，逐步完善就业工作模式，通过全方位指导服务，提高就业水平

（一）坚持“一把手工程”及“四个到位”的全方位就业保障体系

学校成立了以学校、学院党政一把手为组长的两级就业工作领导小组，保障机构、人员、资金、场地四到位，为就业工作提供便利条件（见图3）。学校年度工作计划中关于就业工作的具体要求和措施是重点推进的内容之一。同时将就业工作做为校内文明单位评比、干部考核的重要依据，要求副处级以上干部带头承担就业工作指标任务，专任教师主动为学生提供就业指导、岗位推荐、困难帮扶，形成了齐抓共管、全员参与的工作局面。

图3　黑龙江中医药大学党委书记袁纲参加学校供需见面洽谈会

（二）坚持就业教育全程化，保证教育指导的连续性、系统性和完整性

学校构建了“基础＋平台＋模块”的就业指导服务体系，做到了就业教育纵横交叉、点线面相互融合。学校从2001年起先后开设《就业指导》、《大学生职业生涯规划》必修课，共32学时，同时开设《沟通艺术》、《职业设计》等系列选修课，形成以就业为导向的必修课与选修课相结合的课程体系。

（三）坚持就业指导项目化，不断提升教育指导的实效性、可控性和覆盖面

学校将项目化管理方式引入到就业指导工作中来，2014 年设立集体和个人项目 38 项，立项 18 项，资助金额 2.27 万元。开展多种形式的就业指导活动 78 场次，参与学生 1 万余人次，打造了如“职场训练营”等品牌和特色活动。同时利用“生涯规划和就业创业工作坊”、开设就业指导服务热线等，为学生提供个性化、专业化的咨询和服务。

（四）坚持市场建设基地化，增强就业地区与行业的稳定性和有效性

学校以全国 142 家附属医院、教学医院、实习就业基地和 18 家地方校友会基地为依托（见图 4），深入挖掘基地所在区域就业市场开发空间，结合毕业生生源及就业意向制定并实施年度就业市场开拓计划，基本构建了覆盖全国的就业市场网络，与广东中山市人民医院、三亚市中医院、扬子江药业等省内外各级中医院、哈药集团等医药类企事业单位，建立了长期稳固的医教研和实习就业合作关系。同时积极搭建双选平台，2014 年举办大型招聘会 3 次，专场招聘会 112 场，参会用人单位 557 家，提供就业岗位 16000 多个，2014 届毕业生有 60% 通过学校提供信息实现就业。

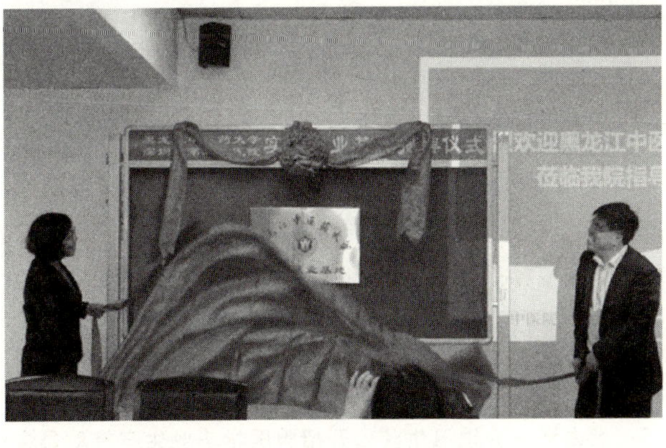

图 4　黑龙江中医药大学党委副书记姚凤祯为深圳福田中医院成为学校实习就业基地授牌

学校注重宣传、教育和引导，推进毕业生基层就业和就业项目落实。积极倡导“面向基层、服务社会、服务国家”就业理念，通过宣传动员会、政策宣讲会、座谈会、欢送会，召开基层单位专场招聘会等形式，引导鼓励毕业生到基层就业；详细解读西部计划、三支一扶、应征入伍及黑龙江省乡镇卫生院公开招聘医学毕业生等就业项目的政策、程序、要求等，广泛动员、重点引导，有针对性的分类指导，鼓励更多

学生投身国防和基层医疗卫生事业，2014 年到县以下基层单位就业的毕业生 127 人。

（五）坚持信息发布多样化，增强信息服务的时效性和准确性

学校建立了以就业信息网、龙江中医药就业服务平台微官网为主体，以手机短信平台、“QQ 群”、微信等新媒体技术为辅助的就业信息发布网络，信息更新及时，快速有效传递给毕业生，网络点击量逐年增加，用人单位信息数量逐年增多。2014 年累计发布就业信息五万余次，生均就业岗位 5 个。

（六）坚持就业帮扶个性化，促进特殊群体和离校未就业学生顺利就业

学校针对家庭经济困难、身体残疾、少数民族、就业困难和离校未就业毕业生不同情况，开展分类帮扶，特别关注就业困难女大学生，有针对性的开展学业帮扶、心理帮扶、技能帮扶、岗位帮扶，政策帮扶、观念帮扶工作，帮助他们实现就业。设立专项经费，为困难毕业生提供求职资助。积极与学生生源地人力资源部门沟通，对离校未就业学生开展帮扶衔接、帮扶延伸和指导服务。2014 届毕业生有 53 名特殊群体学生和 150 名离校未就业毕业生通过学校帮扶实现就业（见图 5）。

图 5　黑龙江省乡镇卫生院公开招聘医学毕业生宣传动员会议

（七）坚持创新创业专业化，突出创新创业教育和行业特点、专业知识的结合

学校坚持立足中医药行业和专业特点，结合学生的职业定位和个性需求，以培养

学生创新意识、创新思维、创新能力为重点，以提高学生全方位综合素质为目标，健全人财物保障机制，搭建创新创业载体和平台，积极开展创新创业教育和实践活动。划拨专项经费支持大学生创新创业，以“挑战杯”大学生课外学术科技作品竞赛和创业计划设计大赛等为载体，普及大学生创新创业活动参与面。学校鼓励和支持大学生自主创业，开展经常性的创业指导和服务，2014 年毕业生有 13 人实现自主创业，学校创业典型张树乘得到黑龙江省陆昊省长的充分肯定。

科学谋划　全员参与　多措并举 全力促进毕业生充分高质量就业

黑龙江八一农垦大学

黑龙江八一农垦大学是黑龙江省属全日制普通高校。由王震将军于1958年主持创建并亲任校长。建校以来，学校坚持“育人为本、质量立校、崇尚学术、特色发展”的办学理念，致力于为现代化大农业发展提供科技和人才支撑，进一步明确高素质复合应用型人才培养定位，形成了较为鲜明的办学特色，受到社会各界的广泛赞誉。

学校占地面积120万平方米，建筑面积45.82万平方米，教学设备资产价值18590余万元，图书馆藏各种图书文献170余万册，现有教职工1423人，拥有学士、硕士、博士三级学位授予权，现有47个本科专业，面向全国26个省区招生，全日制在校本科生16000余人，各类在校研究生2000余人（见图1）。

学校始终高度重视毕业生就业工作，按照“四化”工作要求，统筹谋划，科学实施，从新生入校起，便将职业规划、就业教育与职场实训等全程化贯穿于学生在读四年始终；充分调动全体教职工全员参与学生就业；不断改善就业工作软硬件条件，加强工作队伍建设，就业指导专业化和信息化水平日益提升。经过多年积淀，毕业生就业层次和就业质量逐年提高，一次就业率平均达85%以上。学校曾获全国高校毕业生入伍预征工作先进单位、全国大学生就业最佳企业评选优秀组织高校奖，多次获得黑龙江省高校就业信息工作先进集体、就业服务优秀工作站等表彰奖励。

图1　黑龙江八一农垦大学景观图

一、坚持以就业为导向，深化教育教学改革，优化人才培养质量体系

（一）优化专业结构，灵活设置方向，创新培养模式

学校本着“全面建设、突出重点、彰显特色”的原则，全力提升专业建设水平，建成国家级特色专业3个、专业综合改革试点1个；省级特色专业2个、专业综合改革试点3个、重点专业9个；校级重点专业9个。学校在动物医学、会计学、食品科学与工程等多个专业灵活设置专业方向，创办飞行技术专业，进一步扩大了专业的核心竞争力；相继在农学、动物医学等5个专业启动了“卓越农业人才”培养计划，开设“创新人才培养班”，在计算机、信息与计算科学等17个专业探索“3+1”、“2.5+1.5”等校企合作办学模式。

（二）以能力为本位，强化实践锻炼，提升竞争实力

学校重视实践教学条件的改善，不断增加实践环节比重，开展具有专业特色的实习实训，不断提升学生的实践动手能力。建成国家级实验教学示范中心1个、省级实验教学示范中心5个、省级虚拟实验教学示范中心1个、省部共建实验室8个，本科

实验室33个。学校逐年增加实践教学经费投入，建成校外实习基地152个，国家级大学生实践教育基地1个，省级农科教合作人才培养基地2个，省级工程实践教育中心1个。

（三）以就业为导向，形成互动机制，引导招生培养

学校定期考察各地区就业市场状况，开展毕业生就业状况、用人单位需求及毕业生能力评价与调研，为招生计划编制、专业方向调整、课程改革和培养模式创新提供依据，形成招生、培养与就业的联动机制。

二、坚持就业一把手工程，不断完善工作机制，构建科学规范的就业工作体系

（一）实施校院两级管理模式，保障就业工作高效开展

学校专门成立校院两级就业工作领导小组，通过量化考核，层层落实责任，形成了“党委统一领导、处室统筹协调、学院具体负责、全员共同参与、全力推动就业”的就业工作二级管理机制和良好局面。按照“规范化运行、程序化操作、制度化约束、科学化实施、便捷化服务、现代化办公”要求，每学年初，学校下发年度《毕业生就业工作要点》，明确年度任务指标，由业务部门负责过程管理与指导，年终按照《就业指导工作考评及奖惩办法》，进行全面量化考核与工作总结，表彰奖励先进，总结查找不足，保证了就业工作规范高效运行（见图2）。

图2 黑龙江农垦大学2014届毕业生就业工作推进会

（二）提升就业指导工作水平，打造专业化就业指导体系

学生在读四年中，学校分别开设《职业生涯与发展规划》、《就业指导》、《创业基础》必修课，定期举办“就业指导系列沙龙”和“三坊一营”，即简历工作坊、面试工作坊、职业规划工作坊和职场训练营，举办职业规划大赛、模拟求职大赛、创业大赛、百胜大讲堂、就业论坛、入伍报告会、毕业生座谈会等系列就业教育活动，印制《就业指导手册》、《就业指导报》，引导学生及早谋划未来，全面提升核心竞争力。针对经济困难、就业困难、心理问题、少数民族、未就业毕业生等群体，建立分类数据动态管理，一对一指导帮扶其走上工作岗位。

（三）提高就业管理信息化水平，建设高效率就业服务平台

一是按照“稳定、拓展、提升”的思路，不断拓展就业市场空间。重点加强东北、华北、东部沿海等区域的市场维护，同时积极向中西部地区拓展，加强与各地人才机构的交流，不断提升与用人单位的合作水平，目前已先后建立各类就业实习基地287个。二是依靠校园招聘主阵地，提供充足就业信息来源。学校每年举办大型招聘会2场，各类中小型招聘会500余场，网上发布招聘单位信息千余家，提供岗位信息生均达到5.3个，为毕业生提供了充足的就业信息。三是利用现代信息手段，畅通就业招聘渠道。在学校就业信息网的基础上，充分发挥“QQ群”、飞信、微信等多种灵活手段，保证信息传递畅通高效。2014年，学校专门研发了手机版“八一农垦大学高就通就业服务系统”（见图3），紧跟时代步伐和青年学生习惯，将就业服务延伸到互联网移动终端，为学生接受就业指导与服务提供了极大便利。

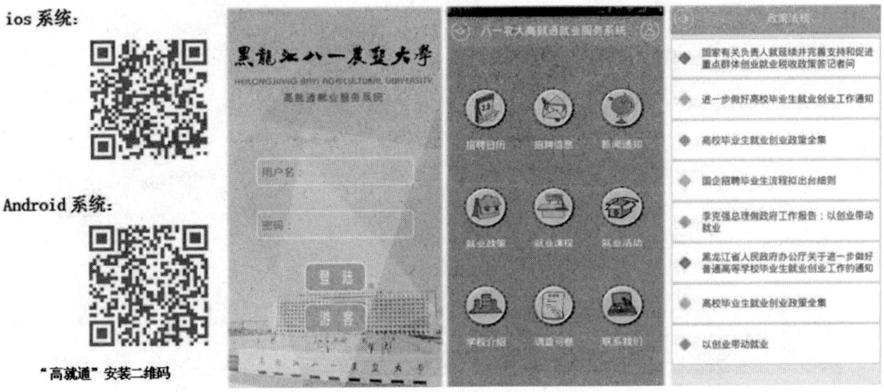

图3　黑龙江八一农垦大学高就通就业服务系统

三、发挥学科专业优势，突出服务垦区特色，助力“中华大粮仓”建设

2004 年 3 月，原国务院总理温家宝对黑龙江垦区“诚恳相托”道：“全国大粮仓，拜托黑龙江。”八一农垦大学始终将自身发展与北大荒的开发和建设事业紧密相联，同呼吸、共命运，在建设现代化大农业、打造中华大粮仓、维护国家粮食安全方面发挥了重要作用。黑龙江垦区 90% 以上的技术骨干和超过 50% 的中层以上干部是农垦大学毕业生，80% 以上的应用技术源于八一农垦大学，学校已成为我国农垦现代化大农业创新人才培养基地和科技研发基地，有“垦区黄埔”之美誉。

2010 年以来，学校与黑龙江省农垦总局合作实施“火种计划”，开办“垦区基层管理人员培训班”（见图 4）。每年从学校精心选拔 50 名优秀学生，结合垦区实际和未来发展需要，科学制定培养方案进行集中培训，把他们打造成为未来垦区基层管理岗位后备精英。目前，培训班已经成功举办 6 期，270 余名优秀农大学子已经活跃在垦区基层各个领域，他们以基础扎实、作风过硬、综合素质高、适应能力强而闻名，受到用人单位的普遍欢迎与好评，成为推动我国农垦事业现代化建设和可持续发展的新生力量。仅 4 年时间，已有 52 人被提拔到各管理局、农（牧）场科级领导岗位。

图 4　垦区基层管理人员培训班

四、依托人才培养优势，打造落地应用人才，服务地方经济社会发展

大庆作为世界著名的大型油田和石油化工基地，为维护我国石油能源战略安全做出了重大贡献。学校主动适应大庆油田发展需要，针对油田生产和发展紧缺的机械、土木、电气、通信等专业，结合实际适度调整增加相应专业的招生数量，不断优化专业课程结构，培养适合油田发展需要的对口人才，近年来，学校每年均输送300多名优秀毕业生到大庆油田就业，为大庆油田原油稳产和可持续发展提供了有力保障。

当前，大庆市正在实施资源型城市可持续发展战略。学校充分发挥科技人才和技术服务优势，为大庆市现代农业发展提供了强有力的科技和人才支撑，起到了重要的助推作用。在大同区、红岗区的航天育种基地及高新农业示范基地已经成为大庆发展现代绿色农业、观光农业的亮点。学校依托农学、园艺、植物保护等特色专业，组建农业科技专家团队、学生定向培养团队，为大庆市棚室经济发展和“菜篮子工程”等提供技术服务与人才支持。

五、充分整合校企资源，广泛开展校企合作，服务学生成长成才

学校积极探索各类校企合作办学方式，经过多年实践取得了丰厚成果，对于推动毕业生就业质量提升发挥了重要作用。

1. 采取“3+1”或“2.5+1.5”等模式联合培养人才，实现毕业生“零距离”上岗。目前有计算机、信息与计算科学等17个专业，分别与科瑞尔思、加拿大达内、惠普、东软集团等多家企业合作，通过实施订单培养使学生的专业技能迅速提高，到高薪热门岗位就业比例高，就业率达到100%。

2. 采取校企合作订单培养模式，实现毕业生订单培养定向就业。学校先后与正大集团、禾丰集团、大北农集团等多家企业合作，开办了励志正大班、禾丰班、大北农班等十多个校企合作订单培养班，校企双方在资金、技术、人力和文化等方面深度融合，将岗前培训前移至学生在校期间，使得人才培养与企业发展同步，缩短了人才培养周期，实现校企双方合作共赢。

2009年以来，学校与北大荒通用航空公司联合培养飞行员。推荐的18名学员中，12人获得商用固定翼飞机驾照，6人获得商用旋转翼飞机驾照，均可单飞，年收入可达30万—70万元。在此基础上，联合申办了飞行技术专业，并于2011年成功获批。采取“2.5+1.5”模式，先后与北大荒通用航空公司、青岛九天国际飞行学院签署了联合办学协议，自2012年至今已招收培养了68名学员，成为全国农业院校中唯一一所开设该专业的本科院校。目前学校已成立航空机务维修方向培训班，正在申办飞行器制造工程（维修方向）和航空服务与管理专业，并在积极筹建飞行学院（见图5）。飞行专业的建立充分把握和挖掘了潜力巨大、前景广阔的通用航空市场空间，为毕业生高质量就业找到了新的突破口。

图5　黑龙江农垦大学青岛九天飞行学院

坚持实践“三个创新”着力提升就业质量

南京工程学院

南京工程学院坐落在虎踞龙盘、钟灵毓秀的古都南京，是一所培养高层次应用型人才的省属普通本科高等院校，具有百年的办学历史。学校是全国应用型本科院校专门委员会主任委员单位，国家卓越工程师“教育培养计划”和“CDIO教育模式”改革首批试点高校，国家机、电、控制类人才培养模式创新试验区，国家首批“服务特需”硕士专业学位研究生教育培养单位，江苏省协同创新中心首批培育建设单位。学校占地面积近3000亩，各类建筑面积80多万平方米，现有全日制在校生近2.5万人，具有52个本科专业和机械工程、电气工程类2个硕士专业学位点，近50%专业是国家、省，品牌特色和重点建设专业，拥有近5亿元的工程实验和技术创新专用仪器设备，8个校企紧密合作的省级工程技术中心和博士后流动站，5个省重点建设学科。学校还拥有3个国家级高新技术企业，校资产业年销售额列全国高校前15位，校资企业“南京康尼机电股份有限公司”已在上交所主板成功上市。

南京工程学院秉承“学以致用”的办学理念和“知行统一，创业创新”的校园精神，根据培养应用型人才的目标定位，坚持实践“理念创新、模式创新、体系创新”，取得了显著成效，就业质量稳步提升，彰显鲜明特色。多年来，学校毕业生初次就业率一直稳定在92%以上，年终就业率稳定在98%以上。就业工作实现了三个提升：一是从数量到质量的提升，就业质量不断提高，协议就业率加升学出国率多年来保持在98%以上；二是从阶段性到全程性的提升，就业教育贯穿了大学教育全过程；三是从局部性到全局性的提升，形成了全员参与抓就业的良好局面。

一、服务市场需求，树立“需求为要、质量为基”的新理念

学校坚持社会需求是就业工作的基本前提，提升质量是就业竞争的必要保障，把就业工作放到产业发展的趋势中去谋划，置于人才培养全过程中去思考。针对我国一般应用型人才过剩导致的结构失调问题，提出了高水平应用型人才的培养目标定位，打造品牌专业，改造传统专业，开办新型专业，全校近50%的专业入选国家级、省级品牌特色专业，显著增强了大学生的就业竞争力，为高质量就业奠定了必要基础。

二、实践教育融合，创建“四轮同驱、四力合一”的新模式

学校把大学生就业作为系统工程，注重专业教育、创业教育、创新教育、素质教育与就业工作的相互融合，实现“四轮同驱、四力合一”（见图1）。

图1 “四轮同驱、四力合一”的人才培养模式

（一）以专业教育为基础，确保学生的从业能力

学校依据应用型人才培养定位，与7家世界500强、32家国内领军企业共建了32个现代化实验中心，形成了集实践教学、工程实训、科技创新为一体的优质资源环境（见图2）。学校实施模块化课程、工程化平台、项目化实训、团队化教学、多样化评价和常态化培训，着力强化学生的专业能力和职业素养，为高质量就业奠定了必要基础。

图2 集实践教学、工程实训、科技创新为一体的优质资源环境

（二）以创新项目为驱动，提高学生的竞争能力

学校每年拿出各项创新活动资金210余万元，支持创新创业活动的普及化实施，近三年共立项2778项，举办各类科技竞赛300多场次，学生参与率达77%，学生的创新创业能力普遍提升。近年来，南京工程学院学生获得省级及以上科技竞赛奖年均900余项。2014年，在美国举办的国际水下机器人竞赛中，学校机器人代表队作为亚太赛区第二名和唯一的一支中国大陆代表队，取得大学本科组第十四名的好成绩。

（三）以素质教育为核心，培育学生的职业品格

学校以“全程渗透、定期测评”为指导，构建了涵盖思想政治教育、职业生涯规划、意志与责任等十个方面的素质教育体系，在省内高校中率先建设了素质拓展体验式教育训练基地，开发了素质拓展课程、组织了全覆盖的普训，有效增强了学生的社会责任感和团队精神。

（四）以创业教育为牵引，增强学生的创业能力

学校从激发“想创业”、培养“能创业”、支持“创成业”三个层面深入开展大学生创业教育，建设了5000余平方米的大学生创新创业园，驻园团队中有28个已正式注册成立公司，19个正在孵化过程中，其中8个团队已经成为江苏省大学生创业典

型，创业团队2014年年产值近1500万元，其中阚逸龙创办的“城市之星”互联网社区创业项目获得了5000万元的天使投资。

三、实现四个转变，构建“多元协同、多途并举”的新体系

学校注重学生就业工作体系的四个转变，明确职责、拓展渠道、更新手段、注重实效，运行顺畅、持续发展的就业工作体系基本形成（见图3）。

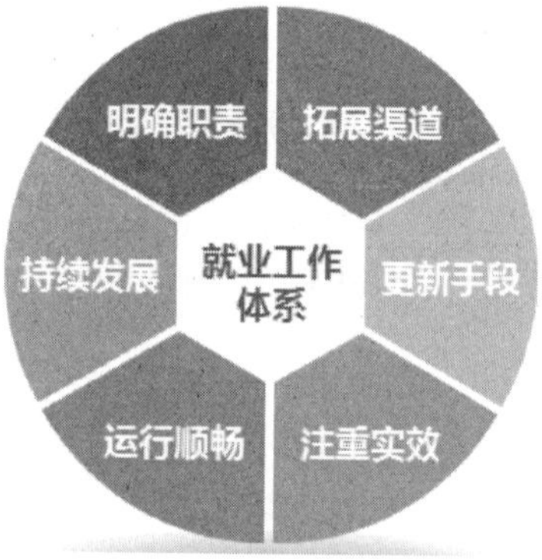

图3 多元协同、多途并举的就业工作体系

（一）就业工作从“学工工作”向“全员积极参与”转变

坚持学校层面的“一把手工程”，把就业工作作为教学单位考核的重要指标，与二级单位“一把手”的聘任挂钩，确保就业工作机构、人员、经费、场地“四个到位”。学校十多年来积极组织开展“师生共建双文明”活动，各职能处室、各学院教研室和实验室与学生班级互选结成“共建双文明单位的对子”，开展丰富多彩、形式多样的共建活动，在思想上引领学生，在学业上指导学生，在生活上关心学生，将全员参与就业指导和服务工作落到实处，涌现出了“全员导师制”、“女高职导学制”、“毕业设计导师就业指导帮扶制”等典型活动，专业教师发挥密切联系行业的优势，在帮助学生确立学业规划、生涯规划、落实高质量就业单位方面发挥了独特的作用。

（二）学生就业模式从“零散就业”向“批量定向”转变

学校联合省、市人社局、中电联、中机联等6大行业协会以及相关大型企业，组建了南京工程学院大学生就业工作咨询指导委员会，建立了人才需求互通机制，形成了专业以企业为点、二级学院以行业为线、学校以长三角地区为面的网络化就业格局；学校发挥行业、校企合作的传统优势，把共建延伸到合作培养、合作就业、合作发展层面，与江苏、安徽、浙江等省市电力公司、上海振华港机重工、中南控股集团等企业合作批量选送毕业生，形成了稳定市场，扩大了社会影响。学校还注重引导毕业生树立正确的择业意识和就业观，激发大学生成才意识、强化就业指导服务，鼓励毕业生应征入伍和到基层就业。

（三）促进就业工作从“传统方式”向“新媒体平台”转变

学校注重利用网络资源构建大范围、多样化的就业信息平台，利用校园网、就业微信平台、“QQ群”等及时收集、发布招聘信息、用人单位宣传信息、优秀校友的岗位事迹，开展在线问卷调查等，通过校企共建单位网站向用人单位通报毕业生信息，推行毕业生与用人单位网上面试，使用“全国大学生就业一站式服务系统”，搭建了用人单位与毕业生沟通的桥梁，提高了就业成功率。

（四）学生就业反馈从“开环模式”向“闭环调整”转变

学校注重深化教育教学改革，不断强化就业工作与招生工作、人才培养和专业设置的互动关系。学校合并组建十多年来坚持每年开展毕业生跟踪调查和市场调研，深入了解社会需求和毕业生工作情况，听取用人单位和校友的意见和建议。学校连续六年与麦可思数据公司合作，每年由其独立调查发布《南京工程学院社会需求与培养质量年度报告》。根据调查研究，依据就业状况，确定招生额度，依据行业要求，调整专业方向，针对存在不足，改进人才培养，实现了人才培养的闭环反馈，学生培养质量不断提升，学校招生分数连年走高，形成了“出口畅、进口旺”的良性循环。

南京工程学院就业工作的“三个创新”的实践取得了显著成效，得到行业和用人单位高度认可和社会各界充分肯定。毕业生就业率持续位居江苏省高校前列，协议就业加升学出国率稳定在98%以上；就业质量持续提升，48.7%毕业生在电力和机械行业就业、83.82%的毕业生在经济发达的长三角地区就业。据毕业生跟踪调查权威机构麦可思数据公司调查统计，近三年，学校毕业生工作与专业相关度平均为81%，比省内同类院校高13个百分点；毕业生毕业半年后平均薪酬3694元，比省内同类院校高314元。学校已连续11年获得“江苏省毕业生就业工作先进集体”、先后荣获“江苏省大学生创业教育示范校”、“江苏省大学生创业示范基地”、“江苏省大学生志愿服务苏北计划优秀组织奖”、“全国大学生志愿服务西部计划优秀项目办”、“大学生征兵（人武）工作先进单位”等荣誉称号（见图4）。涌现出了“中国大学生自强之星”孙浚博、“江苏省大学生年度提名人物”刘伯敏等一批创业典型，《光明日报》、江苏卫视等主流媒体40多次报道了学校的就（创）业教育工作。近几年学校与其他高校来校交流经验，“构建四轮同驱模式，提升学生综合能力”等经验也在江苏省中心简报上做了交流推广。学校在“2013年江苏省高校创业教育工作推进会”、“2014年大学生创业指导服务国际学术研讨会”上分别作大会典型经验交流发言。

连续11年被评为“江苏省高校毕业生就业工作先进集体”

被授予“江苏省大学生创业教育示范校”

被授予“江苏省大学生创业教育示范基地”

荣获“全国大学生志愿服务西部计划优秀项目办”

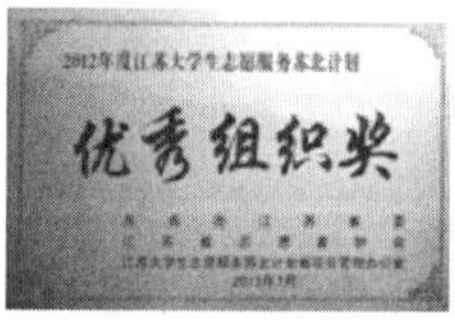

荣获“江苏省大学生志愿服务苏北计划优秀组织奖”

图4　南京工程学院获得荣誉

服务地方人才需求战略　全力推进毕业生高质量就业

温州医科大学

温州医科大学创办至可溯源1912年的浙江医学专门学校，1958年8月由浙江医学院从杭州分迁至温州建立，2014年成为教育部、国家卫生计生委和浙江省政府共建高校，现有4个校区，总占地面积1900亩，校舍建筑面积55多万平方米。学校1958年开始招收五年制本科学生，是全国首批硕士学位授予单位，具有博士学位授予权。学校有33个本科专业和2个本硕连读专业，目前有全日制在校生15600余人。全校教职员工总数9300余人（含附属医院），学校本部专任教师1328人。

学校坚持“育人为本、特色创优、奋发求实、兼容并蓄”的办学理念，狠抓内涵建设，努力提升教育质量，各项事业取得了长足的进步。近三年来，学校毕业生初次就业率始终保持在93%左右，在全省和同类高校中居于前列，毕业生供不应求，就业质量持续提升，实现“以高质量的人才赢得高层次的就业，以高层次的就业提高学校的声誉并吸引优质生源”的良好局面。

长期以来，学校坚持特色办学，从办好人民满意的教育的战略高度出发，始终高度重视毕业生就业工作，形成了与办学定位吻合并具有学校特色的就业工作思路：坚持以服务地方人才需求战略和学生职业生涯科学发展为目标，以人才培养模式改革为核心，以社会责任感和创新创业能力培养为突破口，通过创新“校内联动、内外协同”的全员化就业工作机制和建立“全程化”、“专业化”、“信息化”的就业指导服务体系，大力促进毕业生充分就业和高质量就业。

一、创新“内部联动、内外协同”推进就业的工作机制，构建“全员化”就业工作格局

学校每年召开毕业生就业工作会议，建立就业工作评估和评优奖励机制，发动全体教师参与，形成了“学校统筹、学院推进、全员参与”三级联动的就业全员化工作体系。同时，结合医学人才培养特点，建立17家非直管附属医院和150多家教学实习基地，推进人才培养与就业工作的有效对接，建立了教学实习与就业基地一体化建设模式，实现学生、用人单位、学校“三赢”。据统计，每年将近有30%毕业生被各大附属医院和教学实习基地录用。此外，学校坚持到生源地开就业家长会，还邀请校友、用人单位召开面对面的“四方会谈”，把就业工作做到学生家门口，深得家长和用人单位好评。

二、深化教育教学改革，全面提高毕业生就业质量

学校以满足社会需求和引领社会发展为导向，全面深化教育教学改革，以提高人才培养质量为核心，着力提升毕业生就业质量。

1. 优化结构布局，构建学科专业与就业工作联动机制。学校紧密结合经济社会发展要求和高等教育发展实际，结合基层卫生人才培养实际，率先在国内建立全科医学学院。根据社会需求和就业反馈，建立专业招生计划动态调整机制，实现专业设置、人才培养与就业工作的良性互动。2014年、2015年学校一本重点批录取分数线理科列省属院校第一。

2. 改革培养模式，提升毕业生就业核心竞争力。学校以人才培养为中心，深化综合改革，率先实施以岗位胜任力为导向，以能力培养为主线，以课程整合为策略，以师生互动、启发式教学为主要方法的系统器官式培养模式。眼视光医学创建了“中国温州模式”和教学、科研、医疗和转化医学“多位一体”教育模式，临床医学积极开展卓越医学人才培育计划，创新本科层次农村社区医生定向培养“国标省统，县管乡用”模式，受到中央有关领导、卫生计生委、教育部的广泛好评。学校临床医学专业毕业生考试成绩（通过率、平均分）始终位处全国设置临床医学专业高校（近200

所）的前5%—10%之间。临床医学学科进入ESI（基本科学指标数据库）全球前0.5%。

3. 深化实践教育，着力提升毕业生实践能力。针对医学教育实践性强的特点，学校构建了“课程实践、专业实践、社会实践、综合实践”四个模块组成的实践教学体系。医学类专业实践教学共计2788学时，占总学时的56.14%。加强实习基地和实践教育平台建设，临床技能综合培训中心获批国家大学生校外实践教育基地、国家医师资格考试实践技能与考官培训基地、国家虚拟仿真教学实验示范中心。积极开展社会实践育人工作，2014年，学校“医米阳光”中外医学生实践团荣获全国大学生社会实践评比一等奖（全国5个），“健康巴士”暑期社会实践团入选全国红十字会青少年暑期社会实践重点资助项目，“关爱e+人”项目入选“圆梦中国”大学生微公益项目全国百强。

三、推进学生社会责任感和创新创业教育，着力培养创新型人才

学校坚持从人才培养的薄弱环节着手，把加强学生社会责任感和创新创业教育改革作为推进学校综合教育改革的突破口，增强学生的创新精神、创业意识和创新创业能力。

1. 坚持立德树人，着力培养毕业生“医者仁心”的大爱精神。学校坚持将医德教育贯穿渗透医学教育全过程。一是将医德教育纳入教学体系，开设《生命教育》、《医学伦理学》等课程；二是开展形式多样的慈善公益文化主题教育活动，如医学生誓言仪式、生命文化节、护士节授帽仪式等，培养学生的医德意识；三是大力开展慈善公益实践活动。每年组建医疗下乡志愿服务队，开展义诊送药活动。充分利用附属医院资源，组织开展“明眸工程”、“微笑联盟”、“特奥志愿服务”、“血液银行”和“生命相髓”等德育实践活动，取得了很好的社会效益与教育效果。近年来，学校学生及毕业生已有6人成功捐献骨髓，有900多人加入中华骨髓库捐献行列。一批学生获“中国大学生自强之星”、“浙江省十佳大学生”、省首届校园感动人物等荣誉。《人民日报》、《中国日报》、《光明日报》、《中国教育报》、《健康报》、人民网、新华网等新闻媒体都曾对学校师生的感人事迹进行报道。

2. 全力推进创新创业教育。学校健全创新创业工作体制和机制，2009年成立由校长担任组长的创新创业教育领导小组，坚持创新创业教育与专业教育相结合，每年拿出300万元专项经费，用于支持大学生的项目立项和创新创业奖励。学校通过课堂教

育、大赛训练、项目孵化三大体系，开展创新教育和科研训练，鼓励学生参与各类学科竞赛。创业教育取得了显著成效：2013 年，全国“挑战杯”总成绩全国排名第六、全省第一；2014 年，在“创青春”全国大学生创业大赛中斩获金奖两项，银、铜奖各一项。近三年，获省级以上学科竞赛奖项 240 余项，在“挑战杯”竞赛中获得国家级和省级奖项共有 92 项，获国家级创新创业训练计划项目 40 项。

四、深化就业指导，细致做好毕业生就业服务工作

学校坚持“以人为本”，健全学生职业发展教育体系，搭建市场拓展、信息服务、就业帮扶三大平台，大力提升就业服务水平，服务人才培养工作全局。

1. 打造以课程建设为主体的职业发展教育体系。面向本科生开设了《大学生职业发展和就业指导》、《KAB 创业教育》、《温州中小企业家创业精神》、《创造学与创新能力开发》等必修课和选修课课程。每年开展“明日职场之星——职业生涯规划大赛”、“简历制作大赛”、“模拟面试”等活动，进一步提高就业指导的覆盖面和实效性。近三年，在浙江省大学生职业生涯规划大赛中，学校共有 25 位学生荣获三等奖以上荣誉，获奖总数位居浙江省本科院校前茅。

2. 搭建就业市场开发、信息服务和就业援助平台。改革创新校园招聘会模式，搭建“笔试—面试—签约”为一体的专场招聘模式，打破传统招聘会参加人员多、效率低的现象，提高招聘效率和毕业生签约率，深受用人单位、学生和家长的欢迎。构建以学生职业发展指导中心网站为主体，微信、微博为补充的“一体两翼”就业信息服务模式，每年通过就业信息网提供 1000 多条就业信息，已经有 7500 多人订阅该微信。构建以“提升就业能力”为核心的立体式、全方位帮扶体系，对离校未就业学生实施“五个一工程”，2014 年发放就业补助金 30 多万元，使家庭经济困难毕业生达到百分之百就业。

经过多年的探索实践，温州医科大学形成了“以人才培养模式改革为核心，以社会责任感和创新创业能力培养为突破口，以“校内联动、内外协同”的全员化就业工作机制和“全程化”、“专业化”、“信息化”的就业指导服务体系为保障的就业工作模式，实现毕业生充分就业和高质量就业。据 2013 年、2014 年浙江省教育评估院人才培养质量跟踪调查显示：温州医科大学毕业生毕业一年后就业率、校风、学风满意度等指标连续两年位居全省本科院校第一。升学率、专业就业相关度、职业稳定度、毕业生母校满意度等指标均位列全省本科院校前二、三名。

打造“一体多元”的就业工作特色
全面提升“大商科”人才的就业竞争力

浙江工商大学

浙江工商大学坐落于风景秀丽的浙江省会城市杭州，前身是创建于1911年的杭州中等商业学堂，是近代中国最早培养商业专门人才的学校之一。1980年经国务院批准成立杭州商学院，2004年经教育部批准更名为浙江工商大学。在百余年的办学历史中，学校一直秉承商科办学传统，坚持走特色办学之路，以经济学、管理学学科为主，法学、工学等多学科协调发展，办学水平不断提高，已建设成为一所特色鲜明、国内一流的财经类教学研究型大学。学校坚持“专业成才、精神成人”的人才培养理念，致力于培养具有“大商科”特色的应用型、复合型、创新型高层次人才。

学校设有23个学院（见图1），拥有管理学、经济学、工学、文学、法学、理学、历史学、哲学、艺术学等9大学科，拥有博士学位、硕士学位、学士学位授予权，硕士专业学位授予权，外国留学生、港澳台学生招生权。在校学生35500余人，其中全日制普通在校生26900余人，本科生22800余人、研究生3300余人。2006年获教育部本科教学工作水平评估优秀。

学校秉承“诚、毅、勤、朴”的校训，认真贯彻落实上级主管部门的要求，将毕业生就业工作纳入学校人才培养的系统工程中，始终坚守教学质量的生命线，把毕业生就业质量作为检验人才培养质量的重要标志。在就业工作过程中，更新理念、深化改革，构建了适应国家和区域经济社会发展要求的就业工作体系，实现了毕业生的充分就业、高质量就业。

图1 浙江工商大学学校景观

在百余年办学史中，浙江工商大学历经12次迁址、16次更名，但商科办学特色始终未变。学校立足浙江、服务浙商，致力于培养具有“大商科”特色的应用型、复合型、创新型高层次人才。学校推行“子女战略”，凝聚全校共识打造“一体多元”的就业工作特色，成为培育“大商科”的沃土，培养“新浙商”的摇篮。“一体”是指在就业工作中实施“子女工程”，它是就业工作的总纲领；“多元”是指就业工作的理念、模式、体系、机制、平台、载体等创新举措，它是就业工作的具体路径。“一体多元”即“一体为本、多元助推”，其特色是让学生在严格要求与热情关爱中实现专业成才、精神成人，全面促进毕业生高质量充分就业。

一、基于“大商科”特色的典型举措

（一）理念创新：坚持“专业成才、精神成人”的培养理念，提升毕业生就业竞争力

学校确立“专业成才、精神成人”的培养理念，在重视对学生专业知识和技能培养的同时，更多地关注学生的身心健康和精神成长。形成了“团队、责任、鼓励、平等、专业化”的TREES学工文化，充分发挥辅导员队伍的核心作用，先后开设3个辅导员“名师工作室”：“指南针”职业规划工作室、“创业梦工场”创业咨询工作室、“爱的成长”心理咨询室，把就业创业教育融入思想政治教育，坚持解决思想问题与解

决实际问题相结合，在更高层次上提升了人才培养质量和毕业生就业竞争力（见图2、图4）。

图2　浙江工商大学学生创新创业实验园

（二）模式创新：开展“实务精英进课堂”活动，拓展产学研互动的协同育人模式

学校每年安排30万元专项经费，加强与用人单位的深度合作，邀请企业财务总监、金融高管、信息技术专家等实务精英走进课堂，为每个专业、每个年级配备1名“实务精英导师”，定期与学生畅谈行业经验和职业规划。2014年共有60多名导师走进课堂，为学生讲授实务专题120多场次（见图3）。同时，学校启动“大地计划”，选派20多位教师到企事业单位实践锻炼，促进产学研结合。

图3　浙江工商大学“高管面对面”活动

（三）体系创新：组建创业学院，推出“创业管理”微专业，完善创新创业教育体系

学校组建创业学院，整合教务处、招生就业处、团委、管理学院等多部门资源，理顺教学、实践、研究等创业人才培养环节，完善创新创业教育体系。开设创业人才实验班，实施个性化培养，设置“4211”课程模块：4个学分的核心课程，2个学分的特色课程，1个学分的创业沙龙和1个学分的创业实践。微专业采取慕课（MOOC）教学方式，不设学时限制，学生修满全部学分，可被授予“创业管理”微证书。

图4　浙江工商大学心理梦工场

（四）平台创新：成立大学生职业发展中心，搭建职业咨询与服务平台

在省属高校中率先成立大学生职业发展中心，由分管校领导担任中心主任，成员包括就业创业指导、职业生涯规划、思政教育和心理咨询等方面的专家。该中心配备1名专职工作人员和15万元年度工作经费，承担课程建设、师资队伍建设、毕业生发展状况调查等职责，已成为大学生职业发展的教研中心、咨询中心和服务中心。

（五）载体创新：打造浙商博物馆、职业经理人学院等载体，引领大学生创业实践

浙商博物馆是创业教育的生动课堂，浙商群体是创业实践的最佳案例。2013年，浙商博物馆正式开馆，定位为“天下浙商的精神家园”，已征集到各类实物资料1000

图5　浙江工商大学参加"创青春"2014全国大学生创业大赛

余件（套），全面展示浙江经济的发展史和浙商群体的创业史（见图6）。学校举办浙商文化论坛，发布《浙商成长报告》，开展浙商走进杭商、调研浙商、浙商故事会、创二代企业家交流会等校园文化活动，激发学生的创业热情，提升学生的创业能力。

图6　浙商博物馆创业教育课堂

二、源于"大商科"特色的工作成效

（一）就业率高

学校毕业生在就业市场上深受用人单位欢迎，全年累计1800多家用人单位主动进校园招聘。2012 年、2013 年、2014 年，本科毕业生初次就业率分别为 96.95%、96.54%、97.15%，毕业研究生初次就业率分别为 98.62%、98.42%、99.03%，均高于当年度全省平均水平。

（二）就业质量好

根据省教育评估院的调查，我校毕业生的人均起薪水平处于省属高校前列。2012 届、2013 届毕业生的月人均起薪水平分别为 3760.17 元、3783.11 元。从 2014 届毕业生的流向来看，在机关、教育单位、科研单位、社区就业的比例达 8.34%；在国有企业就业的比例达 12.77%；国内外深造的比例达 14.14%，在三资企业就业的比例达 5.48%，四项合计占毕业生总数的 40.73%。

（三）就业竞争力强

学校毕业生具有较强的就业竞争力。根据 ATA 测评研究院发布的《2013 中国高校通用就业力白皮书》，学校毕业生通用能力总排行列全国第 24 名，其中基本工作能力排名列全国第 9 名。根据武书连《挑大学选专业 2014》，学校毕业生质量位列全国 123 名，等级为 B+。

三、融于“大商科”特色的社会反响

（一）毕业生和用人单位满意度高

2012 届、2013 届毕业生对母校的总体满意度达 83.9%、85.3%，均高于全省高校平均水平。2013 届毕业生就业的专业相关度为 63.4%，用人单位对 2013 届毕业生实践动手能力、专业水平、合作与协调能力、人际沟通能力等的满意度均在 80% 以上。

（二）上级主管单位和各类媒体给予认可

2012 年、2013 年、2014 年，学校连续三年获得浙江省大学生职业生涯规划大赛最佳组织奖（见图7）。2012年、2013年、2014年连续获得省“挑战杯”竞赛优秀组织奖，获得全国第十三届“挑战杯”竞赛优秀组织奖。2014年被评为国家大学生创新创业训练计划先进单位。《光明日报》、《中国教育报》、《中国青年报》、《浙江日报》、浙江电视台、《杭州日报》等媒体对学校人才培养理念、实务精英进课堂、就业创业等工作给予了报道。

图7　浙江工商大学获得第六届浙江省大学生职业生涯规划大赛最佳组织奖

（三）校友活跃在经济社会发展的各个领域

学校坚持“大商科”办学特色，为社会培养了一大批创新创业型人才：谢宏（贝因美集团创始人）、孙彤宇和彭蕾夫妇（阿里巴巴集团创始人之一）、陆华裕（宁波银行董事长）、熊续强（宁波银亿集团创始人）、吴卫军（普华永道国际合伙人）、王相荣（A股最大的水泵企业——浙江利欧股份董事长）、宗佩民（浙江省最早的民营投资机构——浙江华睿董事长）、干嘉伟（美团网COO）、袁吉峰（杭州艾贝斯儿童用品有限公司总经理、首届浙江省十大杰出青年网商候选人）、陆正飞（长江学者、北京大学光华管理学院副院长）、陈信元（长江学者、上海财经大学副校长）、陈冬华（长江学者、南京大学会计与财务研究院副院长）等。

四气合力　四轮驱动　多措并举
推进新常态下的就业创业工作

黄山学院

黄山学院是一所综合性省属普通本科院校，是安徽省地方应用型高水平大学建设单位和安徽省高校综合改革首批试点单位。学校现设有16个二级学院和教学部，58个本科专业，在校全日制学生18000人。学校积极开展国际交流合作和留学生教育，是中国政府奖学金生委托培养院校。在多年的办学实践中，学校践行陶行知“知行合一”的办学思想，依托得天独厚的旅游资源、丰富多样的生态资源和博大精深的徽州文化资源，坚持“打好黄山牌，做好徽文章，建好生态园，走好应用路”的办学思路，主动融入地方经济社会发展，逐步形成“旅游、生态、徽文化”三大办学特色。

一直以来，学校贯彻党中央、国务院关于就业创业工作的指示精神，切实做好新常态下的就业工作，坚持就业创业并重，以创业带动就业，形成“大众创业，万众创新”的格局。经过长期实践，学校逐步形成“四气合力，四轮驱动”的就业工作体系。概括地说，学校的就业创业工作就是以专业结构调整适应社会需求，拓宽就业创业领域；以培养模式改革适应岗位需求，强化就业创业能力；以加强协同创新突破就业创业瓶颈，提高就业创业质量。

一、四气合力，着力完善地方应用型高校就业创业工作格局

（一）善接地气，立足地方办出特色，夯实就业创业工作基础

1. 专业建设立足地域资源。学校紧紧依托地域资源，大力建设品牌专业。目前建有旅游管理、林学两个国家级特色专业，建筑学、环境科学等6个省级特色专业。如旅游管理专业在省内外具有很好的影响力，以它为核心形成了旅游专业群，学校日益成为地方高层次旅游人才培养基地。

2. 人才培养融合地方文化。学校以黄山精神为统领，将迎客松的开放精神、徽骆驼的吃苦精神、徽州人的和合精神、古徽商的诚信精神融入特色化人才培养，面向全体学生开设《徽州文化》必修课程，在徽文化的滋养下，学生形成了重务实、能吃苦、讲团结、有诚信的优秀品质。毕业生因“下得去、用得上、留得住、干得好”，深受用人单位欢迎。

（二）做足底气，深化改革提高质量，提升学生就业创业实力

1. 开展学用结合的培养模式改革。学校构建了“以生为本合作式”的应用型人才培养模式，突出“应用为本，能力为重”。目前，园林专业为国家级专业综合改革试点，建有3个省级人才培养模式创新实验区。《黄山学院人才培养模式综合改革与实践》成果获省级教学成果一等奖。

2. 推行能力培养的教学方法改革。学校大力实施课程改革工程，采用工作室、嵌入式等教学模式，运用案例、讨论、情景模拟等教学方法，提高教学效果和学生的实践应用能力（见图1、图2）。

（三）广聚人气，对接市场开放办学，拓宽学生就业创业通道

1. 广建就业基地，广开就业招聘，以对接市场汇聚用人单位人气，实现就业出口畅的局面。学校始终坚持“走出去、请进来”，以就业市场建设拓宽就业通道。已建立校外实践基地232个，就业创业基地189个。近年来，校园适时举办各类招聘会，

图1　生命与环境科学学院学生创业实践教学（林学专业孵化基地）

图2　中国教育报记者实地采访、拍摄黄山学院实践教学基地

年均提供就业岗位数均在1.5万个以上（见图3、图4）。

图3　黄山学院2015夏季双向招聘会

图 4　黄山学院毕业生就业校园双选会

2. 坚持市场导向，调整专业结构，以就业创业成果积聚生源人气，形成招生进口旺的态势。学校近年毕业生初次就业率均在 90% 以上，就业质量稳步提升。良好的就业态势赢得了良好的社会声誉。近年来，学校的高招录取分数线稳步上升，吸引大批优秀学子报考，实现了就业和招生的良性互动。

（四）下大力气，加强领导加大投入，实现就业创业保障有力

1. 强化领导，突出就业中心。学校认真落实毕业生就业创业工作“一把手工程”，成立毕业生就业工作委员会、大学生创新创业教育工作领导组。校领导亲力亲为，及时研究并解决就业创业工作中的实际问题，亲自带队开拓就业市场。

2. 加强保障，完善服务体系。学校切实做到就业工作“机构、人员、经费、场地”四到位。就业指导中心是学校毕业生就业工作的专门机构，各学院设置了毕业生就业指导与服务办公室。学校还在省内高校较早成立大学生事务中心，为学生提供就业心理辅导、就业培训、创业指导等一站式服务；为进一步深化创新创业教育，学校成立创新创业教育学院，全面统筹创业教育、创业培训实践、创业竞赛、创业师资队伍建设。制定《毕业生就业工作目标考核与奖励办法》，自 2003 年开始在安徽省高校率先开展每年一度的院部毕业生就业工作考核。对成绩突出者给予奖励、对未完成目标任务者予以惩戒，促进了就业质量提升。据教育部 2015 年高校就业工作社会满意度调查统计，学校毕业生满意度位居申报高校第 8 名，用人单位满意度位居申报高校第 16 名。

二、四轮驱动，加快新常态下就业创业工作体系和能力建设

（一）平台拉动

1. 发挥教师教学能力发展中心作用。学校2010年成立省内首个教师发展中心，2011年获批省级应用型教师教学能力发展中心。中心在企业中设立“教师应用能力发展工作站”，提高教师的应用能力，带动学生专业应用能力的提升。近两年学校共有200余名教师被认定具备“双能型”教师资格。学校《致力教师发展，培养高素质人才的探索与实践》获安徽省2013年度教学成果二等奖。

2. 发挥大学生应用能力发展中心作用。中心构筑学科竞赛、科技创新、创业孵化、素质拓展等四位一体的服务与实训平台。中心每年组织学生参加各类竞赛5000人次以上，在全国数学建模竞赛、全国大学生工业设计大赛、全国大学生广告艺术大赛等活动中取得佳绩。近三年，学生获国家级奖项104项，省级奖项593项，以第一作者公开发表学术论文30篇，获实用新型与外观设计专利90余项（见图5）。

图5 教育部专家考察黄山学院学生应用能力中心

（二）项目促动

发挥项目的孵化功能。学校与安徽省新兴产业协会合作设立创业辅导站，在“大

学生应用能力发展中心”开辟专门场地作为“大学生创业孵化中心”，2014 年遴选的 13 个创业团队经过 2—3 年的孵化，将实现创业实体化。

发挥项目的示范作用。学校通过重点扶持优秀创业项目，营造创新创业的良好氛围。如信息工程学院产涛同学成立黟县创客科技有限公司，吸收并带动其他学生一同创业。黟县县委、县政府对此高度重视，在该县的龙川广场专门为学校学生提供创业平台，以优惠政策吸引更多学生创业。

（三）合作推动

1. 加强校企合作，推动就业创业能力建设。学校现有校企合作人才培养基地 67 个，还建有 3 个省级校企合作实践教育基地。学生在校企联合培养中锻炼职业技能，增强就业创业适应能力。

2. 加强校地合作，推动就业创业持续发展。学校近两年与黄山市徽州区、歙县及周边的绩溪县、潜山县等建立校地全面合作关系，开展了 200 余项校地合作项目，有力促进就业创业工作的转型发展、科学发展和持续发展（见图 6）。

图 6　黄山学院与地方签署校地全面战略合作协议

（四）典型带动

1. 树立就业创业的指导教师典型。学校注重表彰在就业创业指导方面做出显著成绩的教师，以此促进就业指导工作的专业化水平。目前我校教师在就业创业方面获批就业研究课题 6 项，出版专著 3 部，发表论文 63 篇，就业系统开发专利 1 项。学校教师近两年连续获得全省创业指导课教学大赛一等奖，2014 年获全省就业指导课大赛一等奖。我校就业指导课程被评为安徽省示范课程。

2. 发挥就业创业典型的带动作用。学校涌现了一批大学生创业典型，如被团中央授予“青年就业创业见习基地”的企业创办人戴军，被团省委、省教育厅聘为“大学生创业校外辅导员”的张家豪等。学校的一些优秀校友经过努力，正在成为新时代的徽商，对母校也有较好的回馈。如张杰校友毕业后成立旅游公司，目前资助母校建立徽州美术馆；孙梅森校友成立艺术传媒公司，投入资金与母校共建传媒类专业校企合作培养基地；胡国训校友成立的黄山市超港食品有限公司，为学校食品科学与工程专业学生提供实训平台等。5 月 14 日，谢广祥副省长到学校毕业生徐阳创办的徽州区狼牙户外体育用品公司考察，给予了高度评价。《光明日报》2015 年 2 月 3 日刊发题为“为大学生创业送上马，扶一程”的报道，专题介绍学校创业教育与实训的经验和做法。通过典型带动，形成学生勇于创业、乐于创业、善于创业的良好氛围。

在教育部、安徽省教育厅的关心帮助和悉心指导下，学校坚持以就业为导向，不断深化教育教学改革，创新就业服务举措，毕业生就业工作取得了一定成绩，黄山学院毕业生就业率一直稳居高位，就业质量显著提高。2014 年度获安徽省普通高校大学生创新创业教育示范校；连续五年被评为安徽省毕业生就业工作先进集体；连续三年被评为安徽省毕业生就业工作标兵单位；2012 年被列为安徽省首批国家级大学生创新创业训练计划实施高校。中央电视台、《光明日报》、《中国教育报》、《中国青年报》、《安徽日报》、安徽电视台等媒体 50 余次报道学校就业工作。

以医为本　强化实践　创新服务
全面提升学生综合素质　实现毕业生充分就业

蚌埠医学院

蚌埠医学院创建于1958年7月，由原上海第二医学院分迁和安徽医学院援建而成，是安徽省省属普通高等医学本科院校和国家首批具有学士和硕士学位授予权的单位，是山东大学、第三军医大学博士研究生联合培养单位，是安徽省院士工作站和博士后岗位设置单位，是国家第一批卓越医生教育培养计划试点高校、国家级大学生创新创业实践基地和校外实践基地，是教育部临床医学“5＋3”改革试点高校、医学检验技术专业综合改革试点高校和临床技能综合培训中心。

学校遵循“以医为主、以本为主、以人为本、以质为本”的办学理念，形成了医学、理学、工学、管理学4个学科门类协调发展的教育格局。现有本科专业18个，有3个一级学科硕士学位授权点，3个硕士专业学位授权点，29个二级学科授权点。在校本科生12000余名，研究生700余人。

秉承“笃学、精业、修德、厚生”的校训，蚌埠医学院在57年办学历程中，为国家培养出五万余名优秀人才，他们中有以刘德培、段树民两位院士为代表的医学科学、教育界领军人物，有学术高深、技术精湛的专门人才，更有一大批扎根基层、救死扶伤、深受群众信赖的临床业务骨干和医药卫生管理干部。

近年来，学校认真贯彻落实国家和省教育厅的各项方针政策，坚持以人才培养为中心，以社会需求为导向，开拓思路，深化教育教学改革，积极探索课堂教学和临床见习融通的“一体化”教学模式，使学生真正能够早接触临床、多接触临床和反复接触临床，达到了提高临床实践技能和人才培养质量的目的。2012—2015 年，学校连续 4 年进入全国高等医学院校大学生临床技能竞赛总决赛，并蝉联二等奖以上奖项。在 2013 年首届全国医学影像专业大学生实践技能大赛中，荣获大赛团体特等奖。毕业生以基础理论扎实，动手能力强赢得社会的广泛赞誉，连续多年毕业生就业率保持在较高水平，达到 90% 以上。

据国家医学考试中心统计，2013 年和 2014 年，学校毕业生在全国临床执业医师资格考试中，总通过率平均高出全国总通过率 10 个百分点。首届 69 名全日制本科留学生于 2013 年 5 月顺利毕业，并在巴基斯坦医师资格考试中取得优异成绩。毕业生在走上工作岗位后表现出过硬的业务能力、较高的工作水平、良好的职业风貌和强健的发展潜力，得到用人单位的普遍肯定（见图 1）。在 2014 年就业工作回访中，用人单位对学校毕业生就业工作满意度达 100%。学校就业工作成绩得到了上级主管部门的充分肯定，多次荣获“全省普通高校毕业生就业工作先进集体”荣誉称号。

图 1　蚌埠医学院荣获安徽省院士工作站称号

学校在毕业生就业工作中，立足实际、措施得力，鼓励创新、打造特色，就业工作基础扎实，成效显著。

一、健全领导体制，完善工作机制

1. 健全组织机构。校毕业生就业工作领导小组由党委书记、校长任组长，分管校领导任副组长。定期召开专题会议部署工作，听取汇报、开展调研，及时解决相关问题（见图 2）。2002 年，成立毕业生就业指导中心，各系部成立相应工作机构，全校形成一级抓一级、层层抓落实的工作体系。

图 2　蚌埠医学院领导深入基层开展就业工作调研

2. 完善工作制度。一是加大就业制度建设，使毕业生就业各项工作有章可循。二是将毕业生就业工作纳入辅导员和管理干部工作考核，充分调动一线工作人员的积极性，进一步保证了就业工作全员化的落实。

3. 加大投入建设。学校非常重视就业工作的投入建设，2014 年，就业经费投入 75 万元，占到学费总收入 1.34%；直接用于就业工作的场地面积达 582 平米（见图 3）；建立四位一体的网络模式，开发用人单位在线报名等系统，实现国家、省、校三级就业网联通，各毕业年级建立了“QQ 群”、“飞信群”、微信群，确保就业信息第一时间传至每位毕业生。

图 3　大型人才招聘会

二、明确培养方向，创新培养模式

1. 明确人才培养方向。学校人才培养方向明确、人才培养定位精准，始终坚持医学特色，形成医、理、工、管专业协调发展的格局。通过调整招生层次，逐年提高生源质量，为人才培养质量提升和毕业生就业奠定良好基础。为满足基层对医学人才的需要，2010年，学校开始招收培养全科医学生，2014年，设立“全科医学系”，扩大招生规模，并建成“安徽省全科医学教育发展研究中心”，为全科医学发展提供智力支持。

2. 创新人才培养模式。蚌埠医学院是第一批卓越医生教育培养计划等多个国家级试点高校，建立了临床学院教学模式，探索“5 +3”临床医学研究生学位教育与住院医师规范化培训相结合的人才培养模式。学校学子连续多次在全国大学生临床技能大赛等国家级赛事中荣获佳绩。学校大力弘扬校训精神，积极开展医学生素质拓展计划。开设了108门选修课，成立了36个学生社团，积极弘扬传统文化，加强学生人文精神教育。学校毕业生整体培养质量高，涌现出一批以“最美列车女孩”林雪为代表的、品学兼优的毕业生，学生综合素质的提升增强了就业竞争力。

三、强化教育指导，注重平台建设

1. 提高就业指导实效。学校在全省率先成立就业指导教研室，现有21名专业老师，编著有《毕业生就业指南》等校本教材。学校开设了就业创业指导系列讲座（见图4），逐步构建成完善的指导体系。

图4　开展“蚌医文化大讲堂”活动

学校重视引导毕业生树立正确就业择业观。引导学生理性认识就业形势，合理调整就业期望值。宣传动员毕业生积极参加基层就业项目。学校特别把“双困”毕业生帮扶作为重点任务来落实，实行“一对一”个性化就业指导，并向用人单位重点推荐，帮助他们解决经济上、心理上、求职技巧上的实际困难。多年来，学校没有出现过一例“双困”毕业生无法就业的情况（见图5）。

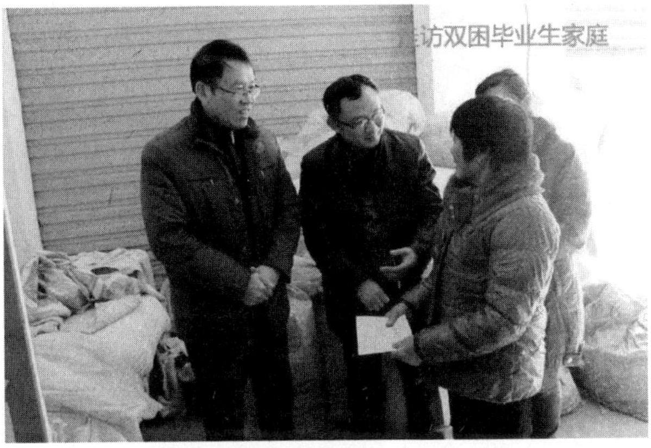

图5 蚌埠医学院领导走访“双困”毕业生家庭

2. 实施创业“五强措施”。学校主动适应经济发展新常态，通过实施“五强措施”，全面提升学生创新创业能力：第一，“强”化创新创业工作领导，成立工作领导小组，将创新创业训练计划纳入培养方案和教学计划；第二，“强”化创新创业机制建设，通过建立校企合作等机制，改革教学模式，注重培养学生分析、解决问题的能力；第三，“强”化创新创业硬件条件，学校现已建成各类实验中心22个，创业实训和孵化平台4个，并不断加大建设投入；第四，“强”化创新创业教学能力，加强教师创新创业教育教学能力建设，聘请优秀人才担任创新创业项目指导教师；第五，“强”化创新创业氛围营造，通过项目研究、创业大赛等途径，营造创新创业氛围，促进创新意识和能力的培养。

2013年，学校20个“大学生创新创业训练计划”项目获国家级立项，40个项目获省级立项；2014年，18个项目获国家级立项，36个项目获省级立项，3个社会实践和志愿服务项目获国家级表彰，在安徽省创业大赛荣获各级奖项15个（见图6）。学校出现很多创业有成的典型，学校毕业生陶林创办的“蚌埠邦妮教育有限公司”，经过5年多的稳步发展，现在安徽省内外多地开设分校，2011年获得安徽省创业一等奖，成为蚌埠市唯一一家政府重点支持的教育培训机构。

3. 注重基地平台建设。学校186家实践教学基地和实习医院都是学生重要的就业基地，且还在不断增加。根据用人单位实际情况，有目的、有选择地选送学生实习（见图7）。每年实习基地及周边用人单位吸纳毕业生就业人数占到毕业生总数的30%以上。

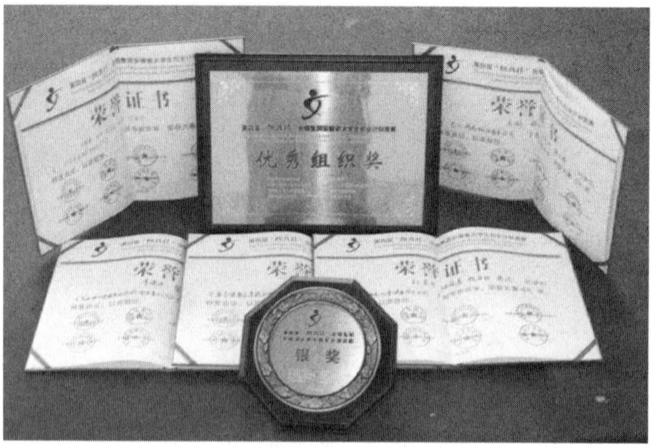

图6　蚌埠医学院获得荣誉

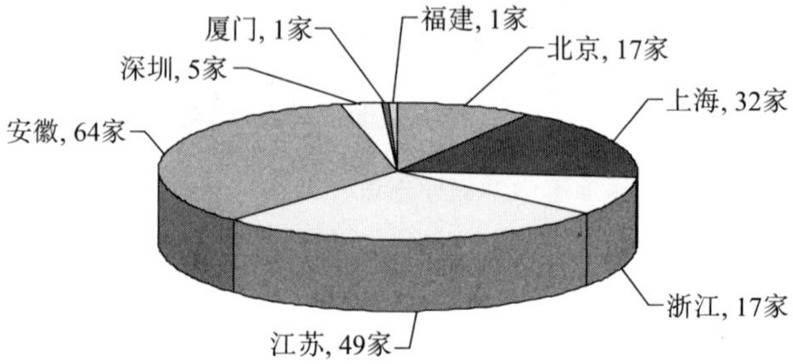

图7　实践教学基地分布情况图

学校注重发挥校友会作用，有计划地举办校友联谊、毕业周年纪念活动。校友会在学校教学改革、就业基地开拓和对毕业生接收等工作中起到重要作用，促进了学校就业工作的健康发展，提升了就业质量。

学校与省内外数百家用人单位建立了长期合作关系，并不断建立新的就业市场。学校每年通过举办“双选会”、校园专场招聘会为毕业生和用人单位搭建交流平台。

学校毕业生就业工作取得的成绩，是在上级部门的正确领导下，在社会各界的关心支持下，在全校师生医护员工的共同努力下实现的，也是得益于学校在就业工作和教育教学改革等方面的一些成功做法，概括地说这主要体现在：始终坚持以医为主的办学定位，着力发展优势专业；积极推进以临床教学模式为主体的教育教学改革，培养符合社会需求的医学人才；认真建设教学、实习、就业的联动机制，稳定发展就业市场；实施专业化和全程化的就业服务，保障了毕业生就业的良好局面。

随着社会发展和国家医疗卫生改革的深入，医学人才培养模式和就业格局的变化都会对办学和就业工作带来新的挑战。学校清醒地认识到学校就业指导工作人员队伍的知识结构需要进一步优化，对学生的职业辅导和就业服务水平还有提升的空间，对毕业后学生发展情况的追踪分析还需要加强。今后蚌埠医学院将更加努力，将毕业生就业工作推向更高水平！

完善机制　多方联动　彰显特色
全面提升毕业生就业工作水平

江西农业大学

江西农业大学是一所以农为优势、以生物技术为特色、多学科协调发展的多科性大学，具有博士学位授予权，是我国首批具有学士学位、硕士学位授予权单位之一，是农业部与江西省人民政府共建高校，2012年入选“中西部高校基础能力建设工程”。学校占地面积1.6万亩（见图1）。

图1　江西农业大学鸟瞰

学校办学历史溯源于1905年创办的江西高等实业学堂，本科教育肇始于1940年创办的国立中正大学，是江西办学历史最悠久的大学。学校现有17个学院，71个本科专业，有各类全日制在校学生26000余人（含独立学院）。

学校有中国科学院院士、“国家杰出青年基金”获得者、国家“万人计划”领军人才以及国家级教学名师、全国模范教师、全国优秀教师等一大批优秀教师。学校获批了全省唯一的省部共建国家重点实验室；建有国家工程实验室、国家地方联合工程实验室、教育部重点实验室、农业部重点实验室，建立了全省唯一的国家级新农村发展研究院；作为核心协同单位组建全省首个国家“2011 协同创新中心”。

长期以来，学校高度重视毕业生就业工作，坚决贯彻就业工作“一把手工程”，坚持以就业和社会需求为导向，从组织领导、经费投入、制度保障等方面构建就业创业工作体系，努力提升毕业生就业率和就业质量，提高毕业生和用人单位满意度。多年来，学校毕业生一次性就业率一直位居全省前列，考研和基层就业成为学校就业工作一大特色。自 2001 年省教育厅进行就业工作评估以来，学校连续获得江西省“毕业生就业工作先进集体”、“就业工作评估优秀单位”称号，探索出一条适合自身特色的大学生就业创业工作机制。

一、学校高度重视，积极构建就业工作机制

（一）加强组织领导，落实“一把手工程”

学校成立校级就业工作领导小组，主要校领导作为就业工作的第一责任人；分管校领导定期组织召开就业工作会议，研究部署就业相关工作，及时了解毕业生就业动态，切实促进毕业生充分、公平、安全、体面就业。各学院与学校签订就业目标承诺责任书，并相应成立学院就业工作领导小组，明确学院主要领导为就业工作的第一责任人，将就业工作的“一把手”工程落到实处。

（二）保障工作条件，就业工作“四到位”

学校 2009 年成立就业指导服务中心，挂靠招生就业处，下设毕业生就业办公室和大学生职业发展与就业指导教研室，负责本科毕业生就业工作，拥有就业工作专用多媒体宣讲室、洽谈室、招聘大厅、学生办事大厅、职业咨询室、档案室近 1600 平方米；学院均有专人负责毕业生就业工作，校级专职就业工作人员 12 人；学校每年按在校生学费的 1% 安排就业工作专项经费，专门用于就业工作的相关支出，保证了机构、

场地、人员和经费“四到位”。

（三）完善工作机制，建立目标考核体系

学校先后出台实施“领导联系班级制度、就业率通报制度、就业率末位谈话制度、就业目标责任承诺制度、就业评估奖励制度和用人单位跟踪回访制度”等一系列制度；建立就业考核机制，加强对学院就业指导服务中心工作的管理和监督，实行以“学院为主”实施的就业工作机制。

二、强化多方联动，不断完善就业工作体系

（一）以社会需求为导向，创新人才培养模式

学校前身“共大”采取“半工半读”的人才培养模式。为进一步促进实践教学平台与社会服务有效衔接、凸显实践教学特色、提高人才培养质量、增强毕业生就业核心竞争力，学校不断推动人才培养模式改革，按照“加强基础，拓宽口径，注重素质，提高能力”的培养要求，对所有本科专业人才培养方案和近2000门理论课程教学大纲与实验课程教学大纲进行了全面修订。

为适应农业现代化发展趋势，培养心系“三农”、服务“三农”，学校构建了“2+2”生物技术（国际班）、“2+1+1”茶学、“3+1”软件工程等专业人才培养模式以及动物生产类实践创新、开放体验式林业技术人才培养模式等。

（二）以实现就业为目标，提升就业服务水平

1. 积极开拓就业市场，丰富校园招聘。为巩固和拓宽毕业生就业市场，开通毕业生就业“校园直通车”，学校实施了《就业市场走访开拓方案》，由校领导亲自带队走访长三角、珠三角以及江西本地的上市知名企业，通过“走出去、请进来”的方式，构建了密切的用人单位关系网络，有效地拓宽了毕业生就业渠道。

2. 大力推动校企合作，开辟“绿色通道”。学校重视与企业的交流与合作，致力建立长期、稳定、有效的产学研用合作关系。学校按照一个专业至少建立一个就业见

习基地的要求，大力推动校企合作，实现毕业生“实训→实习→就业”“一条龙”服务的“绿色通道”。目前学校建有实践教学基地155个，其中校内实习基地51个，校外实习基地104个（其中国家级实践教学基地2个），每年投入建设经费约200万元。学校开设了“大北农班”、“众和班”、“生泰尔班”、“双胞胎班”、“福乐维班”等，旨在为大学生提供良好的实习、就业机会，实现学生、学校和社会的多赢（见图2）。

图2　江西农业大学与大北农集团战略合作签约仪式

（三）以“四化”建设为核心，加大就业指导力度

1. 以档案建设为抓手，实现就业指导全程化。学校深入开展个性化辅导与咨询，举办职业规划设计大赛和就业创业知识竞赛等课外活动，建立了学生动态档案，做到“大一有个性化的生涯规划档案，大二有个性化创新创业教育培训档案，大三有个性化的分类指导档案，大四有个性化的职前辅导档案”，帮助毕业生合理定位，及时疏导其心理问题，增强其抗压能力；通过前期摸查学生就业期望、中期掌握学生就业动态、后期跟踪学生就业情况，实现学生就业指导全程化。

2. 以体系建设为支撑，实现就业指导全员化。通过高位推动、部门联动、师生互动、全员齐动，学校构建了由校领导、各部门、各学院、就业指导教师、学院专兼职就业辅导员、班主任、专业课教师和学生队伍组成的就业工作团队，形成了领导高度重视与关心、部门与学院积极配合和落实、专业教师与学生共同支持和参与的就业指导体系，就业工作营造出“全校动员、全员参与、全力以赴”的良好氛围。

3. 以课程建设为依托，实现就业指导专业化。学校在2011年就成立了大学生职业发展与就业指导教研室，开设了《大学生职业规划与就业指导》、《大学生KAB创业基础》课程，并于2013年自编了适合农大学生使用的《大学生职业规划》和《大学生就业指导》教材。教研室现有教师73人，其中具有硕士以上学位的占89.04％、

35岁以下青年教师占39.7%，形成了年龄、学历、学位结构相对合理的专业化的就业指导教师队伍。学校多次与北森职业测评公司以及北京新锦成教育科技有限公司等合作举办校内外“职业规划与就业指导师资培训班”，仅2014年教师接受各类培训就达90余人次。

4. 以网络建设为载体，实现就业指导信息化。加强“123”信息化建设，搭建毕业生就业“一站式”网络信息化服务平台。“123”信息化是指1个就业信息网站，2个毕业生管理系统（即毕业生就业二级管理系统和毕业生就业信息管理维护系统），3个就业工作服务平台（即就业服务微信平台、手机短信平台、就业工作QQ平台）。2014年，学校就业信息网点击数达140万人次，单日最高访问量上万人次，发布5000余家用人单位招聘信息，学校就业信息网成为学子获取职业发展信息的第一媒体；毕业生管理维护系统提供了毕业生自助完善个人信息的平台，确保毕业生“离校不离心、服务不断线”；短信平台为毕业生发布就业信息11万余条；就业服务微信平台毕业生关注度达80%以上。

三、凸显四大特色，提高就业创业工作水平

（一）积极拓展有效途径，努力实现更高质量就业

毕业生就业质量将直接影响学校未来社会地位和综合影响力，学校始终把“努力实现毕业生更高质量就业”放在突出位置。在2011年，学校就已针对毕业生就业质量开展了大量的调研，形成了2012年毕业生就业质量调研分析报告，积极探索提升毕业生就业质量的有效途径。

学校加强了与世界、中国500强企业的联系，大力引进效益好、规模大、社会知名度高、学生乐意就业的企事业单位进校招聘，为毕业生提供更好的求职平台。三年来，毕业生到知名企事业单位就业比例逐年提升。

（二）突出实践教学引领，提高学生创新创业能力

学校高度重视大学生创新创业教育引领工作，将创新创业作为大学生思想政治教育的重要内容，依托传统农业行业领域优势，针对有创业兴趣的学生群体，设计和开

展了各种相关的创业教育、竞技活动、创业实践和开设“KAB”创新创业、创新实践课程，着重培养学生的创新能力和企业家精神（见图3）。

图3　江西农业大学第六届创业计划竞赛培训会

（三）充分借助校友资源，拓宽学生就业渠道

1. 通过开展“校友论坛”活动（见图4），邀请省内外企业家校友进课堂等活动，对毕业生进行就业创业教育，积极引导毕业生树立正确的就业创业观，促使毕业生端正职业心态、增强职业意识、明确职业目标，为就业营造浓厚的氛围。

图4　江西农业大学发展与规划座谈会

2. 鼓励有条件有实力的校友回校设立专项奖学金、助学金，资助优秀贫困学生。据统计，近三年校院两级共有校友资助奖学金16项，累计资助金额达81万元，资助优秀贫困大学生438人次，这些奖学金的设立对于贫困学生顺利毕业、成功就业发挥了极其重要的作用。

3. 通过全国各地校友会组织，推荐优秀毕业生就业。目前，学校已在全国建立了

52 个校友会组织，不少优秀校友积极为母校毕业生择业提供更多机会。

（四）积极响应国家号召，专注引领基层就业

学校一贯大力宣传“村官选聘”、“西部计划”、“三支一扶”、“预征入伍”等国家就业项目，鼓励大学生到西部、到基层、到祖国最需要的地方去就业，毕业生中涌现出了许多基层就业创业的典型人物，如荣获团中央授予“中国青年志愿服务金奖”奖章、被誉为“孔雀西北飞”的付静同学；被当地干部称“连升两级”的大学生村官付琼同学；被评为“2012 年首届中国十大杰出兽医”的叶俊华同学；荣获全国优秀西部计划志愿者、入选感动中国人物候选人的广西村官张秋文同学；被评为“江西创业先锋”、播恩集团总裁邹新华等。他们的事迹激励了学弟学妹，感召更多的江西农业大学毕业生把火热的青春投入到农村建设事业中去。毕业生到基层就业的人数比例连续多年居全省高校首位，学校相关部门负责同志荣获全国预征入伍工作先进个人。

构建特色鲜明的工作机制
提升毕业生就业服务质量

山东协和学院

山东协和学院坐落在山东省省会、美丽的泉城——济南，是一所以医学为特色、工学为主体的多学科民办普通本科院校、山东省财政支持的本科特色名校建设单位。学校占地面积1480余亩、建筑面积40余万平方米，教学仪器设备总值1亿多元（见图1）。下设11个二级院（部），在校生14779人，其中本科生4429人，专科生10350人。学校创建20多年来，坚持以学生为主体地位，强化能力培养，实施素质教育，不断提高人才培养质量。被山东省人事厅、教育厅评为“山东省民办教育先进集体”，被山东省民政厅评为首批“5A级社会组织”，被中华职业教育社授予黄炎培职业教育“优秀学校奖”，被山东省政府表彰为“全省教育工作先进单位”，被国家民政部表彰为“全国先进社会组织”。

图1　山东协和学院校区景观图

学校始终把毕业生就业工作作为贯穿教育教学始终的生命线，探索实施了特色鲜明的“11611”就业工程，形成了全过程、全方位、全覆盖的就业工作格局。据山东省人力资源和社会保障厅数据统计，学校毕业生总体就业率，2012 年为 95.64%，2013 年达 99.04%。由第三方调查，经省人社厅审核通过的学校就业质量年度分析报告显示，2014 年总体就业率达 98.71%，专业对口率达 96.68%；用人单位对毕业生满意率达 98%；毕业生对工作满意率达 99.55%，对母校就业服务满意率达 98.04%。

一、实施“一把手”工程，强化就业组织领导

学校和二级学院两级主要领导为就业第一责任人，并配备一名专职就业副院长，建立组织机构，完善保障条件，落实监管机制。将毕业生就业工作列入考核指标，实施全程监管，实现机构、人员、场地、经费“四到位”。

二、落实“一对一”对口，实现全员就业指导

推行就业导师制，全体教职员工均担任就业导师，同时聘任校企合作单位人员、校外专家、社会成功人士等担任兼职就业导师，每个学生都有一位导师，形成以教职员工为主体、校企合作单位人员为补充、校外人士参与的就业导师队伍，使学生从入学到毕业，始终在导师指导下学习、实习、选择就业。

三、推行“六结合”，提升学生就业能力

1. 专业建设与就业结合。根据社会发展需求，调整优化专业结构，灵活设置专业方向。近 5 年，新增本科专业 18 个，专科专业 5 个，“关、停、并、转”专业 7 个；新设专业方向 24 个，形成了服务于 6 大社会行业的 7 个专业群。拥有 10 个省级特色和优势特色专业，国家级精品资源共享课程和精品课程各 1 门，省级精品课程 43 门。建成国家级实验教学示范中心、中央财政支持实训基地、国家级大学生校外实践基地

（见图2）。

图2 山东协和学院医护实验教学中心

2. 教学改革与就业结合。学校按照教育部《大学生职业发展与就业指导课程教学要求》，将就业指导课列为必修课。修订教学大纲，编写出版了《大学生择业与就业》、《大学生就业指导》等教材，由39名教师按照学业规划、职业规划、创新创业和就业指导四大板块实施教学。全面推进人才培养模式、教学内容与课程体系、教学方法与手段、考核内容与形式等的改革，工科专业探索实施“双线、双纲、双证、双高、双文化、双过程”“六双”人才培养模式；医护类专业创新实施“职前培养—职后培训”人才培养体系。通过探索总结，获得国家级教学成果二等奖1项、山东省教学成果奖11项；获批国家级科研立项3项，获省厅级科研成果奖68项；建成省级人才培养模式创新实验项目1个。学生在大赛中，获国家级奖53项，其中特等奖1项、一等奖4项。提高了学生就业竞争力。

3. 校企合作与就业结合。与福田雷沃、联想集团、中国重汽集团、青岛澳柯玛等136家单位建立合作关系，校企双方共同制定人才培养方案，共同开发建设课程，共同组建双师型教师队伍，共同组织实施教学，共同建设实践教学基地，共同安排学生就业。与澳柯玛公司合作建成“国家大学生校外实践教育基地”，还开设协和—联想班，协和—重汽班，协和—澳柯玛班，实行订单式培养，打造人才培养与上岗就业“直通车”。

4. 德育教育与就业结合。聘请雷锋生前战友乔安山、周恩来总理的侄女周秉德、周恩来总理的秘书纪东将军、著名书法教育家欧阳中石为学校德育导师。把“社会公德、职业道德、家庭美德、个人品德”教育渗透到教学全过程，开展校园文化活动和学生社团活动，举办“就业大讲堂”专题报告会，开展职业生涯规划设计竞赛活动，培养学生职业理想、职业道德和职业活动能力。

5. 创业教育与就业结合。以创业带动就业，建立职业规划明确化，专业教育层次化，创业培养精细化，跟踪服务常态化的创新创业教育体系。强化创业教育，通过职业生涯规划、宣传就业创业形势、运用成功案例等方式，帮助学生树立创业意识；强化专业教育，抓好知识能力素质结构和课程体系“两个构建”，实施教育观念、教学内容、教学方法“三项改革”，探索“平台 + 模块”的课程体系，构建由目标、内容、管理、保障等 4 个子体系组成的实践教学体系，提升创业能力；搭建创业平台，成立创业学院，建立创业 2284 平方米的孵化区及众多孵化基地，设立创业扶持基金，组织创业大赛，开展创业培训，使学生想创业、敢创业、能创业（见图 3）。2012—2014 年，学校医护类毕业生到基层创业就业人数占毕业生总人数的 76.5%，其中在基层创业（开办诊所、特色诊室、保健推拿机构）的占 30%。这一做法，在 2013 年山东省政府召开的创业创新工作会议上作了经验交流。

图 3　山东协和学院大学生创业扶持工程宣讲会

6. 社会服务与就业结合。学校是全国首家也是唯一一家开展“万名乡村医生免费培训计划”的高校。从 2005 年起，义务培训山东省乡村医生。10 年来，累计培训乡村医生 26000 余人，使参训地区百姓从中受益。义务培训乡村医生有力地促进了学校与基层卫生主管部门、医疗卫生机构的交流与合作，得到了基层卫生主管部门对学校毕业生的创业就业支持，为毕业生到基层就业创业搭建了更为广阔的平台。时任全国人大常委会副委员长周铁农、全国政协副主席厉无畏亲临学校指导乡医培训；时任国家卫生部副部长高强派人来学校调研，将乡医培训定为“协和模式”向全国推广；时任山东省省长姜大明和现任省长郭树清作出批示，肯定了免费培训乡医工作；副省长王随莲专程到校视察乡医培训，并作出了重要批示。中央电视台等媒体对此进行了专题报道。

四、构建“一整套”服务体系，提供就业立体化保障

构建就业困难帮扶机制、就业信息咨询机制、就业人才推荐机制、就业发展跟踪机制等5个机制组成的指导服务体系。学校每年组织大型招聘会、专场招聘会，通过“请进来、走出去”等多种招聘推荐方式，为毕业生就业铺设绿色通道。学校设有就业信息网、大学生就业一站式服务系统、远程面试系统、就业微信公众号等信息服务平台。建有“QQ群”、微信等即时通讯群组，为学生提供全方位的就业信息服务。以辅导员队伍为基础，以就业指导中心为主导，通过多种方式与毕业生保持联系，及时了解毕业生诉求，帮助毕业生解决就业困难。2012—2014年，学校每年投入就业工作经费分别达102万元、163万元、232万元。2014年，用于扶持大学生创业资金达100余万元，发放求职补贴专项资金40多万元，通过招聘会和就业信息网等形式，为毕业生提供就业岗位16000多个，实现了指导专业化、工作制度化、推荐规范化、信息网络化。

五、提供终身服务，对学生就业负责一辈子

山东协和学院是山东省职业技能人才鉴定基地、OSTA考试中心、中国人文医师协会山东省考试站等授权单位，拥有开设保健按摩师、电子商务师等56个工种职业资格培训和鉴定的资源优势（见图4）。学校毕业生如果一次未能就业，学校再次推荐；二次还未就业，学校继续推荐；三次仍不能就业，对工科类、管理类专业学生，让其免费参加职业资格证书培训，再掌握一两门从业技能，提高就业能力。对临床医学类学生，实行资格培训、岗位培训、发展培训等“三位”一体的从业培训，确保能上岗、干得好。学校每年召回培训学生300余人，接受岗位提升培训学生500余人。对于已经就业的学生，同样提供跟踪服务，帮助学生提升就业质量。

根据跟踪调查，用人单位普遍认为，山东协和学院毕业生专业知识扎实、工作勇于担当、实际动手能力强、能很快适应岗位需求，因而每年都乐于接收学校毕业生。南京军区总医院连续多年、每年招收学校护理专业10多名毕业生就业。潍坊市第二人

图 4　山东协和学院实训基地

民医院一次招收学校 35 名毕业生就业（见图 5）。2014 年，海信、福田雷沃等 12 家单位，来学校提供 2000 多就业岗位，招收当年机电专业全部毕业生 407 名实习就业。近 3 年来，新华网、中国教育在线、山东省教育厅网站等多家媒体对学校就业工作进行宣传报道，总计达 100 多篇。

图 5　山东协和学院欢送 2012 届毕业生赴潍坊市第二人民医院工作

创建校企一体化实体　促进就业创业双丰收

青岛滨海学院

青岛滨海学院以科学发展观为指导，始终把毕业生就业创业工作摆在学校突出位置，以培养学生就业能力为导向，以服务地方经济建设为宗旨，促进教育教学改革，优化人才培养模式，毕业生就业工作取得了一定成绩，学校各项工作也都迈上了新台阶。

青岛滨海学院始建于1992年，是山东省首批民办普通本科院校，规划占地面积达1015亩，建筑总面积51万多平方米，教学仪器设备总值1.2亿余元，总资产14亿元；建有图书馆2座，纸质藏书177万多册，电子图书140余万种，阅览室座位5132个。学校设立13个教学单位，在校生1.7万余人，专任教师910人，其中高级职称占36.3%，中级职称占49.1%，硕博教师占74.5%。学校设有33个本科专业和35个专科专业。

学校始终坚持“以兴教育才为己任，以利民报国为目的”为办学宗旨，以“培养明德、践行、善事、创新之现代公民”为目标，以“要学做事、先学做人，人人有才、人人成才”为育人理念，坚持以人为本、以德立校、特色育人和内涵发展。在办学实践中逐步形成了“人品为先、文化熏陶、宽严相济”的育人特色。

办学二十三年来，学校不断建立健全就业创业指导服务体系和工作机制，不断提高就业工作管理和指导服务水平，毕业生就业指导服务工作走在了全省同类院校前列。在山东省人力资源与社会保障厅公布全省58所高校毕业生就业统计中，学校本科毕业生正式就业率始终居于全省高校前列。表1是山东省人社厅公布的学校近三年本科毕业生就业情况统计：

表 1

年度	毕业生人数	签约率	正式就业率	正式就业率排名
2011 年	825	78.06%	93.72%	第二名
2012 年	1582	79.01%	95.70%	第三名
2013 年	1235	81.94%	96.84%	第一名
2014 年	1447	86.80%	97.93%	未公布

截至2015年7月2日上报就业方案时，学校就业率、正式就业率和签约率如表2：

表 2

项目	毕业生人数	签约率	合同率	正式就业率	就业率
本 科	1688	83.06%	5.75%	95.20%	97.69%
专 科	2783	79.91%	7.46%	91.16%	98.42%
全校合计	4471	81.10%	6.86%	92.69%	98.14%

一、创新应用型人才培养模式，引导学生树立正确择业观

青岛滨海学院定位建设应用型技术大学，从修订各专业人才培养方案入手，鼓励各专业以校企合作为基础，实施建立“学研产一体化”应用型人才培养模式。每个专业人才培养方案制定和修订时均从广泛深入的社会调查开始，邀请相关企业和专业、行业协会参与，突出专业培养的应用性，实用性。从企业需求入手，学校着重培养学生的实践动手能力，更加注重学生专业核心能力和应用创新能力的培养。

入学开始，学校便对所有学生进行职业生涯规划教育，引导学生树立正确的就业观、择业观。让学生明确自己将来想干什么，适合干什么。学校自1999年起就实行学分制，根据自己的目标和职业生涯规划学生自己选教师、选课程、选学习时间，选学习方式等。从2002年起，学校全面推行学分学绩制，对同一门课程既计学分，又计学绩，旨在贯彻落实学校“以人为本，追求每个人的个性发展和充分发展”的教育理念，鼓励学生个性发展，学有所长，突出优势课程，允许以优补劣。

为了提升学生的动手实践能力，依据“动之成习，习之成性”理论，学校主要培养学生的劳动观念。入校后，除了正常的学习生活，学生还要从整理内务、打扫校园卫生入手，每天进行一定的劳动锻炼，使其养成热爱劳动，尊重别人劳动成果的好习惯，好品德。连续多年，学校没有雇佣一位清洁工，包括厕所，都是师生自己清扫。

学生每天早晨把校园卫生打扫一遍，其余时间由学校的义工协会维持环境整洁（见图1）。由于学生大多都养成了良好的劳动习惯，学校的“弯腰工程”已成了全校学生的自觉行动，谁看到纸屑、果皮等垃圾都会弯腰捡起来。

图1　青岛滨海学院学生扫除场景

由于学生动手实践能力较强，毕业生普遍受到了用人单位的欢迎和好评。近几年来，学校每年平均向社会输送5000余名毕业生，其中75%以上在青岛西海岸新区和青岛市核心城区就业。接收过青岛滨海学院毕业生的用人单位普遍反馈说：该校毕业生朴实、敬业，能吃苦，有修养，工作态度好，实用性强，并且普通话普及的好，计算机操作熟练。迄今为止，学校已为社会输送了7万余名毕业生，为优化青岛西海岸新区及青岛市投资环境做出了应有的贡献。

二、培养学生创新思维，创业教育卓有成效

学生创业能力在校内培养有难度，但创新思想、创新思维不可缺失。学校2008年就开设了创新教育课，且要求达标32学时。从2013年开始，学校又开设了32学时的创业教育课。学校被青岛市人力资源和社会保障局确定为首批“青岛创业大学教学点”，实施了包括创业教学、创业指导、创业实践、创业扶持和跟踪服务的“进一管一出”综合管理制度，形成了创业服务一条龙体系。2013年，学校荣获青岛创业大学授予的大学生创业教育“优秀教学点先进集体”称号。

为了鼓励学生制作、发明科技作品，学校自2007年开始，每年举办一次大型科技文化作品展活动，参展的各类作品多达数千件（见图2）。科技文化作品展的举办，激

发了广大学生的创新意识，学校科技、创业类社团逐渐增多。近三年来，学生获得的国家专利就达72项。2014年青岛市首届大学生创业精英BEST大赛，学校获青岛市在校大学生参赛项目第一名。在2014年山东省经信委、教育厅、人社厅组织的山东省大学生综合素质大赛中，学校2名学生分别获得总决赛亚军及第7名，学校获“2014年山东省大学生综合素质大赛团体奖”。自2009年青岛市政府评选十佳大学生创业明星和明星企业以来，青岛滨海学院毕业生连年榜上有名，在2009年评出的首届十佳大学生创业明星中，学校毕业生占据了3/10。

图2　青岛滨海学院第九届大学生科技文化作品展

自2013年起，学校投资700多万元，在工程技术研发楼近5000平方米进行精装修，建立了青岛滨海学院大学生创业孵化基地。目前入驻企业37家。该基地2014年被青岛市人社局确定为青岛市大学生创业孵化基地，被青岛市科技局获批为申报青岛市科技企业孵化器资质的基地。

为落实《国务院办公厅关于深化高等学校创新创业教育改革的实施意见》和青岛市委市政府创新创业创客工作意见，学校积极营造“大众创业、万众创新”的良好环境，积极宣传、组织、报名参加了“中国创翼”青年创业创新大赛和青岛市蓝色创业大赛。学校成立了图书馆创客咖啡吧，专门为有创业梦想的学生提供思想交流的空间。

三、深度开展校企合作，创建校企一体化实体

学校多渠道、多形式与校外企业开展合作，着力于专业教育与产业经营相结合（见图3、图4）。截至2015年，学校已与107家企业建立了合作关系，其中与海尔集

团等30余家世界500强企业和上市公司开展了深度合作，合作内容涉及订单式培养、校企联合培养、建设实习基地、共建实验室、设立奖学金、为企业员工培训等。2012—2014年，学校累计为青岛福田雷沃重工股份有限公司、海尔集团、青岛海信电器股份有限公司、青岛中集集装箱有限公司、青岛赛轮股份有限公司等十余家企业培训人员5869人，为企业解决技术难题20余项。学校与福田雷沃重工公司共建的“青岛滨海学院—福田雷沃重工工程实践教育中心”获批为“国家级大学生校外实践教育基地”建设项目。

图3　青岛滨海学院被评为“山东省企校合作先进单位”

图4　国际贸易跨境电子商务综合实训中心揭牌仪式

为了增强毕业生就业竞争力，学校借助民办高校机制、体制灵活优势，结合学科、专业建设，不断整合校内资源，创建了一系列校企一体化实体，着力培养学生实践技能。很多学生一入学就具有双重身份，既是学生，也是经济实体的实习员工，毕业时企业优先录用。学生在校学习期间大多能干中学，学中干，能够尽快了解企业，融入企业，强化了学生的实践技能，缩短了毕业生与用人单位之间的距离。毕业生就业、创业竞争力大大提高，就业工作质量也得以显著提升。

学校目前已构建的“学研产”一体化实践教学平台主要包括：五岳建筑公司（与土建类专业共建）、青岛滨大机电科技有限公司（与机电类、营销类专业共建）、青岛滨海学院附属幼儿园（与学前教育专业共建）、青岛滨大影视文化传媒公司（与动画专业共建）、考宝网（与计算机、电子商务、广播电视类专业共建）、世界动物标本艺术馆（与艺术类、旅游类、市场营销等专业共建）、青岛康耐心健康管理公司（与旅游管理专业类共建）、青岛滨海学院附属医院和山东鲁卫护理研究院（与医学类专业共建）。专业教师兼任这些实体的管理者或技术骨干，将企业、专业合二为一，师生全程介入平台管理和运营，做到了研发、生产、销售、服务一条龙。

建校初期学校就成立了五岳建筑公司。截至目前，学校51万多平方米建筑面积、68幢楼均为该公司所建。学校建筑工程学院的师生和五岳建筑工程公司融为一体，建筑工程学院领导既是学院管理人员，也是公司领导，该院教师既教书，又是公司的工程设计、预算、监理等工作人员，土建类专业的学生同时也是公司见习、实习员工。校企一体化使学生的学习积极性大大提高，学生不仅学到了实用的知识，也练就了过硬的技能和本领。学生毕业即可上岗，且专业对口率，工资待遇都能高于其他同类高校同专业学生。

近几年来，青岛滨海学院毕业生就业创业工作有了长足发展，取得了良好的成绩。今后，学校将借“大众创业、万众创新”和青岛市“三创”活动的东风，继续高度重视毕业生就业创业工作，加大校企融合，推进学产研一体化，培养适应社会需要的应用型人才，为进一步优化青岛市及周边市、区的人才环境做出更大的贡献。

以社会需求为导向　强化就业创业服务
全力促进毕业生高质量充分就业

郑州轻工业学院

郑州轻工业学院创建于1977年，隶属原轻工业部，1998年转为中央和河南省共建、以河南省管理为主，是一所以轻工为主、多学科协调发展的普通本科学校。

学校本部现有两个校区，占地面积1600余亩。在校学生25000余人，教职工1700余人。现有22个教学单位，65个硕士学位授权点，61个本科专业，教学仪器设备总值4亿多元，馆藏纸质图书206万册。学校是河南省人民政府和国家烟草专卖局共建高校、河南省博士学位授予单位立项建设高校、教育部“卓越工程师教育培养计划”试点高校，被评为“河南省高校数字化校园示范工程单位”（见图1）。

图1　河南省人民政府、国家烟草专卖局共建郑州轻工业学院签字仪式

学校高度重视人才培养和就业工作，以社会需求为导向，着力提高人才培养质量，创新就业工作机制，采取切实措施，努力提高就业指导和服务水平，取得了显著成绩，实现了就业率和就业质量双高目标（见图2）。

图2　郑州轻工业学院2015年就业创业工作会议

一、以社会需求为导向，实行三个对接，提高人才培养质量

（一）实行专业设置与社会需求对接

学校本着服务行业、服务地方经济社会发展的专业发展思路，科学调整专业结构与布局，努力构建“规模适宜、结构优化、重点突出、特色鲜明”的专业体系。近10年来，学校新增31个社会急需专业，取消了4个专业。根据社会需求，灵活设置专业方向，在计算机科学与技术专业中，设置了3G软件、嵌入式软件方向；网络工程专业中，设置了物联网技术、运维与安全方向等，实现了专业设置与社会需求对接。对于新增专业，邀请相关行业、企业专家参与学校专业建设的论证与指导。新建“建筑电气与智能化”专业在武汉大学发布的“2013—2014年中国大学本科教育分专业排名”中位居全国第二名。

（二）实行招生与社会需求对接

紧跟市场需求，科学制定招生计划。自2006年开始，学校坚持每年编制《毕业生就业状况白皮书》，作为学校制订招生计划的重要参考依据，充分考虑各专业的社会需求和就业状况。如稳步增加就业率高的能源与动力工程等专业的招生计划，逐渐压缩或减少社会需求饱和的计算机科学与技术和需求不旺的化学等专业的招生计划，对服装表演、雕塑、工艺美术等就业难的专业坚决停止招生。

（三）实行人才培养与社会需求对接

学校提出“厚基础、精专业、重实践、多课堂”的人才培养思路，形成了面向行业、服务地方的全新人才培养方案。贴近中原经济区、郑州航空港经济综合实验区、国家粮食生产核心区三大战略需求，优化人才培养模式和资源配置。例如，为了适应河南省由食品工业大省向食品工业强省的转变，学校将传统特色专业食品工程专业做大做强，并顺利通过教育部工程教育专业认证，为培养国际化高素质的工程技术人才奠定了很好的基础。在人才培养方案设计中，学校加强调研工作，主动对接社会需求，进一步优化专业培养方案，深入企业了解人才的需求状况，聘请合作企业中具有较高理论水平的高级工程师担任兼职教授和企业导师，参与教学和学生指导。这些措施的实施进一步强化了人才培养与社会需求的契合度，为轻工行业及河南省经济社会发展培养了高质量人才。

二、坚持以学生为本理念，完善就业指导服务体系，促进毕业生充分就业

（一）抓指导促就业

构建“一体、两翼、三个课堂联动”的大学生就业创业指导体系。以第一课堂为主渠道，充分发挥二、三课堂在学生就业创业教育中的作用，形成了开放式、多元化、多层次的就业创业指导模式。一是学校早在1994年就开设了《就业指导》必修课，

2013 年把《创业基础》列入必修课教学计划，另外开设了《大学生职业生涯规划》等 20 多门全校选修课程，积极搭建“就业数字图书馆”、“创业数字图书馆”等就业创业教育网上课程平台。二是以丰富多彩的活动为载体，开展就业创业教育活动。通过举办“就业创业大讲堂”、“校友讲坛”等开展专题讲座。三年来，共举办不同层次和类别的就业创业专题讲座 300 余场。三是充分利用第三课堂丰富的社会资源，将大学生就业创业教育延伸到社会化进程中去，加大学生的实践能力、创新能力和创业能力的培养。同时，针对学生的不同特点，注重加强对学生的个性指导。

（二）抓服务促就业

1. 抓就业市场服务。学校加强就业市场建设，积极主动与用人单位联系和沟通，邀请用人单位直接到校招聘毕业生或发布就业信息。与美的集团、星星家电等 284 家用人单位签订就业基地合作协议，并与海尔集团、宇通客车等 1200 多家省内外知名企业保持长期稳定的供需关系。近三年，共举办了 10 次大型综合类供需见面会、1600 多场专场招聘会，举办了计算机类、艺术类、外贸外语类等行业类招聘会，与河南濮阳市、浙江永康市等多个省市地方政府合作举办多场名企招聘会，积极探索校友组团招聘模式，举办广东创业校友专场招聘会（见图 3）。

图 3　郑州轻工业学院举行专场及大型招聘会

2. 抓基层就业服务。学校积极引导毕业生到基层去、到艰苦地方去锻炼成长，2014 年毕业生到企业、到生产一线、到基层工作的达到 80.4%。

3. 抓困难学生服务。学校出台了《就业困难毕业生帮扶办法》，对就业困难毕业生情况进行调查，采取“一对一”帮扶措施。《河南日报》以“郑州轻院为就业困难群体开小灶”为题报道了学校就业帮扶工作取得的良好效果。

（三）抓信息促就业

1. 完善就业管理系统。学校建成并完善就业管理系统，以就业信息网为主体，集成用人单位校园招聘系统、毕业生就业服务管理系统，内接校园基础数据库，外接全国大学生就业一站式服务平台和河南省毕业生就业信息网，充分实现就业信息资源有效整合和互联互通。就业信息网有2400余家注册单位，年均发布就业信息5400多条，岗位需求2.77万个，年点击量210万人次，深受用人单位和毕业生欢迎。

2. 搭建移动就业平台。2010年搭建了移动就业平台，将就业信息服务从电脑转移到手机上来，打造“指尖上的就业”，实现了就业信息服务固定和移动相结合、线上和线下相结合，为就业工作开展提供了极大的方便。

3. 利用多种有效载体。学校建立视频互动系统，实现了企业招聘、就业创业教育的资源共享；完善远程面试系统，满足了毕业生和用人单位一对一和一对多的视频面试要求；拓宽信息发布载体，包括通过LED显示屏、微博、微信、“飞信群”、“QQ群”、广播、宣传栏等渠道发布信息，实现全方位、立体交叉的信息发布途径，确保了就业信息能够及时传达到每个毕业生。

三、以四个平台为依托，强力助推大学生创新创业，实现创业带动就业

（一）构筑制度平台

学校出台了《关于进一步鼓励和支持大学生自主创业的实施意见》、《关于进一步加强大学生科技创新活动的实施办法》等一系列措施，成立了大学生创业工作领导小组和大学生科技创新活动领导小组，加强组织领导，完善工作机制，鼓励学生参与创新创业活动。学校还设立了100万元大学生创业基金、100万元大学生科技创新基金、50万元学科竞赛专项经费、20万元创业工作专项经费，用于大学生创新创业活动的开展。

（二）构建教育平台

2013 版人才培养方案增加了创新创业教育平台，作为课程结构七大平台之一，明确规定了学生最低修读创新创业模块 8 学分的毕业要求，构建了学校创新创业课程体系。通过开展““创新创业报告会”、“我的中国梦”创业励志讲堂、SIYB 创业培训等系列活动，丰富了创新创业教育内容。

（三）搭建实践平台

利用校内的 4 个省部级重点实验室、4 个省部级重点实验室培育基地、2 个省重点学科开放实验室、8 个省级实验教学示范中心、GE 智能平台等设施，加大对学生实践创新能力的培养；成立工程训练中心，对大学生实践创新平台集中进行管理；建成了电类、食品类、化工类、计算机类等一批大学生实践创新基地，以提高学生创新实践能力；建有大学生科技创业中心、IT 创新工作室、创行等一批创新创业社团，有 300 多个团队在校内开展创新创业活动。同时，学校积极组织学生参加大学生创新创业训练计划项目、创业计划大赛、全国电子设计大赛、数学建模竞赛、智能汽车大赛、广告艺术设计大赛、机械创新设计大赛等各种竞赛活动，培养学生的创新创业能力（见图 4）。2012—2014 年，学校学生在各类创新创业大赛和学科竞赛活动中获得省级以上奖励 1201 项，表现出参赛类别多、参赛学生多、获奖比例高、获奖级别高的“双多双高”特点。

图 4　郑州轻工业学院学生赴德国汉堡参加 iF 概念设计颁奖典礼

（四）建设孵化平台

学校建有大学生创业中心（见图5），融大学生创业实践、孵化、培训、服务功能于一体，为学生创业提供场地、资金、指导和相关服务，目前有61个创业项目入驻。此外，学校充分利用国家大学科技园等政府创业园的资源和优势，共同对学生创业计划项目进行重点扶持，对成熟的项目进行孵化并培育其茁壮成长。

图5　郑州轻工业学院院领导深入大学生就业创业中心调研

近年来，学校就业工作实现了“双高”，毕业生就业率达到95%以上。学校就业工作得到了上级的充分肯定和社会的广泛认可，多次荣获“河南省大中专毕业生就业工作先进集体”称号，2011年在河南省高校毕业生就业评估中获得优秀成绩，2012年荣获“河南最具就业竞争力示范院校”，2015年荣获“河南高等教育就业质量最佳示范院校”、“云台山杯”2015中国河南——美国区域高校大学生创新创业大赛高校优秀组织奖。《河南日报》、《大河报》、光明网等多家媒体长期关注学校的就业工作，近年来对学校就业工作的报道达90余篇。

转变工作观念　创新工作方法
积极构建和谐高效的医学生就业平台

新乡医学院

新乡医学院是河南省内唯一一所独立建制的西医本科院校，渊源可追溯到1896年英国人劳海德在古城卫辉开办的西医诊所。1903年在该诊所基础上建成“博济医院”。1920年医院扩建后更名为“惠民医院”，1922年加拿大人维特立夫创办“惠民医院”护士学校，成为学校教育教学史的开端。1950年成立平原省医科学校，于1982年由专科院校升为本科院校，定名“新乡医学院”。1998年获得硕士学位授予权。2006年在全国普通本科高校教学水平评估中获评“优秀”。目前，学校占地面积1868亩，建筑面积96万平方米，固定资产总值10亿元。具有研究生、本科生、留学生、中外合作办学、成人教育等较为完备的高等教育体系，建有一所独立学院——三全学院。拥有医学、理学、工学、文学、法学、管理学、教育学等7个学科门类，设有20个教学院（系、部），24个本科专业。建有5所直属附属医院和14所非直属附属医院。现有教职员工11308人（含5所附院），其中高级专业技术职务人员1653人，各类在校生54564人。

近年来，学校每年招收培养的医学本科学生占河南省医学本科学生的47%以上，全科医学学生培养量占全省培养任务总量的50%。学校累计培养各类医学人才8万余名，为我国医学教育和医疗卫生事业发展做出了积极贡献。学校本科生年底就业率稳定保持在97%左右；考研录取率在30%左右，2014年应届毕业生考研录取率达到了36.25%（见图1、图2）。

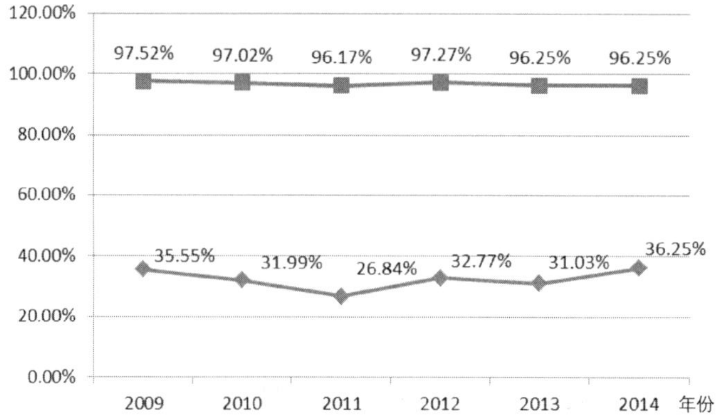

图1　2009年以来新乡医学院本科毕业生就业率及考研录取率

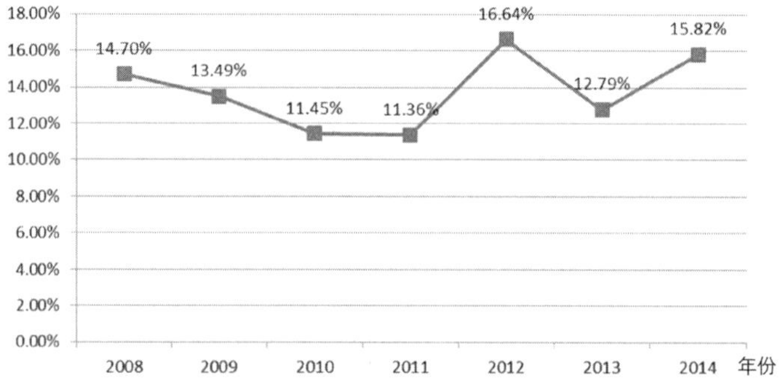

图2　2008年以来新乡医学院本科毕业生到县级单位就业比例

学校本科毕业生就业单位以城市医疗卫生单位为主。县级就业单位比例保持在12%左右。读研学校多集中在郑州大学、华中科技大学、吉林大学、上海交通大学、首都医科大学、复旦大学，中南大学等“985工程”、“211工程”高校。

一、生命线工程，软硬件到位

学校始终高度重视毕业生就业工作，把毕业生就业工作作为学校的“生命线”工程，列入学校重要议事日程。成立毕业生就业工作领导小组，由校党委书记和校长任组长，分管校长任副组长，相关职能部门和院系负责人为成员，明确目标，落实责任，切实保障就业工作有序推进。建立和完善“一把手工程”的院、系两级毕业生就业工作领导体系，明确提出“招生、培养、就业“三位一体统筹规划，学校、中心、系部齐抓共管服务就业”的工作思路，建立了院、系两级就业工作领导机构，形成学校党委、行政统一领导，职能部门协调一致，全校齐抓共管的学生就业工作机制。

学校每年将当年学费总数的1%作为毕业生就业工作经费，保障专款专用，确保就业工作正常有序开展。此外，学校于2006年以来陆续投资100多万元建立了省内首批高标准的就业工作场地，包含有专门的咨询室、接待室、信息查询及测评室、洽谈室、远程招聘室、能容纳近百人的多功能厅及信息发布电子屏等工作场所和设施，总面积达1500平方米，办公设备齐全，为毕业生就业工作提供了强有力的硬件支撑。

二、加强师资队伍建设，理论与实践并重，增强就业服务针对性

2008年以来，学校按照河南省教育厅的相关文件要求，鼓励和支持就业指导一线工作人员申报就业指导职称，重视就业指导人员的学习培训，每年都安排专项经费5万元。学校现有就业指导专职人员6名，专职教师1人，兼职教师17名。其中博士2人，硕士16人，硕士以上学历的占78%，全部具有国家职业指导师资格。针对毕业生就业指导工作中遇到的矛盾和问题，积极组织开展毕业生就业工作的理论研究，提高毕业生就业指导的理论水平和工作质量。2006年以来，专兼职教师共计发表就业指导方面论文100篇，其中在国家核心期刊、国家学生就业权威期刊发表论文32篇。完成厅级以上课题40项，荣获河南省教育厅优秀成果奖一等奖17项、社科联优秀成果奖一等奖11项。

此外，学校还安排专门就业指导人员在就业指导服务中心对学生进行开放性的一对一指导，开设“就业咨询门诊”，具体解决同学们在就业过程中遇到的问题，从而使就业指导更具有实效性和针对性。做好就业困难大学生就业工作，实施“一对一”就业援助，重点关注女生、家庭经济困难毕业生和其他就业困难毕业生的就业工作。开展“就业咨询一对一、就业讲座面对面”系列活动，邀请知名创业专家来校做辅导报告，对学生进行全面就业指导。

三、突出医学专业特色，服务经济社会发展

学校按照教育部关于专业设置的要求，坚持以社会需求为导向，以服务医疗卫生行业和地方经济社会发展，培养社会需要的高级医学人才为宗旨，突出医学专业特色，

大力发展与医疗卫生行业相互支撑的相关专业，深化教育教学改革，创新人才培养模式，培养适应社会发展需求的高级专门人才。根据应用型人才培养的特点和要求，学校高度重视学生实践动手能力、专业素质的培养和锻炼，经过长期探索、实践，形成了完善的临床见习、实习体系。通过加强实验、实习、临床实习、社会实践、课程设计和毕业设计等多种实践教学环节，学生的实践与创新能力得到切实提高。自2011年起学校组织学生参加全国高等医学院校大学生临床技能竞赛，取得优异成绩，获得华中赛区一等奖3次、二等奖1次，2次进入全国总决赛并获得三等奖（见图3）。

图3　新乡医学院第四届实习生临床基本技能竞赛

全面推进素质教育、把创新精神和创业能力培养作为育人目标，开展多种形式的创新、创业实践活动，积极构建以“营造教育氛围——搭建练功平台——丰富实践环节——强化激励作用”为内容的大学生创新创业教育体系。通过大学生科技文化艺术节、“挑战杯”、大学生课外科技创新基金项目等，提升大学生就业的内在竞争力。有针对性地开展大学生创业教育，以引导创业带动就业。

四、注重就业市场调研，打造医学生就业平台，利用网络技术促进毕业生充分就业

从2006年起，学校坚持编写一年一度的《毕业生就业状况白皮书》，总结毕业生就业工作经验，分析就业工作状况，发布用人单位对学院人才培养、教育教学的意见和建议。学校定期组织开展河南省医疗卫生单位人才需求及毕业生培养质量调查，增

加就业工作前瞻性。2013 年暑假期间学校通过现场走访的形式对河南省省内 18 个地市、99 个县的医疗卫生机构开展了调研。通过调查、研究进一步创新人才培养的新模式，提高河南省医学卫生类人才培养的质量和适应性，推动河南省不断优化人才培养模式，优化学科专业结构，实现人才培养、社会需求和就业的良性互动。

学校于 2006 年率先申报成立了河南省毕业生就业市场医学卫生类分市场，自分市场成立以来，坚持“以就业为导向、以服务为宗旨”，围绕市场在特色上做文章，每年分别举办冬春两季大型招聘活动（见图 4），至 2015 年初已承办 18 场医学卫生类专场就业双选会，累计接待用人单位 6237 家，提供就业岗位 125464 个，参会毕业生约 5.4 万人，有效缓解了省内医学卫生类毕业生的就业压力。形成了以医学卫生类专业为特点，立足学校，面向河南，辐射全国的就业服务平台。办会质量越来越高，参会毕业生越来越多，影响地域越来越大，已辐射到河北、山东、山西、湖南、新疆、黑龙江等省份，有力地推动了河南省医学院校毕业生就业工作的顺利开展。

图 4　大型招聘会现场

学校于 2003 年就开通了就业信息网，并紧跟技术发展步伐，12 年来历经 6 次改版升级、完善功能。并于 2005 年在全省高校中第一家开通手机短信就业服务平台，及时快捷地将毕业生就业信息发到学生手机上。2014 年引进了全新的毕业生互联网就业平台，该平台包括了学校就业管理子系统、用人单位招聘子系统，毕业生求职就业子系统，实现了就业管理的信息化。充分利用网络的便捷性，为毕业生、用人单位搭建网络管理服务平台。学校于 2013 年开通新乡医学院就业中心微信公众平台（xxmujob）和企业 QQ 等现代化的服务平台。毕业生可以随时随地方便快捷地获取各类信息，查询档案、报到证办理情况。

2014 年 11 月，开通了“河南医学生之家”综合信息网站，旨在为医学生及医疗卫生单位打造一个公益性、公共性、开放性的信息交流平台。并于 2015 年 4 月开通了

"河南医学生之家"微网，目前网站的二期开发正在有计划进行。

在艾瑞深中国校友会网《2015中国大学本科专业评价报告》发布的2015年中国大学医学专业排行榜100强和2015年中国大学医学四星级以上专业排行榜等榜单中，新乡医学院总排名位列医学最佳专业学校第34名。根据麦可思数据有限公司对河南省本科高校毕业生的统计分析报告，新乡医学院毕业生2012年就业率竞争力指数在河南省排名第5位。学校2010—2013年连续四年被评为河南省考生心目中最理想的高校、河南省最具就业竞争力示范院校、河南省高等教育质量社会最满意高校、河南省本科高校综合实力20强高校。自2006年以来连续三届被评选为河南省大中专毕业生就业工作先进集体，2011年河南省毕业生就业工作评估优秀单位，2014年被评为河南省依法治校示范校、河南省文明标兵示范校。

推进应用型人才培养改革　提升毕业生就业能力
构建“三位一体”创业教育体系　助推毕业生创新创业

湖南文理学院

湖南文理学院是一所多学科全日制普通本科院校，至今已有近六十年的办学历史。学校坐落在拥有全国文明城市、国家卫生城市、国家园林城市、中国首届魅力城市、国际花园城市、全国交通管理模范城市等美誉的湘西北历史文化名城——常德，学校占地面积1791亩，校舍建筑总面积近47.8万平方米；图书馆馆藏纸质图书154.3万册，电子图书64万种（见图1）。

图1　湖南文理学院校区景观图

学校坚持以人才培养为中心，注重教学改革，教学科研水平不断提升。学校拥有4个国家级特色和教改试点专业，6个省级特色专业，6个省级“十二五”重点建设学科，1门国家级资源共享课程（精品课程）、14门省级精品课程、1个国家级教学团队、3个省教学团队、2个省普通高校科技创新团队，1个国家大学生文化素质教育基地、1个国家级大学生校外实践教育基地、2个省级普通高等学校产学研示范基地、5个省社科基地、1个省普通高校哲学人文社会科学基地、3个省校企合作人才培养示范基地，2个省协同创新中心、1个水产院士工作站，3个省大学生创新训练中心。学校还是国家Linux技术培训与推广中心、教育部大学英语教学改革试点高校。此外学校还拥有2个省普通高校基础课示范实验室、2个省重点实验室、1个省普通高校重点实验室。近年来主持完成国家基金科研项目40多项、省部级科研项目300多项，获得湖南省科技进步奖、湖南省社会科学成果奖、湖南省教学成果奖等奖项，公开发表科研论文4000余篇，获得发明专利和新型实用专利等60多项。

学校根据建设特色鲜明的现代应用型大学办学定位，切实以学生就业为导向，立足地方，面向需求。在毕业生就业工作方面形成了紧扣市场需求、推进应用型人才培养改革和构建“三位一体”创业教育体系的特色。湖南文理学院毕业生初次就业率分别为88.41%、89.37%、91.89%，位居湖南省同类高校前列。2010年、2012年、2014年连续三次被评为湖南省高校就业工作“一把手”工程优秀单位。2015年1月，被湖南省教育厅授予“湖南省大学生就业创业示范校”（见图2）。

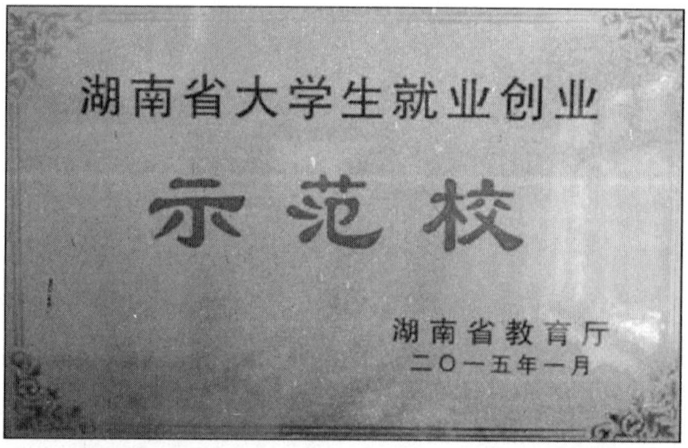

图2　湖南文理学院荣获“湖南省大学生就业创业示范校”称号

一、紧扣市场需求，推进应用型人才培养改革，提升学生就业适应度

1. 人才培养与市场需求相紧扣。一是倡导专业设置与市场需求对接，对47个专业切合市场需求进行了专业改造，对动画专业和服装与服饰设计专业实行隔年招生，

对教育技术学专业实行了停招。二是结合市场需求动态设置应用型专业方向或方向模块课程，实现课程内容与职业标准对接，学校以机械设计制造及其自动化、材料科学与工程等本科专业为试点，推行专业主干课程100%实施案例式教学。三是注重办学与产业企业的协同。如与中南能源开发有限公司开展产学研合作，共同研发了“碳氢油”绿色能源产品；与湖南恒至凿岩科技有限公司共同组建的“凿岩机械研发与产业化”基地入选“省高校产学研合作示范基地”；联合大湖水殖股份有限公司成立湖南水产院士工作站，成功申报了湖南省水产高效健康生产协同创新中心等。通过上述措施，为毕业生充分就业和绝大多数就业毕业生满意就业奠定了坚实的基础。

2. 加大实践教学比重，强化实践技能培养。一是提高了各类实践教学环节学分。试点水产养殖学、机械设计制造及其自动化、材料科学与工程、舞蹈编导、旅游管理等5个专业，其实践教学环节不少于30%。人文社科类、理科类专业毕业论文（设计）不少于10周，工科类专业不少于12周，教育实习不少于8周。实践教学比重的加大，提升了毕业生的实践技能，增强了求职的信心和求职的能力。二是注重“校企合作”、“工学结合”。2012—2014年，学院先后建设了国家级大学生校外实践教育基地1个，省级校企合作等基地6个，校级“工学结合”基地15个，“杭州东方文化园旅业集团”等一批基地，成为校企合作培养应用型人才的典范（见图3）。

图3　湖南文理学院校长谷正气与大湖水殖股份有限公司董事局主席罗祖亮共同为校外实践教学基地揭牌

3. 将“一专多证”课程纳入人才培养方案，加强学生创新素质和创业能力培养。一是对专业课程体系进行了有利于就业的设计，每个专业的课程体系里安排1—2门体现“一专多证”的课程，鼓励各专业学生考获相关职业资格证书，提高学生的就业适应能力。二是鼓励学生积极参加学科竞赛，学校制定了《湖南文理学院学生竞赛与训练管理办法》等制度，建立多渠道训练和选拔机制，高效开展学科竞赛工作。2013—

2014 年总体获奖等次及数量在湖南省内同类院校中名列第一。三是通过设立学生研创项目、申请创新学分和技能学分等方式，培养学生创新能力，根据《湖南文理学院创新学分和技能学分管理条例》，学生最高可申请 8 个创新或技能学分，2014 年度有 48 名学生申请了 175 个创新与技能学分。

二、构建“三位一体”创业教育体系，推动大学生创业教育落到实处

1. 多维度开展创业教育，培养学生的创业意识和创业精神。一是在人才培养方案中设置“创新创业教育模块”。从 2013 年下学期，开设了《创业基础》课（32 课时，2 学分），配备了 24 名创业教师队伍。为了培养师资，2013 年 6 月举办了校内培训班；在选修课模块购买了《创业创新领导力》慕课；开展 SYB 培训，2014 年有 2200 多名学生参加了培训；二是以“白马湖就业讲堂”为载体，两年来先后邀请了伏牛堂张天一等十多名成功企业家来校讲座（见图 4）；三是定期开展创业教育沙龙活动，邀请成功创业校友、企业家、工商、税务等人士到校园与学生开展创业交流；四是举办“优秀创业团队大赛”。学校每年举办创业团队大赛，现已成功举办 10 届，先后有 400 多个团队，2500 余人次参加大赛。

图 4　白马湖就业讲堂第 21 讲：北京伏牛堂 CEO 张天一

2. 以项目为平台，多方位开展学生创新创业研究，引导学生自觉探索创新创业发展之路。一是“博士（教授）工作室”指导学生创新创业。落实每个博士（教授）工作室广泛指导学生创新创业，将部分博士（教授）工作室建成省内外有影响的学生创新创业孵化基地，2013 年给予 7 个博士工作室立项资助。二是以“大学生研究性学习

和创新性实验项目”和“大学生创新创业研究项目”为抓手，着力提升学生理论研究水平。2012—2014 年，学校“大学生研究性学习和创新性实验项目”荣获省级、校级立项 140 项，9 项获国家级立项；“大学生创新创业研究项目”共立项 210 项。

3. 以创业实践为抓手，切实提升学生的创业能力。建立了 358 平方米的大学生创新创业孵化基地，出台《鼓励与支持大学生创新创业的办法》，在学分认定、学生评价、创业指导、经费支持、场地支持、实践支持和培训支持等七个方面提出明确措施，先后有 31 个团队入驻孵化基地，有 7 个创业团队项目成员毕业后从事创业，孵化成功率达 23%。组建了校外创业导师团队，2014 年 5 月首批聘请 24 名优秀企业家与 26 个学生创业项目建立“一对一”对接，学生反应良好，提高了学生创新创业能力（见图 5）。在创业导师的指导下新增 3 个项目工商注册，有 1 个项目在导师的帮助下获得 3 万元的无偿资助。2014 年，学生创业团队“地龙（蚯蚓）生物技术有限公司”与当地签订了 13 亩土地租赁合同，公司发展前景看好。2014 年，创业团队《活体雕塑文化传媒演艺公司》荣获全国大学生创业大赛第九届“挑战杯”创业计划竞赛铜奖。在湖南省大学生创业大赛中学校参赛团队荣获 2 个二等奖、2 个三等奖。2012—2014 年，创业毕业生人数逐年增加，2012 年、2013 年、2014 年毕业生自主创业的比例分别为 0.33%、0.4%、0.94%。

图 5　湖南文理学院创业沙龙

面向产业锻造创新人才　长效机制护航高质量就业

广东工业大学

广东工业大学是一所具有近60年办学历史，以工为主，工理经管文法艺术结合的，多科性协调发展的省属重点大学。学校秉承“与广东崛起共成长，为广东发展做贡献”的办学理念，坚持“学生的创新力和创业力就是就业力”这一共识，形成了深化“强基础、重能力、多样性、个性化”的人才培养模式改革，面向产业锻造创新人才；打造“贴心到位”的就业服务平台；完善“多维一体”的就业指导架构；积极开展“融入人才培养全程”的创新创业教育等工作特色，成效显著。学校毕业生就业率、创业率一直稳居广东地区同类高校前列，并保持了较高的就业质量，用人单位对学校毕业生的综合满意度高达93%，毕业生在社会上赢得“好用、实用、耐用”的良好口碑。毕业生创业工作受到社会广泛关注和政府高度评价，人民网、《南方日报》、广东广播电视台等新闻媒体的多次采访报道，向社会展示了广东工业大学的就业创业成果。

一、以市场为导向，建立多样化高素质创新人才培养机制

学校牢牢抓住广东省提出的“率先基本实现现代化和产业结构升级”的战略目标，实施个性化、多样性人才培养改革，多模式集聚资源打造平台，与产业深度融合培育创新人才。

（一）构建“一中心、四层次、七途径”的多样性人才培养模式

学校以培养高素质创新性应用型人才为中心，在普适性培养基础上，构建并实施了拔尖创新型、工程应用型、复合型和创业型四个层次，以及拔尖人才培养、校企联合培养、卓越工程师教育、特色化实践培养、国际化交流培养、主辅修制和创业教育七种途径的“四层次——七途径”个性化人才培养模式。同时，邀请行业、企业专家共同制定教学计划，根据市场不同需求制定多套培养方案，全校 76 个专业（方向）中，机械设计制造及其自动化等 29 个专业有多套培养方案。最多的一个专业有 7 套培养方案。学校已开设 10 个创新实验班，18 个卓越工程师班，125 个校企联合班，与国外高校开展“2 +2”、“3 +1 +1”、“交换留学”等 40 余个多模式复合型人才培养项目，改革荣获 2014 年国家级教学改革成果二等奖。

（二）面向产业，构筑广工大特色的协同创新实践平台

学校投资数亿元，与地方政府、产业界合作，建立了广州国家级 IC 基地、东莞华南设计创新院、佛山数控装备创新研究院等为代表的一批高端协同创新平台（见图 1），争做与产业对接最好的中国高校。利用平台对产业前沿信息、高水平研发人才与实验室、研发中心等软硬件资源的聚集效应，极大扩展“优质师资”和“课堂空间”，有效突破了“千人一面”的流水线人才培养模式，使 80% 以上学生在校期间参与了产业类创新创业实践活动。如 IC 基地的章国豪（iPhone4、5 芯片主创设计师）所培育的学生团队开发出兼具创新度和市场潜能的产品，在荣获全国“挑战杯”一等奖的同时，还获得与广州交通信息行业骨干企业的合作机会。

图 1　广东省委书记胡春华调研广东工业大学协同创新平台

（三）多方联动，形成人才培养与就业的科学评价和反馈机制

2014年，学校试点引入第三方共同开展就业质量调研，联合校内“网络问卷、走访调研、招聘反馈”的多种调研形式和科学分析方法提升调研的客观性和社会认可度，每年编印《就业白皮书》，实施“招生、培养、就业”三联动评价与反馈机制。

二、以生为本，倾力打造“贴心到位”的就业服务平台

学校立足广东省本科就业人数最多的实际，逐步形成“五结合”的就业市场机制，“校企生三方交互”的就业信息服务机制，“授人鱼与渔”的就业帮扶机制，打造便捷高效的就业服务平台。

（一）打造“家门口”求职的金字招牌

学校“走出去、请进来、深合作”开拓就业市场，建立“网络注册、上传资料、线上审核”的用人单位资格审核管理流程，审核建立含5000多个用人单位的“招聘信息库”，逐步形成“专业与行业相结合、区域专场与生源就业状况相结合、主办校园专场与承办省专场相结合、企业文化宣讲与毕业生招聘相结合、有形市场与无形市场相结合”的“五结合”就业市场机制。每年举办不少于20场大型校园专场招聘会，300余场日常招聘宣讲，发布近千条网络招聘简讯，为毕业生提供约7万多个“家门口”的招聘岗位，约60%的毕业生通过在校招聘实现就业。此外，学校通过制定《鼓励基层就业奖励办法》，提供1000—10000元奖励，多渠道帮助学生熟悉政策，用好政策促就业，荣获“省高校毕业生入伍预征工作先进单位”称号。

（二）打造方便快捷的“一站式网络平台”和“互联网+”就业工作新模式

学校历经10余年的实践完善，自主持续研发了集“指导、市场、管理、研究”于一体的就业网站，推行“线上+线下+师生互动”的就业指导服务，更加彰显就业指导的自助性和个性化（见图2）。网站集“学生求职、企业招聘、学校管理”三大核

心需求的系列功能，为每位学生建立“职业生涯成长档案”，记录成长踪迹，实现在线自我指导；为企、校、生提供交互管理平台，实现招聘、审核、择业三方互动无障碍；为毕业生提供网络办事端口，实现就业手续办理一条龙服务；为院校教师开设实时统计和调查功能，及时反馈学生状况进行分类指导。网站同步开发了手机版和微信公众平台，年均访问量超过300万次，荣获2014年“全省普通高校专题类十佳网站”称号。

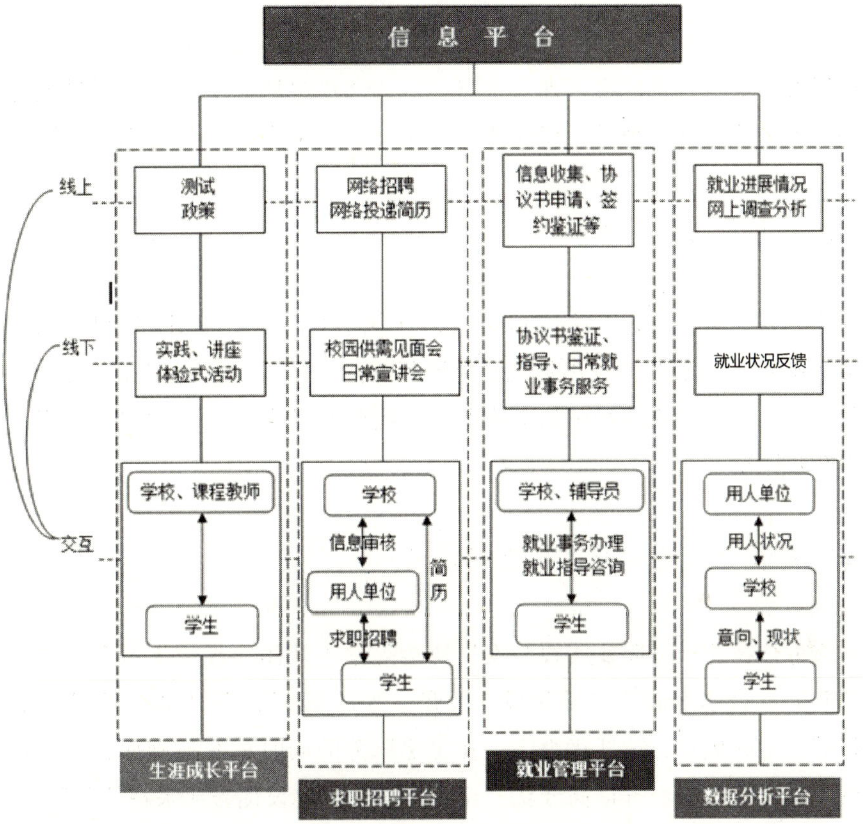

图2 “互联网+就业”工作模式示意图

（三）打造“一对一”的人性化帮扶机制

学校重视建立就业困难毕业生动态数据库和离校未就业毕业生库，多维度进行就业帮扶。实施《就业推荐月通报制度》，教职工全员参与“一对一”结对帮扶，帮扶情况作为工作评优的重要依据。引进社会资源对“双困”学生进行“早关注、早介入、早帮扶”，从大三起实施“双百”就业援助项目：一是引入华民慈善基金为100

名家庭经济困难学生提供3000元/人的就业扶持资金和就业能力提升培训；二是与广州市幸福里社会工作服务中心合作开展“阳光就业支持计划”，为100名就业困难学生开展就业能力系列培训和求职跟踪服务，受帮扶毕业生的签约率高于全校平均水平。

三、实践特色，不断完善“多维一体”的职业生涯和就业指导架构

学校以突出实践特色的必修课为重点，以“北极星职业实践与发展导航计划”引领的系列就业文化活动为辅助，以立体化的就业咨询为补充，建立多维就业指导架构。

（一）实践特色的就业课程

学校成立教研室，组建8个教研小组，61名教师团队，构建起由核心教师队伍、兼职教师队伍和企业家组成的就业创业指导师资队伍体系。开展职业指导师、CCT等多批次教学培训、开设实践特色的必修课，实践环节贯穿大学全过程，实现就业创业指导的100%覆盖。

（二）寓教于乐的就业文化系列活动

一是充分依托北极星职业实践与发展协会等学生社团实现学生自我教育、自我成长。每年开展“金牌面试”、“简历设计大赛”等近20项品牌活动（见图3）；二是借助校园招聘会多的优势，让低年级学生在志愿服务的同时观摩招聘面试，获得体验式指导。就业文化建设以全省最高分获“全省校园文化建设优秀成果特等奖”。

此外，学校重视就业创业的理论研究，设置校级就业创业专项课题。近年来，获省级就业创业课题4项，校级15项，发表论文近40篇。其中，《健全促进高校毕业生就业创业机制》获广东省深化教育领域综合改革试点立项（该类广东省仅2个），并获40万元资助。

图3　广东工业大学就业文化系列活动

四、顶层设计，积极开展“融入人才培养全程”的创新创业教育

近年来，学校顶层设计统筹实施“大学生创新行动计划”等系列战略举措，以课程体系、实践项目、孵化平台等多形式融入渗透人才培养全程，推动“创新促进创业，创业带动高质量就业”的倍增效应。

（一）健全“显隐课程相结合”的创新创业教育课程体系

从对象上，学校采取通识教育与精英培育相结合，面上覆盖与点上突破相结合；从内容上，学校在专业课程、知识课程、通识教育课程三模块设立显性课程，已开设《创新方法》、《创业管理》等十余门课程，在校园文化模块中构建隐性课程，由“电子设计大赛”、“营销策划大赛”等百余项创新创业文化活动构成，并着重从基础理论知识、训练、实践三个层次进行培养。

（二）以项目为载体，以制度为保障构建创新创业实践资助体系

一方面，学校整合社会资源每年投入近1000万元，以项目为载体构建“院—校—省—国”四级创新创业训练资助体系，仅2014年立项达664项，其中国家级60项，省级179项，几乎覆盖全校学生；另一方面，学校逐步出台《创新创业实践保障和激励暂行办法》、《创新创业实践学分认定及课程免修实施暂行办法》等政策，修改《学生综合测评管理办法》，设创新实践评价指标，以制度的形式激励师生参与。目前，校内外700多位教师，指导着约8000人次学生开展创新创业项目研究与训练。

（三）面向社会，开放建设多级全程创业孵化平台

学校面向社会搭建一个广泛的校内外创业交流平台，利用平台聚集“云”效应，整合“校政企”的“人财物”资源，形成以课程教育为“前孵”（培养创业能力、精神），校内基地为“初孵”（培育初创项目），共建基地帮扶为“深孵”（扶持成熟项目）的创业孵化模式，并通过多类平台实现：一是依托自身资源，建设校园创业孵化基地，构建近万平方米的创新创业训练与孵化基地和创客空间（见图4），为入驻基地团队提供导师场地等软硬件联动帮扶服务，搭建校友与学生“四创合作”，并依托校友对基地进行市场化管理；二是构建社会资源支持平台，推动“协同创业”，搭建政府帮扶“绿色通道”，实施校企社合作，近年来累计获政府支持基地建设、项目帮扶及指导资金共150万元。基地孵化成效突出，涌现出陈贤辉、骆晋豪等一批年营业额达百万元，甚至千万元的创业典型，被评为“省级创业带动就业孵化基地”（广东省仅2所高校）。

（四）粤港合作，高起点共建创新创业学院

学校2014年6月挂牌成立了创新创业学院（见图5），把握与香港科技大学联合承办2015年第十四届“挑战杯”国赛的契机，双方签署《共同推动协同创新、共建粤港大学生创新创业基地合作备忘录》，借助粤港合作打造成国内领先的创新创业人才培育苗圃，国家级创新创业孵化示范基地，创新创业科学及教育研究中心。

目前，广东工业大学成功入选广东高水平大学高校（广东省仅7所）。学校将以此为契机，将“培养高素质创新型人才”和“以实现就业工作的‘三满意’作为学校

图 4　广东工业大学大学生创新创业训练与孵化基地

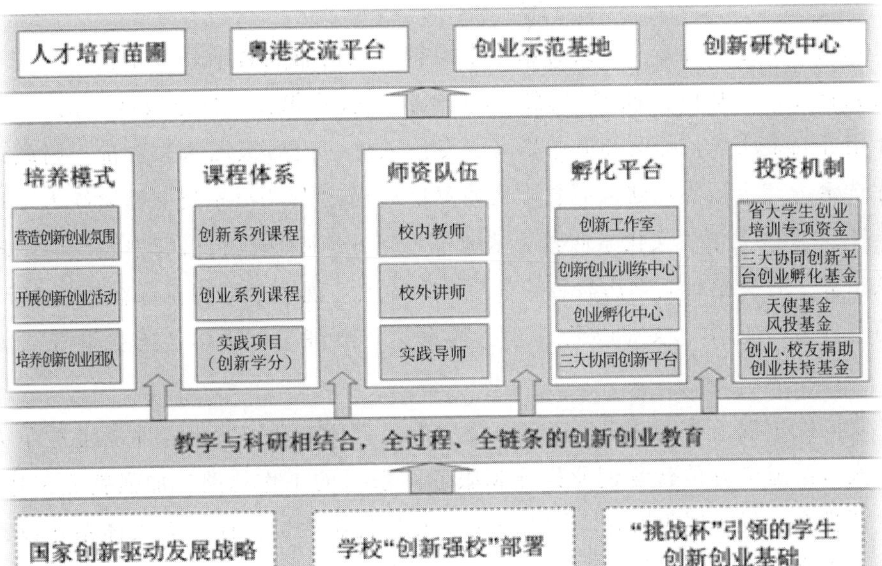

图 5　广东工业大学大学生创新创业学院培育系统示意图

最大的民生工程”继续向前推进，努力开创就业工作的新局面，为广东经济社会发展作出新贡献！

打造课程品牌　推进基层就业
多措并举促进毕业生就业工作特色发展

广东技术师范学院

广东技术师范学院是一所具有硕士学位授予权的省属普通高等学校。学院全面贯彻党的教育方针，坚持“面向职教、服务职教、引领职教、特色发展”的办学定位，致力于培养高素质职教师资和应用型高级专门人才。先后被国家教育部、财政部、省教育厅选定为“全国重点建设职教师资培养培训基地”、“国家技能型紧缺人才培养培训院校”、“全国大学生文化素质教育基地”、“广东省中职校长培训中心”。建校57年来，共培养了各类全日制学历教育毕业生73293人。现有全日制普通在校生16735人，学科覆盖工学、理学、文学、管理学、教育学、经济学、法学、历史学等八大学科门类。

学院高度重视毕业生就业工作，围绕“彰显办学特色，提升学生就业竞争力，构建多层次多渠道全方位就业创业指导和服务体系”的工作思路，加强就业工作保障、职业生涯教育、就业创业指导、就业市场发展及就业质量反馈等五大体系建设，全力推进毕业生高质量充分就业。近三年毕业生就业率均达到96%以上，毕业生深受用人单位和社会各界的欢迎。

学院就业创业工作形成了“招生、培养、就业”联动机制和协同育人的良好氛围，在就业创业指导课程建设、引导学生服务基层等工作中形成了自身特色：

一、立足就业创业指导课程建设，促进学生就业竞争力提升

学院从2002年起开设就业创业指导课程，经过多年探索和实践，形成了“课程体系立体化、教学模式多元化、科研建设本土化、教学合作国际化、实践平台优质化、教学队伍专业化”等五大特色。

（一）先行先试，最早设立教研机构

学院于2004年创建广东省高校首批大学生就业指导教研室，2007年成立了全国高校首个职业规划研究所，负责全校《大学生职业发展与就业指导》课程、师资队伍和教学科研等建设。

（二）加强改革，构建立体化课程体系

《大学生职业发展与就业指导》课程不断改革创新，科学设计教学内容，构建以《职业生涯与发展规划》、《就业指导》、《创业基础》等公共必修课为主体、公共选修课为辅助、各类活动为补充、数字化学习平台为依托的立体化课程体系（见图1），课程改革效果得到了教育部全国高校学生咨询与就业指导中心的肯定。

（三）大胆创新，推进多元化教学模式

创新教学模式是课程建设的重要组成部分。本课程在理论教学中，实现以学习理论知识为主的概念获得教学模式、以多媒体和网络技术为主的数字化教学模式、以影视赏析为主的电影教学模式及以运用职业测评工具为主的标准化评估教学模式；在实践教学中，实现以职业规划活动为主的社会实践教学模式、以学生社团活动为主的朋辈辅导教学模式、以培育创新创业能力为主的项目教学模式及以校友跟踪调查为主的信息反馈教学模式。

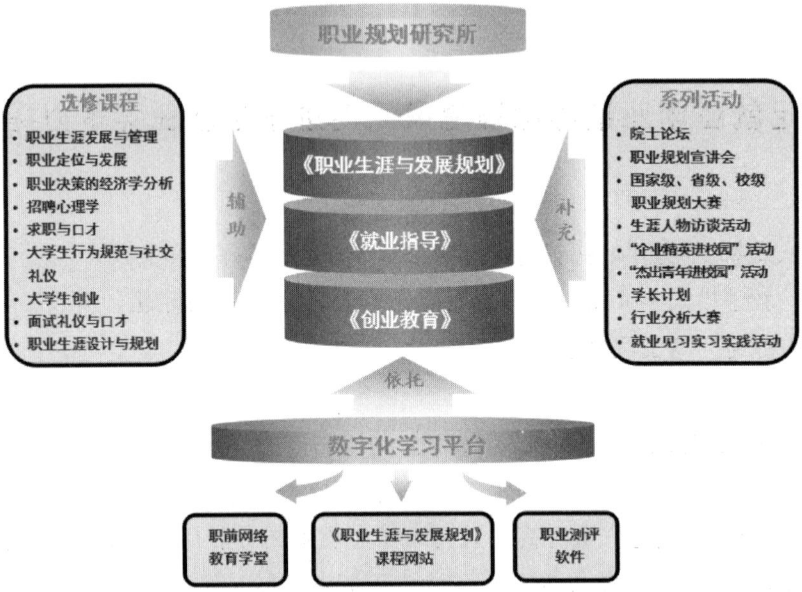

图1 广东技术师范学院《职业发展与就业指导》课程体系架构

（四）注重探索，开展本土化科学研究

以研促教是加强课程建设的重点。学院鼓励任课教师开展本土化理论研究，近年来，学院教师承担省厅级以上就业类课题16项，主编参编著作6部，发表就业工作研究论文近50篇。其中，全国高校就业指导课题立项2项；《协同育人视阈下高校就业指导与服务的改革实践与研究》获广东省深化教育领域综合改革试点项目立项；《创新大学生就业与创业指导工作方法》、《"立德树人"视域下职业学校德育教师群体的职业精神现状分析及培育路径》获广东省教育科学"十二五"规划2015年度研究项目立项。

（五）拓宽视野，走向国际化教学合作

教学合作是课程建设的有效途径。学院与英国哈德斯菲尔德大学成功申报英国首相行动计划项目二期（MPI2）课题《中英大学生就业能力与创新能力培养研究项目》。其项目最终成果——就业技能资源包正式发布和使用推广，并获英国大学毕业生职业咨询服务协会（AGCAS）颁发的国家卓越研究奖。并在课程教学中率先引入该成果，成为目前广东省唯一的、国际合作的就业指导课程。

（六）提升质量，优化教学实践平台

提升质量是教学的生命线。学院建立起由广东省财政厅专项支持的大学生就业核心竞争力实训基地，指导各二级学院结合人才培养，编撰《广东技术师范学院学生核心竞争力培养方案》，通过实训基地的推动和辐射，促进学生就业竞争力的提升。近三年来，学院学生在国内外各类学科技能竞赛中取得一系列优异成绩，获全国性及国际比赛奖项1025项；学生获得国家实用新型专利32项。

（七）内培外聘，打造专业化教学队伍

学院致力于打造一支集指导、教育、咨询、服务、研究的专职型、专业型、专家型就业创业指导人员队伍，通过举办就业创业骨干师资培训班等多种形式，不断提升教学队伍的素质、能力和水平，大力促进课程建设。目前学院专兼职就业创业指导专家及教师有68名，形成了较稳定的专兼职师资队伍。2013年学院教师黄明睿荣获首届全国高校创业指导课程教学大赛总决赛特等奖（见图2），学院获“高校组织奖”；2位教师分获2012年广东省高校就业指导课程教学大赛二、三等奖；8位教师荣获广东省职业规划大赛“优秀指导教师奖”；11位教师获我院“课堂教学质量优秀教师”奖；2名教师被聘为“广东省高校就业指导教研高级导师团”成员。

图2　广东技术师范学院黄明睿老师获“华普亿方杯”
首届全国创业指导课程教学大赛特等奖

二、服务国家战略，引导毕业生到基层建功立业

结合国家大力发展职业教育和广东省打造南方职教高地、创建全国现代职业教育综合改革先进省、职业教育发展示范省的客观要求，学院毕业生就业市场以与学校办学相关的重要区域、重点行业、重点企业为依托，以服务基层为毕业生就业重点导向，积极拓展就业渠道，引导广大学生在国家重点行业、重要领域、地方基层发挥重要作用。

（一）突出人才培养特色，打造高素质“双师型”职教师资

学院构建了特色鲜明的“双师型”职教师资和应用型人才培养模式，培养了一大批高素质“双师型”职教师资和应用型人才。学院毕业生已成为广东省中等职业学校、技工学校和高等职业院校高素质师资的骨干力量，为建设广东职业教育示范省、构建广东现代职业教育体系提供重要的人才和智力支撑，成为广东职业院校师资培养的摇篮（见图3）。

图3　广东技术师范学院承办国际职教发展论坛

1. 针对职教师资培养特点，修订人才培养方案。面向广东职业教育培养急需的师资队伍需求，学院不断加强内涵建设，深化教学改革，积极推进职教师资质量工程项目建设，提出了“学科专业教育、技术技能教育与师范素质教育三结合”的职教师资

人才培养的新理念，积极倡导推行“双师型”职教师资人才培养的“教——学——做——教”教学理念和模式，创立并实施了突出教学实践能力培养的“本科+教师+技师”、“3+2”专升本“双师型”本科职教师资人才培养模式，培养了一批高素质“双师型”职教师资。其中《面向、服务、引领职教，培养高素质（应用型）职教人才的探索与实践》《“3+2”专升本双师型职教师资人才培养模式探索与实践》两个项目，均获得第六届、第七届广东高等教育教学成果奖一等奖。

2. 深化课程体系改革，构建“能力为重、三位一体、突出职教”的课程体系。根据职业学校对职教师资的发展要求灵活设置课程，学院各专业深化课程体系和教学内容改革，探索构建了“能力为重、三位一体、突出职教”的课程体系（三位一体，即学科专业基本能力、专业岗位职业技术能力、职业教育教学能力），强化学生的实践技能，这一体系构成了高素质“双师型”职教师资能力培养的有机整体。

3. 发挥职教优势，拓宽渠道助就业。学院注重发挥职教优势，依托“全国重点建设职教师资培养培训基地”，“国家民委职业教育师资培训中心”等平台，积极与职业院校建立校校合作平台、“见习—实习—就业”一体化基地，每年组织专人深入走访职业院校，了解职业教育发展趋势和用人需求，广泛征求用人单位和校友对学校教学、科研、管理等方面的意见和建议，并将其转化为学校教育教学改革的动力，不断加强学科建设，优化专业结构，调整人才培养模式，突出人才培养的应用性和适应性。同时，邀请职业院校校长和骨干教师来学校举办讲座和校长恳谈会，分析各专业毕业生的就业前景，及时调整专业结构和招生计划。正因为如此，学院毕业生受到了用人单位的充分肯定——“为人朴实、做事扎实、爱岗敬业”。

（二）因材施教，积极做好少数民族学生就业工作

作为有着民族教育传统的高校，学院坚持为少数民族地区培养高素质人才。少数民族学生培养，既是我们的办学特色，也是我们就业工作的重点。学院依据因材施教原则，充分考虑和尊重少数民族学生的个性特征和发展需求，开展教育教学活动，注重学生专业技能的培养，加强各民族文化的融合和交流；在就业指导中，帮助少数民族学生进行职业生涯规划，开展职业专业能力测试和免费技能培训，通过“一对一”帮扶、召开少数民族毕业生座谈会等多种渠道，加强就业引导，鼓励少数民族学生回家乡、到基层就业。此外，学院承担了新疆普通高校未就业毕业生139人（其中维吾尔族132人）的培养任务，全部学员顺利返回新疆实现100%的上岗率。

由于成绩突出，2014年9月，学院学生处（招生就业办）被国务院授予“全国民族团结进步模范集体”荣誉称号（见图4）。

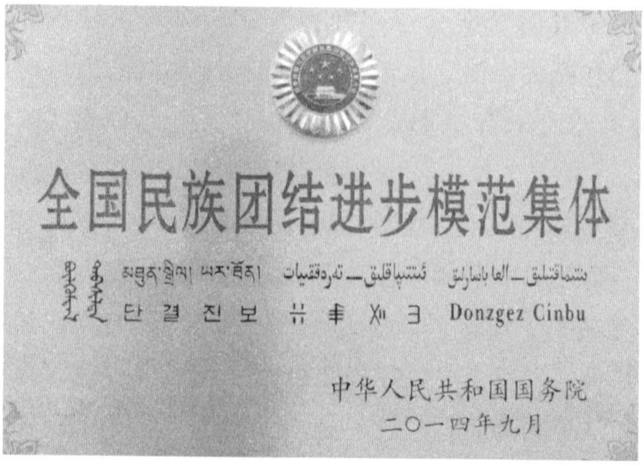

图4　广东技术师范学院被国务院授予“全国民族团结进步模范集体”荣誉称号

（三）加大宣传，充分落实基层就业项目

学院积极响应国家号召，认真组织开展“西部计划”、“三支一扶”、“农村从教”、“大学生预征入伍”等基层就业项目。

1. 精神引领，树立服务基层的人生志向。学院紧紧围绕社会主义核心价值观，引导学生报效祖国、服务社会，以“立德树人”主题教育活动、三下乡志愿者服务活动、文明高校教育等为抓手，激发大学生成才报国的责任意识，坚定毕业生报效祖国的坚定信念。经过各类基层社会实践和实习就业项目的历练，学生在体察国情、感受社情、了解民情中牢固树立了服务基层的人生志向。

2. 典型示范，营造基层就业的浓厚氛围。学院大力宣传扎根基层、建功立业的校友典型，如广东省志愿援藏的首位女大学生房秀丽、荣立个人一等功中国赴海地维和警察林观金等，通过举办优秀校友事迹报告会、座谈会、政策宣讲会，以身边的榜样激励广大学生树立“处处能立业、行行可建功”的就业观，越来越多的毕业生加入到了服务基层的行列中。

近年来，学院在就业创业工作中取得了一系列成效：2007 年、2008 年、2013 年在全省高校毕业生会议上介绍工作经验；2009 年，学院受邀在全国就业指导中心举办的“高校就业指导课程建设培训班”上作经验介绍；2011 年被广东省教育厅授予“广东省高校毕业生就业工作先进单位”称号；2012 年被广东省政府征兵办、广东省教育厅授予“广东省高校毕业生入伍预征工作先进单位”称号；2013 年被广东省人民政府授予“广东省就业工作先进单位”称号；2014 年在全省就业工作督查中获得优秀等次。

强化内功　汇聚合力　推进就业工作再上台阶

广西大学

广西大学创建于1928年，是广西办学历史最悠久、规模最大的综合性大学，是教育部和广西共建的省部共建高校。1999年成为国家“211工程”建设学校，2012年成为“中西部高校提升综合实力计划”实施高校。多年来，学校秉持“勤恳朴诚，厚学致新”的校训，沿着高水平区域特色研究型大学的建设目标，不断推进质量立校、科技兴校、人才强校和国际化战略，综合实力和核心竞争力不断增强，培养了大批高层次人才，有力地促进了地区经济社会发展。

学校现设31个学院，学科涵盖哲、经、法、文、理、工、农、管、教、艺等10大学科门类，有95个本科专业，36个一级学科硕士点，186个二级学科硕士点，8个一级学科博士点，56个二级学科博士点和10个博士后科研流动站。有2个国家重点学科，1个国家重点（培育）学科。2014年工程学学科进入ESI世界前1%行列。有1个国家重点实验室和1个省部共建国家重点实验室培育基地，4个教育部重点实验室和工程研究中心，1个国家林业局重点实验室和一批广西重点建设的实验室、研究基地。

80多年来，学校为国家和社会培养了30万余名各类专业人才。校友中有李林、党鸿辛、陈太一、沈善炯、卢鹤绂、文圣常、施汝为、韩斌8人当选为两院院士，还有许多校友成长为各行各业的专家、骨干和地方经济建设的主力军。目前学校有各类在校学生8万余人，其中全日制普通本科生23520人，全日制普通硕士、博士研究生6963人，在站博士后研究人员69人，来自43个国家和地区的留学生873人，各类在职教育学生4.8万余人。

校园占地面积307公顷，校舍总建筑面积153.55万平方米。教学科研设备总值11.6亿元，拥有各类藏书730万册（含学院资料室），其中纸质图书358万册，电子图书372万册。全文电子期刊3.5万种，各类大型中外文数据库85种，数字图书馆建设具有一定规模。

学校以社会需求和就业为导向，深化教育教学改革，把全面提高大学生的实践能力、创新能力、就业能力和创业能力作为人才培养的核心内容，切实提高人才培养质量，实现了就业指导全程化、多元化、信息化、个性化、专业化。学校毕业生初次就业率持续稳定在90%以上，毕业生和用人单位的满意度高，连续9年获得“广西高校毕业生就业工作先进单位”称号。近年来，学校不断探索就业工作的新理念、新方法，就业工作的针对性更强，特色更鲜明：一是构建全程互动人才培养新体系，为学生就业强化“内功”；二是学校倾力提供资源和服务，全员参与促就业；三是学校立足专业及行业特色，多管齐下促就业。学校的就业创业工作举措和成效得到社会的广泛认可，被《人民日报》、中央电视台、《广西日报》、人民网、新华网、中国青年网、广西电视台、广西人民广播电台等媒体多次报道，引起了社会的广泛关注，来自北京、江苏、广东、广西等高校就业工作的同行多次来校交流学习。广西大学的就业工作模式得到了广西壮族自治区政府和教育厅领导的充分肯定。

一、学校顶层设计，构建全程互动人才培养新体系，为学生就业强化“内功”

学校统领全局，调整思路，坚持以学生发展为本、以服务社会需求为导向、以提高就业质量为目标，完善机制。

（一）形成共识，全程互动，明晰办学定位

学校认真研究就业形势，明确提出就业工作是高校人才培养质量的晴雨表，因此大力推进内涵式发展，强化学生“内功”，全面提高人才培养质量，从而提高学生就业竞争力，是推进就业工作的关键。2014年，学校出台《广西大学关于以协同创新为引领进一步推进全程互动人才培养模式改革的意见》，提出了以协同创新的方式，加强以“面向工程、面向应用、面向社会、全程互动”的人才培养模式。学校全面实施“全程互动”，以社会需求为导向，以实际应用为背景，以技术创新为主线，打破学校

人才培养的孤立封闭状态，与有关政府部门、科研院所、地方行业企业等在人才培养的“进口”到“出口”的全过程、多方位展开交流与合作，协同推进教学研究项目，共享教学研究成果，构建校企联合培养人才机制，大力培养创新能力强、适应经济社会发展需要的创新人才。

（二）立足区域，面向社会，锻造特色专业

学校依据社会经济发展需求，优化专业布局与结构，形成了多学科协调发展的本科专业框架，使基础学科专业发展稳定，特色专业优势明显，重点专业水平更高。专业特色有：一是紧密结合广西优先发展蔗糖、禽畜、桑蚕等优势产业的战略规划，建成了木材学、家畜寄生学等4个国家级精品课程及材料科学与工程、食品科学与工程等38个自治区精品课程，成为国家首批“卓越农林人才教育培养计划”试点高校。3个专业为拔尖创新型农林人才培养模式改革试点专业，4个专业为复合应用型农林人才培养模式改革试点专业。二是结合广西糖业、有色金属、水利电力、特色农业等资源和优势产业，学校建设了一批优势特色学科和学科群，形成了一批实力达到国内领先或接近国际先进水平的特色学科和专业。如学校重点建设了结构工程与红水河流域水利资源开发、亚热带生物技术、泛北部湾特色资源加工新技术、中国——东盟经贸合作与发展研究等6大学科群。三是针对广西国民经济和社会发展“十二五”规划重点培育打造的“14+10”产业体系，学校在本科、硕士、博士3个层次都设有对应的学科专业。

（三）强化教学质量，构建实践课程，课程教改再上新台阶

从2007年起，参与课改的教师累计超过12800人次，课程达11817门次。先后获得国家精品课程等质量工程项目28项、国家精品开放课程等本科教学工程项目19项。2014年打造了提供优质教学资源和学生移动自主学习的平台——课程中心，全校开设的所有本科课程全部实现网上授课，以便学生可以随时随地学习，实现“翻转课堂”，体验全新的大学教学。

（四）依托科研团队，科研育人取得新突破

学校建立了科学有效的科研育人机制，面向学生设立研究项目，资助学生早进课题、早进实验室、早进科研团队，使学生在导师指导下参与科学研究和工程设计，提

高学生的实验技能和科研创新能力。2012年和2013年学校总计投入600多万元经费分别设立了611项和613项大学生实验技能和科技创新能力训练基金项目；2014年学校学生又分别获得国家级和自治区级大学生创新创业训练计划项目85项和246项。这些以学生为主体的研究项目，确保学校至少有30%的学生获得科研训练，有力地促进了拔尖创新人才脱颖而出。

（五）立足东盟，开拓人才培养的新空间和新平台

立足东盟，把学生实践空间，尤其是毕业生的实践空间延伸到国外。2014年，学校共有295名学生到国（境）外学习、实习。特别是利用学校泰国素攀孔子学院的资源优势，选派毕业生前往教学、实习。同年，94名毕业生获得国家汉办汉语教学实习教师资格，派往全球39所孔子学院合作学校，承担汉语教学任务。利用服务第十一届中国——东盟博览会、中国——东盟投资贸易峰会、南宁国际民歌节、第四十五届“世锦赛”等活动，学校1000余名学生志愿者参加了峰会陪同、翻译中心、新闻中心、外联处各展览馆、礼宾接待等重要岗位的服务工作，在提供优质服务过程中，使学生在“接地气”的实践中得到历练。

（六）开展人才培养质量评价，持续提高人才培养质量

学校开展毕业生就业质量分析，将评价结果反馈于学院，用于改进教学工作，从而提高人才培养质量。各学院根据自身学科专业特点和人才培养目标，联合用人单位，建立毕业生质量信息反馈点、毕业生质量评价机制，使毕业生质量评价活动常态化。同时学院充分利用评价结果，改善专业结构、课程体系、人才培养模式等，以全面提升毕业生竞争力。

二、学校倾力提供资源和服务，全员参与、多管齐下促就业

（一）全员动员抓就业

调动各部门、学院参与就业工作的积极性，在学校的总体目标指导下制定本学院

就业工作目标责任制，把毕业生就业工作落实到人，充分发挥责任教授、导师、系主任、班主任、辅导员的作用。

（二）保障资源推就业

确保就业工作的机构、人员、经费、场地“四到位”。专门设立了“福彩就业创业奖”，用于奖励参加基层就业项目和自主创业的毕业生。不断优化招聘硬件设施，保障招聘需求；建设了广西大学创客成长空间和广西大学创业孵化基地（见图1），目前正在建设35000平方米的大学生创新实验大楼作为二期广西大学创业孵化基地。

图1　广西大学创业孵化基地揭牌

（三）多管齐下促就业

1. 以“创业”促就业。培养学生自主创业意识，多渠道、多形式鼓励和支持学生实现自主创业梦想。通过鼓励自主创业，培养学生创业意识、创业能力，并以创业带就业、促就业。

2. “以市场”促就业。积极走访用人单位，开辟就业新市场。学校为丰富招聘形式，2014年举办多场招聘会：大型双选会5场，行业招聘会4场，地域招聘会4场，校友招聘会1场，校级专场招聘会210场，院级专场招聘会1500场。

3. 以“培训”促就业。举办创业模拟培训、招聘模拟培训、素质能力拓展培训，举办考研、考博、公务员考试、司法考试、职业技能证书考试培训等。通过多层次、多形式的培训活动，提高毕业生专业能力和实践能力（见图2）。

4. 以“竞赛”促就业。开展学科竞赛、专业技能大赛，强化学生的专业素养，提

图2 学校与企业建立“广西大学就业基地”

高学生专业核心竞争力，为学生夯实专业基础，培养挑战能力、就业能力打下基础。

5. 以“社团”促就业。发挥社团的积极作用。就业与职业发展协会、KAB创业俱乐部、三农协会、雨无声网站等学生社团及开展的独具特色的社团文化和社团品牌活动，使学生在社团的历练中实现“自我表现、自我教育、自我服务”，综合素质得到不断提高，培养了学生的创业意识和能力。学校KAB俱乐部荣获“全国十佳创业KAB俱乐部”。

6. 以“帮扶”促就业。每年实施以“重点关注、重点推荐、重点服务”为主题的“春风行动——广西大学毕业生就业帮扶”计划，教师为就业困难毕业生提供专家诊断、个性咨询、深入企业、能力提升等活动。

三、充分发挥二级学院作用，汇聚合力推动就业工作再上新台阶

全程互动的人才培养思想在全校形成共识，以学校主导、统领全局，学院主体充分发挥25个有毕业生的二级学院的作用，构建了“1+25”的就业工作新模式，各学院因地制宜群策群力绘宏图，汇聚合力整体推进就业工作再上台阶。

（一）立足专业，加强引导促就业

新生入学后，各学院除了实施专业教育外，还要指导学生开展职业生涯规划。把职业生涯规划、就业目标和定位融入到专业教育中，以有效引导毕业生树立正确的就

业择业观，树立勇于投身到基层就业建功立业的思想。

（二）加强“产、学、研”相结合，提高毕业生综合素质和就业能力

各学院依托科研优势，与企业共建联合培养、实践基地，与企业签署产学研合作协议，就毕业生实习、联合培养研究生、科研成果转化开展合作，实现了学院理论教学与生产单位现场教学的结合（见图3），实现了专业技能学习与社会岗位需求的无缝对接，形成学业——就业的良性循环。如：土木建筑工程学院积极开展产学研项目，目前广西50%以上的桥梁安全评估、70%以上的水电站模型实验工作都由该学院教师与学生共同完成；计算机与电子信息学院与钦州市港口（集团）共同开展国家级校外大学生实践基地建设，为学生工程实践提供平台。

图3　校企共促课程建设——引名企进校园、搬课堂到企业

（三）依托行业优势建立稳定的就业市场

各学院依托行业优势建立稳定的就业市场，广泛开展各类招聘活动。如：环境学院联合广西环保产业协会共同组织举办了“广西环保行业企业人才招聘会”，土木建筑工程学院依托建筑行业连年举办“土木类专场招聘会”（见图4），林学院依托林业系统举办了“林业类专场招聘会”，电气工程学院连年承办广西电力系统招聘活动。各二级学院与对应行业的紧密联系，不仅稳定了毕业生就业质量和数量，同时也为这些行业提供了人才保障，实现了共赢的局面。

图 4　广西大学土木、建筑工程类双选会

（四）汇聚校友资源，与校友企业开展合作，开拓就业市场

学校办学历史长，校友资源极其丰富。各学院积极借助校友资源开展就业工作，组织行业内优秀校友企业回学院召开专场招聘会，搭建双向选择的平台（见图 5）。如：商学院连续 4 年举办“MBA 校友企业招聘会”；2014 年，公共管理学院举办了“就业创业校友支招会”，邀请了 27 名校友返校，以集体沙龙的方式为学生就业创业现场支招；机械工程学院邀请在大型企业担任人力资源部总经理的校友返校开展大学生就业形势教育达 8 场次，参与师生 2100 多人次。一年来，校友企业帮扶和招聘工作成效显著，仅商学院校友就为毕业生提供了 1000 多个就业岗位和 500 多个实习岗位；化学化工学院有 90 名毕业生在校友引荐下顺利就业。

图 5　广西大学校友企业双选会

立足民族地区　服务广大基层
多措并举引导和鼓励毕业生到基层建功立业

右江民族医学院

右江民族医学院是广西壮族自治区直属全日制普通本科院校，位于广西百色市，是中越两国及桂、滇、黔三省交界区域最大的高等医学教育、医疗卫生服务和医学科学研究的中心，是区域医药卫生专门人才培养的重要基地。学校创建于1958年，1997年通过全国普通高校本科教学合格评估，2008年获教育部本科教学工作水平评估优秀，2000年获招收外国留学生资格，2013年成为硕士学位授权单位，2014年获临床医学和口腔医学专业硕士学位授权点，2015年获全国文明单位荣誉称号。

学校设有14个院（系、部），开设24个全日制普通本、专科专业及专业方向，涉及医学、理学、管理学和文学等4个学科门类，全日制在校生11500人。建校半个多世纪以来，为社会培养了4万多名高级医药卫生人才，毕业生主要分布在少数

民族地区各级基层医疗卫生单位，为改善老、少、边、山、穷地区缺医少药状况、促进区域经济社会发展和维护社会和谐稳定做出重大贡献，得到社会广泛赞誉。江泽民、李鹏、李瑞环、宋任穷、李铁映、温家宝等党和国家领导人十分关心学校的建设和发展（见图1），先后莅临学校视察指导，对学校坚持为少数民族地区培养“下得去、用得上、留得住”的高级应用型医学人才的办学特色和办学成就给予充分肯定。

图1　时任中共中央总书记江泽民莅临右江民族医学院视察工作

学校高度重视就业工作，紧紧围绕人才培养，提高办学质量，完善就业工作机制，就业工作成效显著，呈现人才培养质量高、毕业生就业率高、基层就业率高和社会评价高的“四高”就业特点：

一是人才培养质量高。2010—2014年，学校执业医师资格考试通过率均高于全国平均水平，执业护士资格考试通过率99%以上。二是毕业生就业率高。2010—2014年，学校毕业生初次就业率高于广西平均水平，就业率保持在95%以上，专业对口率达97%以上。三是毕业生下得基层。近年来，每年毕业生基层就业率均在60%以上。抽样调查数据显示，在广西百色、河池、崇左等3个经济欠发达、后发展地区的110所基层医院中，学校毕业生占医院大专以上学历医护人员的82%以上。四是毕业生广受好评。用人单位对毕业生满意度达95%以上。用人单位积极来校招聘，2014年用人单位为学校毕业生提供岗位8739个，平均每位毕业生就有4个工作岗位可供选择。

学校2011年至今连续4年荣获广西壮族自治区“全区普通高校就业工作先进集体”，2015年荣获“2015年度全国毕业生就业典型经验高校”。《人民日报》、《光明日报》、《广西日报》等主流媒体多次报道学校基层就业工作的做法，得到社会的广泛关注和好评。

一、创建“三个五”就业工作机制，引导毕业生到基层就业

经过多年的实践探索，学校扎实有效地开展“三个五”毕业生基层就业工作机制，通过思想观念“五个融入”、人才培养“五个优化”和就业服务“五个平台”，多措并举，引导和鼓励毕业生到基层建功立业。

（一）通过思想观念的“五个融入”引导毕业生到基层就业

1. 在办学宗旨和人才培养目标定位中融入服务基层思想，帮助学生找准就业定位。半个多世纪的艰苦办学历史，铸就了“艰苦创业、自强不息”的右医精神，牢记办学使命，已融入了右医师生的精神血脉。学校始终坚持办学的“三个不动摇”，即扎根少数民族地区办学不动摇、服务基层不动摇、培养“下得去、用得上、留得住”的高质量应用型医学人才不动摇的办学特色，培养学生牢记使命，面向基层、大有作为（见图2）。

图2　2014年“就业宣传与服务大篷车基层行”活动启动

2. 在思想政治教育和就业指导中融入服务基层思想，引导学生树立正确的择业观。学校通过加强学生的思想政治教育和“大医讲坛”等系列讲座，开展“五爱情怀教育”，引导学生爱国、爱校、爱家乡、爱专业、爱病人，树立服务基层的思想和正确的择业观。

3. 在革命传统教育中融入服务基层思想，激发学生献身基层、报效祖国的责任感。学校利用百色革命老区的政治地缘优势与丰富的红色资源，对学生进行全程不断线革命传统教育，激发学生服务基层、报效祖国的决心。

4. 在社会实践中融入服务基层思想，增强学生服务基层的使命感。学校通过开展基层医药卫生人才需求调查、送医送药下基层等社会实践活动，让学生感受基层缺医少药现状，感受基层就业广阔空间，体会自身价值所在。2014 年开始，开展“大学生职业认知田野调查社会实践活动”，通过假期带领学生深入基层，进行调研走访，认识基层，感受基层。学校大学生地中海贫血志愿服务队、预防艾滋病宣传“进村入户”服务队分别荣获 2014 年广西高校大学生志愿服务和社会实践精品项目。

5. 在资助体系中融入服务基层思想，激励学生回报社会、诚信就业。学校通过资助大学生完成学业，让贫困大学生毕业后，更珍惜就业机会，诚信就业，回报社会。近年来学校奖助贷金额逐年增加，2014 年全校奖助贷资金总计达 3000 多万元。

（二）通过人才培养的“五个优化”培养适应基层工作应用型医学人才

1. 优化人才培养方案，构建基层就业所需知识结构。学校在人才培养改革方面进行积极探索，建立了教改班、卓越班，培养“下得去、用得上、留得住”的医药卫生人才。按照临床医学本科教育标准，优化人才培养方案，并结合基层特色，开设实用课程，增强服务基层群众的能力。

2. 优化专业结构，培养基层急需医药卫生人才。学校办学始终以服务基层为宗旨，以就业为导向，及时调整专业设置和招生计划。2012—2014 年，学校调整了 3 个专业的招生计划，新增 7 个基层紧缺人才专业。

3. 优化教学方法，巩固学生基层就业所需专业知识。学校注重优化教学方法，鼓励采用引导式、问题式、交互式等模式进行教学，积极探索 PBL、TBL、CBL、Sandwich 等新教学方法，进一步巩固学生基层就业所需的专业知识（见图 3）。

图 3　右江民族医学院获第四届全国高等医学院校大学生临床技能竞赛华南赛区一等奖

4. 优化实践教学，增强学生基层工作的适应能力。学校重视大学生创业能力的培养，与地方合作举办多届养老护理员、育婴员培训班，保健按摩师、美容师职业技能培训班，2012—2014年，参加培训学生达1748人。各院系还积极开展适应医科学生创业的项目大赛，比如：药学院举办"药品营销策划及技能竞赛"、公共卫生学院举办"管理企划大赛"，效果很好。

5. 优化本科生导师制，提高学生基层就业创业素养。学校从1999年开始就在广西率先启动本科导师制培养模式，迄今已让2048名学生从中受益。近年来，通过优化本科导师制，加入创新创业内容，培养学生创新创业意识，提升学生科研素质和实践能力，五年来，共获得国家级创新创业项目48项、自治区级创新创业项目160项，发表论文559篇，此项工作还获得自治区教育研究成果一等奖。

（三）通过搭建就业的"五个平台"完善基层就业服务体系

1. 搭建基层就业政策宣传平台。学校2014年开始启动"就业宣传与服务大篷车基层行"活动，实施"三个三"计划，通过宣传基层就业政策，转变就业观念，宣传学校办学历史，了解基层需求，提高学生对基层单位的认知度，鼓励和引导更多毕业生到基层就业。

2. 搭建基层就业信息平台。学校建立了就业专题信息网站，新增用人单位数据库管理、用人单位简介和毕业生生源介绍等功能。做好全国就业信息"一体化"服务系统对接工作，及时更新和发布信息，提高就业信息的有效性。

3. 搭建基层就业招聘平台。学校举办校园"双选会"、基层医院联盟招聘会和专场招聘会，为毕业生与基层单位提供更多的交流和双向选择机会。学校还通过构建以"学校+县委县政府+用人单位"三方机构合作的"三位一体"助学和奖励模式（见图4），积极拓展基层就业市场，与基层医疗卫生机构和大中型医药企业建立了稳定的合作关系。

图4　2014年12月学校与那坡县开展校县合作"三位一体"培养基层医学英才模式

4. 搭建基层就业咨询和指导服务平台。学校开通就业咨询电话，设立就业咨询窗口。做好户口和档案托管工作，对参加基层项目计划的学生，建立个人档案，服务期满经考核合格，优先向用人单位推荐。

5. 搭建基层校友联络与事业发展平台。学校通过毕业生回校再教育，开展三支一扶后续服务，邀请杰出基层校友回校作先进事迹报告等活动，让基层校友感受到母校对他们成长成才的继续关注与关怀，做他们事业的坚强后盾。

就业工作是长期的系统工程，任重而道远。面对新的形势和任务，学校将继续探索，从学校及专业自身实际出发，加大课程设置和教学改革力度，为毕业生找寻更多的就业平台，完善困难学生就业帮扶机制，帮助每一位学生健康发展，帮助每一位毕业生寻找更多的就业机会，努力开创学校就业工作的新局面。

坚守办学使命　创新工作思路
促进毕业生高质量充分就业

三亚学院

三亚学院是国家教育部批准成立的民办普通本科院校，由吉利控股集团董事长、沃尔沃汽车公司董事长李书福先生出资建设。学校位于国际著名旅游城市三亚，环抱古人类文明遗址落笔洞，自然风光与人文古韵完美交融。自2004年筹建以来，立足本土、放眼国际、服务国家、因应社会、创新创业、卓越争先，持续推进跨越式发展，2010年即已形成校园占地面积3000亩、在校生两万余人的本科办学规模。

学校秉持“让学生更好地走向社会”的办学使命，紧抓高等教育大众化的契机和社会经济发展方式转型时期细分市场对于人才的需求，进行人才培养模式的革新。学校在满足办学基础条件的同时，注重确定适宜的办学理念、科学的发展规划、高效的制度机制和阳光向上的文化；在逐步实现大学人才培养、科学研究、社会服务三个基本功能时，着力于人才培养质量的提升、特色的提炼和服务地方经济社会能力的提高；在开展学科专业建设和师资队伍建设过程中，重点探索产学研合作路径和双师型队伍建设，突出本科应用型人才的培养；通过引入推进幕课等现代教育技术手段，着重培养人才在信息时代的学习能力，着重培养人才在信息时代的五种素养：熟用工具、掌握专业、具有人文情怀、健康人格和解决实际问题的能力（见图1）。

学校坚守办学使命，坚持内涵建设，创新工作思路，以持续提升毕业生就业质量和就业满意度为就业工作目标，以“平台资源优质化，服务指导专业化，社会评价品牌化，学生满意最大化”为服务导向，以就业机构、人员、经费和场地“四到位”为

图1　2014年10月20日，李克强总理勉励陆丹校长要培养具有精益求精精神的人才

基本保障，以实现毕业生就业工作全员化、全程化、信息化、专业化“四化”为努力方向，以打造具有良好专业素养、较高管理水平、具有职业精神和服务意识的“四业”（志业、敬业、专业、乐业）为就业管理服务团队建设目标，逐步形成集服务、管理、指导、研究为一体的毕业生就业工作机制。

2012—2014年，学校毕业生平均就业率达到93%以上，有近四成学生毕业后选择留在海南三亚就业，为地方经济社会发展培养了一大批具有创新精神、实践能力、人格健康的应用型人才。

三亚学院以办党放心、人民满意的大学为方向，坚守“让学生更好地走向社会”的办学使命，高度重视学生就业工作，不断探索实践，完善发展，形成了学校就业工作特色。

一、健全机构，完善机制，就业工作有保障

学校高度重视就业工作，把毕业生就业工作放在学校建设的突出位置，纳入学校“卓越进程”总体部署，健全完善就业目标责任制。学校坚持就业工作“一把手”工程，成立了由党委书记、校长陆丹教授担任组长的就业工作领导小组，学校与各学院签订就业工作责任书，逐级逐项分解就业工作目标任务，明确责任分工。学校把就业工作列入重要议事日程，定期召开校毕业生就业工作领导小组工作会议，定期走访调研，及时并有针对性的解决就业工作各环节问题。学校在招生就业处下设大学生就业指导中心，负责全校就业创业管理服务工作。制定了《三亚学院毕业生就业工作管理制度汇编》，实行“就业工作月总结制”，在机构设置、制度建设、队伍建设、就业指

导、工作规范等方面做了详细的规定，加强过程监督管理。

学校创建“招生—培养—就业”联动机制，以招生促培养、以培养促就业、以就业促招生，将毕业生就业数据作为教学改革的重要依据，将招生计划与毕业生就业情况紧密挂钩，推动人才培养工作的全面优化；形成“指导、咨询、帮扶、宣传”四位一体的就业服务体系，全方位对学生进行学业、就业指导与“双困毕业生”的扶持，帮助学生养成良好职业素养，促进学生充分就业。

二、以健康人格为导向，引导毕业生树立正确的就业观

学校围绕“让学生更好地走向社会”的办学使命，培养学生不仅能干工作，干好工作，更要有健康积极的就业、敬业、乐业心态。为此，学校积极打造健康人格培养的九大平台，推行特色健康人格培养方式，通过各类活动着力提升学生综合素质，“我和你”“我是谁”大型团体户外训练活动，培养学生具备认识自我、发展自我、提升自我，与他人沟通交流，合作创新等能力。

学校根据学生不同成长阶段，有针对性地提供就业咨询与指导，将健康人格内化为学生就业品质：一年级实施人格养成和专业认知教育；二年级实施专业素养教育；三年级实施实践教育；四年级实施毕业教育。学校还组织编写了《三亚学院健康人格培养手册——入学篇》、《三亚学院健康人格培养手册——毕业篇》等培养材料，帮助学生形成不断完善自我、适应社会的就业品质，完成从校园到职场、由学生向职业人的平稳过渡。

三、加强产学研合作教育，校企协同开展“特色班”订单培养

（一）立足应用型人才培养，三级实习模式助力毕业生更好地走向社会

学校在省内首创了学生“三级实习”战略，构建全新大学生实习实训机制，即低年级认知实习、中年级课程实习和大四毕业实习的模式，建立不同时段、不同层次的实训和毕业前就业再培训机制。培养学生“用得着、带得走、接得上”的专业知识和

专业技能。促进毕业生在实习中掌握职业生涯应具备的学习能力、实践能力、创新能力、可持续发展能力，尽快适应社会岗位角色。2008 年“三级实习”获得海南省十大新闻创新奖。

（二）学校立足地方，以社会需求为导向，在合作培养人才、合作开展研发、共建教学资源及合作促进就业等方面进行探索与尝试

1. 拓展途径，合作培养人才。与企业合作，探索产学研合作育人模式：与吉利集团合作（见图 2），探索“卓越工程师”产学研合作培养人才模式；测控技术与仪器专业（汽车变速器方向）成功获批为省级“专业综合改革”试点项目等。其中“三亚学院——浙江吉利控股集团有限公司工程实践教育中心”获批国家级大学生校外实践教育基地。

图 2　三亚学院学子到浙江吉利汽车有限公司实习

2. 服务地方，合作开展研发。一是与政府部门、研究机构、大学共建了一批产学研合作基地，围绕海南经济建设发展进行应用型科学研究。学校与国家开发银行海南分行、海南省海洋与渔业厅、海南省科学技术厅等进行科研合作与交流，承担服务地方科研项目 32 项；与三亚市吉阳区政府、天涯区政府、育才区政府合作进行社区建设社会调查、文明村镇建设调研，提供研究方案，获得横向资金 190 多万元，师生参与人数超过百人。二是与各类企业、单位合作，师生参与横向研究课题 44 项。产学研结合在服务地方发展的同时，又进一步充实了应用型人才培养教学内容。学校与海南省旅游发展委员会开展合作，筹建酒店研究中心，开展海南本地酒店行业热点重点课题的深度研究。

2013 年，学校获得海南省 9 个省级部门联合颁发的“海南省‘十二五’产学研合作突出贡献单位”称号。

四、创新创业教育与实践相结合，多措并举、协同推进

（一）建立大学生创业孵化基地，搭建学生创业实践平台

学校建立了北校区商业街和南校区创业楼，形成布局合理、环境优雅、功能完备、管理科学、服务高效，总面积约为3585平方米的大学生创业孵化基地，作为开展创业教育、创业实习、创业服务，促进大学生自主创业的重要实践平台。学校开设创业培训课程，引导大学生将创新、创意项目付诸实践，帮助有创业意愿的大学生开拓市场、开展经营、成立实体，提高创业能力，降低运营风险。学校每年联合海南省就业局为毕业生开设80课时的SYB创业培训课程，仅2014年学校就有274名毕业生取得创业培训证书。

学校通过“团体创业实践”和“创业项目导师制”等方式，为学生创业项目进行模拟预估和初步实践尝试。同时，学校将大学生创业项目与专业相结合，免费提供创业场地，专业老师与创业指导老师全程跟踪指导，初步形成了产品设计、手工制作、产品销售一条龙创业模式。传媒学院大学生创业团队，根据自身专业特色，专门设计制作与海南地方特色相关的明信片、贺卡等纪念用品和办公文具；艺术学院大学生创意团队开辟鹭溪雅集（见图3），专门展示及出售学生自己设计创作的陶器、艺术品等。管理学院创业导师指导的项目《智能景点定位讲解器的设计与市场拓展》在2014年海南省创业大赛中荣获校园科技项目单项奖佳绩。

图3　三亚学院在校大学生团队创业实践

截至目前，学校已有1400余名毕业生自主创业，千余名在校生进行相关的创业实

践，取得了良好的育人效果和社会效应。2011 届园林专业毕业生王忠强，结合自己的专业知识建立了赣州最大的蔬菜基地，开垦 560 余亩荒地，提供 70 多个工作岗位，并为当地修建 6 座跨河路桥，同时资助修路、打井等爱心工程；2012 届行政管理专业毕业生康轩浩在山西阳曲创办了弘峰养老院，用爱心和社会责任感回报社会，2014 年 7 月 11 日央视《经济半小时》栏目对此进行了专门报道（见图 4）；2012 届电子信息工程专业毕业生孙建军和同学共同创办的佳鑫传播公司，目前已发展成为海南规模最大，业务量最多的会展公司。

图 4　三亚学院 2012 届城市规划专业毕业生康轩浩创办弘峰养老院

（二）获国家级“大学生创新创业训练计划”立项资助

学校结合“创新、创业、创价值”的三创精神，大力培养大学生创新意识。2013 年，学校两大创新训练项目《基于物联网控制的智能家居系统》和《海南城市公共服务信息在智能手机终端上的交互式传播方式研究》获批成为 2013 年国家级大学生创新创业训练计划项目。三亚学院成为海南省获准立项的唯一一所民办本科院校，这既是对学校创新创业教育工作成效的充分肯定，也是进一步推动和深化学校创新创业教育工作的良好契机。

当前，学校发展主动融入“一带一路”建设和南海开发，架接大学梦与“中国梦”，提升品质，追求卓越。今后，将继续坚守办学使命，创新工作方法，积极调动、挖掘社会资源和内部潜力，弘扬自身特色和优势，不断提高应用型人才培养质量，提高就业工作水平和质量，为社会繁荣与发展做出积极的努力和贡献。

立教无类　以文化人——孕育莘莘学子

重庆师范大学

重庆师范大学创办于1954年，办学历史可追溯到1906年创立的官立川东师范学堂，是新中国最早成立的高等师范学校之一。学校地处国家科教文化名区重庆市沙坪坝区，校园占地面积2804亩，是重庆市“园林式单位”和“森林校园”（见图1）。学校设17个学院、68个本科专业；在校全日制本专科生28000余人，研究生3400余人。是国务院侨办设立的“华文教育基地”、教育部设立的“全国重点建设职教师资培训基地”、国家汉办设立的“汉语国际推广师资培训基地”。学校秉承“立教无类，以文化人”的教育理念，60余年来，为国家培养输送了16万余名各类毕业生。一大批毕业生已成为教育、经济、文化、科技等领域的中坚骨干力量。中科院院士、中国数学会理事长、华罗庚数学奖、陈省身数学奖获得者马志明，2011年度感动中国十大人物胡忠，“最美乡村教师”曹瑾等均是重庆师范大学毕业生的杰出代表。

图1　重庆师范大学校区景观

一、四位一体，协同创新——提高培养质量

（一）创建“四位一体”培养模式

学校主动适应国家经济结构调整和人才市场需求变化，探索创建了“通识能力+专业素养+实践能力+创新能力”四位一体的人才培养模式。构建了“通识课程+学科基础课程+专业主干课程+专业方向课程+独立实践环节”五大课程模块。精选专业核心课程，灵活设置专业方向课程，加大选修课程的比例，为学生的自主学习和专业发展提供广泛的选择空间。建立了由“基础实践、专业实践、综合创新实践”构成的开放实践教学体系，建设了219个校外基地和30个校内基地（场所）用于学生实习实践。

（二）实施教师教育UGIS特色培养

学校围绕卓越农村小学全科教师培养目标，组建了由“高校（University）、区县政府（Government）、区县教育研训机构（Institute）、小学（School）”共同组成的UGIS协同创新人才培养联盟。该模式同时向卓越中学教师、幼儿园教师、特殊教育教师以及中等职业学校教师培养等领域推行。致力于为中小学、幼儿园、特殊教育以及中等职业学校培养一批综合素质高、适应能力强的骨干教师。

（三）推进非师范专业开放办学

在校地合作方面，学校先后与重庆多个区县全面开展人才培养战略合作，与重庆市体育局共建运动训练专业，与中共重庆市委宣传部共建重庆新闻学院，开展了地方紧缺人才联合培养；在校企合作方面，学校与印度国家信息技术学院（NIIT）、辽宁金通公司、安博教育集团、重庆中鑫珠宝首饰公司、北京时间碎片公司等企业合作，实施了专业人才协同培养。在海外合作方面，学校与澳大利亚、匈牙利、加拿大、美国、俄罗斯等国建立了“2+2”、“3+1”等合作培养模式，实现了人才培养的国际化（见图2）。合作办学不仅搭建了办学平台，而且适应了行业需求，拓宽了就业渠道，更好

地解决了毕业生的就业问题。

图2　重庆师范大学与俄罗斯教育科学院合作办学签约授牌仪式

二、前置重心，导航职涯——提升竞争力

学校重视就业重心前置，努力提升学生就业竞争力，狠抓职业发展教育，将职业发展教育融入整体人才培养体系，采取五项措施推进职业发展教育的全程化开展：

（一）树立一种理念，确保职业发展教育的常态化

学校以“全员参与、全面服务、全情投入”为理念，出台文件明确各部门在职业发展教育和就业指导工作中的任务和责任，并纳入对学院和专业教师的年度绩效考核，同时专门设立“就业指导服务奖”，充分调动专业教师、学工队伍、党政领导、职能部门人员全员参与；要求所有部门、人员以负责任的态度，时不我待的精神，专业化的水准全情投入；从场地、人员、经费、宣传等方面为职业发展教育提供全面保障，确保此项工作的可持续和常态化开展。

（二）实施一项计划，确保职业发展教育的系统化

学校实施内涵发展，提档升级“1+5”计划，分别从教学改革、人才培养方面对开展职业发展教育的具体任务进行了细化。通过加强全程性、养成型实践教学体系建

设，确保70%以上的师范生、50%以上的非师范生能集中实习。将职业技能培训等项目纳入第二课堂学分认证，提升学生职场体验。实施“双百计划”，让专业教师与企业专家互动体验，实现了教学与核心职业能力培养的对接。职业发展教育方向21个项目成功立项人才培养改革项目试点，不断探索职业发展教育理论与实践改革和创新。职业发展教育与人才培养体系的有效融合，保证了职业发展教育的系统化开展。

（三）完善一门课程，确保职业发展教育的普及化

学校将职业发展教育课程分为职业生涯规划、职业能力提升、就业指导和就业实践三个阶段。课程针对低年级，侧重树立学生生涯规划意识，培养学业规划能力；针对高年级，侧重就业择业指导和政策解读；针对中间年级，开设“就业核心竞争力”公共选修课和工作坊。实现了就业指导的全程化。整合课内、课外两个课堂，依托大学生素质拓展项目，将“大学生先进事迹报告会”、“感动校园年度人物”评选等活动纳入职业生涯发展教育。对学生进行职业能力分类架构，开展“教学技能创新大赛”、“专业技能大赛”、“职业规划大赛”、“创新创业大赛”等赛事，提升学生职业能力。

（四）建好一个平台，确保职业发展教育的个性化

学校投资近40万元，在重庆率先建成了生涯辅导与职业发展教育公共教学实验平台（见图3），依托平台开展学生个性化职业发展指导。平台面积约570平方米，包括咨询室、团辅室、测评室、创业实训室等功能房14间，实现了网络资源共享和咨询多渠道预约。按照校级实验平台的规划，在3个学院配套建立了生涯咨询与就业指导二级服务站，面向全校提供服务。

图3 重庆大学生涯辅导与职业发展教育公共教学实验平台

（五）打造一支队伍，确保职业发展教育的专业化

设立了《职业生涯规划与就业指导》课程教研室，建立了一支74人构成的专兼职教师队伍，其中职业规划师12人，生涯教练6人；高级职业指导师7人，心理咨询师28人。5人进入重庆市就业创业专家库，21人进入学校咨询师团队，3人进入学校内培专家库。通过打造高素质的专业师资团队，确保了职业发展教育的专业化。

三、立足专业，依托创新——助推创业梦

学校把创业作为带动就业的重要手段。在重庆市高校中率先出台鼓励和支持大学生创业政策，设立“大学生创业基金”。目前，为适应大学生创新创业教育新的趋势，学校及时调整了创业工作的思路。将创业教育整合到人才培养的全过程，实现与专业教育结合、与创新教育结合，设计了“以专业为依托，以创新为驱动”的创业教育实践新格局。

（一）创业教育走进专业

学校通过人才培养方案的修订，加大了创新创业教育与专业教育的融合，鼓励有条件的学院立足专业探索创新创业教育新模式。使学生创业行为得到专家、专业人士的智力支持，同时以创新创业与专业相结合为思路，调整了创业园的布局，在生命科学学院等六个学院设立了“生物科技类创新创业基地”等六个专业类创业基地，并根据学校文学、艺术类专业特长新规划建设了“重庆师范大学文化空间创业基地”，助力文化创意类创业团队和项目的扶持与孵化，基本形成了“1园N基地”的创业园实践新模式。

（二）创业资助侧重创新

学校鼓励专家教授依托自身的专业研究与项目，指导扶持学生进行创业实践，将创新成果转化为创业实体，提高创业项目的含金量和可持续发展能力。同时，各专业学院依托实验室和研究平台，为学生创业提供设备保障和技术支持。2014年学校重新

修订了《大学生创业基金管理办法》，把经费扶持重心向创新性强、技术含量高的项目倾斜。

学校自2009年率先在重庆市高校中设立每年50万元创业基金以来，先后投入资金200余万元，资助创业项目74个，扶持小微企业53家。学校最初扶持的栋科软件系统开发团队，已发展成为一家年产值几百万元的科技开发公司。

有为才有位，学校毕业生就业工作通过坚持不懈的努力，获得了一系列殊荣，毕业生就业率连续五年保持在重庆市属同类高校前列。同时先后获得“西部计划全国优秀项目办”、“重庆市就业工作先进集体”、“重庆市入伍预征先进集体”、“重庆市创业指导服务奖”、“重庆市普通高校毕业生就业示范中心”等荣誉（见图4）。学校创业园首批获得重庆市科委授予的市属高校“科技孵化器”单位，重庆市人社局、财政局授予的“创业带动就业孵化基地”称号。第三方调查显示，学校毕业生毕业半年后失业率低，毕业生的工作与专业相关度、职业期待吻合度、就业现状满意度均高于全国师范类院校平均水平，离职率低于全国非“211工程”本科院校。用人单位对学校毕业生的总体满意度为98%。

图4　重庆师范大学参加中国青年创新创业大赛

改革人才培养模式　创新就业指导体系
完善就业创业新机制　多方位促进学生就业

云南大学滇池学院

云南大学滇池学院创办于2001年，凭借云南大学先进的办学理念、雄厚的综合实力以及学院灵活的办学机制，已经形成经、法、教育、文、理、工、管、艺术多学科协调发展，以培养高素质应用型人才为主的语文、财经、政法类普通本科院校。学院现有10个二级分院、2个公共教学部，40个本科专业，全日制在校学生18403人，来自27个省（市、区），是云南省规模最大的独立学院（见图1）。十四年来，为社会培养了近20400名优秀毕业生。学校有专任教师1002人，具有副高以上专业技术职务的教师444人，占教师总人数的40.85%；具有硕士及以上学历的有710人，占教师总人数的65.32%。

图1　云南大学滇池学院校区景观

建院十四年来，学院始终把就业创业工作作为一项事关学院建设和发展大局的

“一把手工程”工作常抓不懈。紧紧围绕培养高素质应用型人才目标，积极推进“以职业为导向的人才培养模式”改革，推进人员的分类培养，遵循“市场导向、政府调控、学校推荐、学生和用人单位双向选择”的就业思路，按照“以生为本”、“结果驱动过程，末端引导前沿”的指导思想和工作原则，加强联动机制建设，加强学生创新创业教育和指导，强化就业服务意识，提升就业服务质量，形成“全程化、全员化、专业化、信息化”就业工作体系，稳步有序的推进毕业生就业工作。

学院就业创业工作得到教育主管部门和社会各界的肯定：2008—2014 年连续七年被省教育厅评为“就业工作先进集体”或“就业创业工作目标责任考核一等奖”；2013 年被省教育厅授予“高校毕业生就业创业工作先进单位”和“高校毕业生就业典型经验高校”；2014 年被省教育厅评为“鼓励大学生自主创业先进集体”和“高校毕业生就业创业工作创新奖”。学院历年来就业率保持在 95% 左右，毕业生研究生和公务员考取人数持续保持全省高校前列。

一、推进以职业为导向的人才培养模式改革

特色是民办大学立足和发展的关键。就业工作不仅仅是就业部门的事，学生就业状况直接反映出学校人才培养的特色和质量，几年来，学院按照“个性、开放、包容、全面”的要求，积极推进以职业为导向的人才培养模式改革，推动产教融合、校企合作，推进人才的分类培养，不断加大实践教学的比重，探索建立符合学院实际的现代职业教育体系，走“质量立校、特色兴校、人才强校”的发展道路，努力将学生培养成“家长满意、社会认可”的高素质应用型人才。

新修订的人才培养方案构建起“两个工程，三个加强，四个叠加”的人才培养模式，通过实施“人才分类培养工程”和“综合素质教育工程”，着力加强实践教学、创新意识、创业能力等三个方面的能力培养，形成“基础 + 技能 + 素质 + 创新”四个能力相叠加的人才培养模式。新的人才培养模式进一步突出人才培养的职业导向，推进人才分类培养。不同专业学生制定多样化人才培养方案，为学生成才提供多样化选择。

学院不断加强实践教学，一方面，加强与企事业、社区公共服务机构的合作，建设与产学研紧密结合，具有稳定性、先进性、规范性的实训基地，如：理工学院与中软国际合作，实现“产、学、研”联合培养软件人才；法学院与昆明市西山区法院合作，将审判实务引进校园；管理学院与金河社区共建实习实践基地，定期开展“服

务一学习”实践教学活动；艺术学院、体育学院与入住滇池青年大学生创业园的木煜传播公司、神州通信云南公司开展校企合作，将学生实践课程与企业创业创新项目相结合，在扶持创业项目的同时，提高了学生创新创业能力。另一方面，整合校内实习实训资源，加强校内实习基地建设，提升实习基地品质，扩大实训平台内容和规模。学院创建了“云南大学滇池学院经济管理专业群实习实训基地与技术创新服务中心”，通过基地建设搭建产教融合、校企合作的平台，拓展在校生实习、实训渠道和方式，创新管理、经济、会计3个学院、11个专业的实验实习实训课程。此外，2014年修订的人才培养方案，整合教学内容，调整课程设置，优化公共课和专业课程的比例，加大了选修课程的学分，落实了实践教学开展的各个环节，并从择业培训、职业培训、入学深造培训等方面为人才培养提供补充。修订后的人才培养方案，更加符合学院的人才培养目标和社会需求，符合学院的定位，也更有利于学生的全面发展和综合素质的养成，以及创新精神和实践能力的提升。

多专业仿真实训室　　　　PMS 体系简介

图2　云南大学滇池学院就业创业教育体系建设

学院积极推进就业创业教育体系建设，创新“PMS”就业创业课程（见图2），保证学生就业创业教育四年不断线。“PMS”内容如下：“P（Potential）”——就业潜能开发，在大一年级开设《职业探索》课程，引导学生树立正确的职业观念；“M（Model）”——建立职业发展模式，在大二、大三年级开设《生涯规划》、《职业素养提升》、《创业教育》等课程，对学生进行分类培养，帮助学生建立职业发展规划；“S（Service）”——深度服务，在大四年级开设《择业辅导》＋毕业实习、《创业教育》＋后续跟踪服务、深造培训等课程，对毕业生进行分流引导。“PMS”师资队伍由创业导师、企业家团队和学院就业创业教师共同组成，通过实施“PMS”课程，实现了学院就业创业教育贯穿于本科教学全过程。

二、以创业园建设为载体，健全完善创新创业服务体系

学院加强与政府合作，如与昆明滇池国家旅游度假区合作共建了“滇池青年大学生创业园”（见图3)，被云南省评选为2015年首批十个青年创业示范园之一。围绕创业园建设学院多措并举，整合校内外资源积极推进创新创业工作。具体措施如下。

图3 滇池青年大学生创业园景观图

1. 推进众创空间建设，建立滇池青年大学生创业园。2014年6月学院与滇池国家旅游度假区合作，投资约200万元，在学院本部建成了滇池青年大学生创业园，为大学生创业提供创业资金、创业咨询、创业培训、后续跟踪等一条龙服务。为进一步鼓励大学生创业，董事会决定，从2015年起在滇池青年大学生创业园设立3000万元的风险投资基金，扶持项目孵化，力争把滇池学院建设成为大学生创业教育基地、创业实践基地和创业者之家。

2. 设立大学生创业扶持基金。从2014年起，学院每年投入不低于50万元，设立云南大学滇池学院创业扶持基金，基金对云南省大学生创业者开放，对成熟创业项目和创意项目都给予资金扶持。2014年度，滇池创业基金共扶持了20名大学生的创业项目和19名大学生的创意项目，共计发放资助金43.1万元。

3. 以“互联网+”为契机，建立电子商务创业仿真实训平台。我院通过校企合作建立了电子商务创业仿真实训平台，将该平台定位为：电商行业仿真实验教学中心、“双师型”教师培养中心、学生就业服务中心、学生创业支持中心。2014年9月平台完成了设计和环境建设，2015年3月首次完成共享资源输出，培训《校园电商》实训指导师25人。该平台自2015年9月起，为学院部分专业的学生提供专业必修和选修课程。

4. 举办创业大赛、创业成果展等各类活动。2014 年学院与昆明市人力资源和社会保障局联合主办了首届“赢在滇池 创业达人”创业挑战赛和创意大赛（见图4），云南省各高校共有 167 个项目报名参加了此次比赛。通过 5 场比赛，创业组共产生 20 个获奖项目，创意组共产生 19 个获奖项目。2015 年 6 月，在云南省第三届南博会期间，学院参与组织了首届“滇池创业导师论坛”大型活动。学院还联合云南省中小企业服务中心、云南泛海创业研究中心举办“大众创业 万众创新”创业项目辅导培训暨“创业导师论坛”等指导活动。

图 4 “赢在滇池 创业达人”创业挑战赛和创意大赛

5. 加大宣传力度，积极传播大学生创业事迹。2014 年学院联合云南省人社厅、云南电视台、昆明市人社局等，推出了“创业彩云南——云南优秀大学生创业故事展播”栏目。在云南省范围内，遴选了 26 名大学生创业典型，将他们真实的创业故事搬上荧屏，客观反映大学生的创业历程，鼓励和促进更多的大学生实现自主创业。节目为期半年，共 26 期，该节目于 2015 年 1 月开播，7 月 18 日随着最后一个创业故事的播出，26 名大学生创业故事展播拉下帷幕。创业故事展播得到了云南省省长陈豪、副省长李江以及主管部门和广大创业大学生的一致肯定和好评。据云南电视台提供的调查数据，收视率列同一时段所有电视节目的第三位。

当前，随着高校毕业生逐年增多，就业形势严峻，就业指导工作任重而道远，在上级主管部门、各兄弟院校和社会各界长期以来的关心、帮助和支持下，学院将一如既往，扬长补短，以全新的理念和思路制定好学院“十三五”规划，认真落实贯彻相关政策，努力促进毕业生高质量充分就业，将就业工作推上又一个新台阶。

立足西藏　面向未来
采取多项措施积极鼓励引导毕业生到基层就业

西藏大学

西藏大学是西藏自治区所属的综合性大学，“211 工程”重点建设大学，西藏自治区人民政府与教育部共建高校，“中西部高等教育振兴计划”入选高校，博士学位授予单位。

学校办学历史可追溯到 1951 年的藏文干部训练班，历经西藏军区干部学校、西藏地方干部学校、西藏行政干部学校等数次更名。1956 年，毛泽东主席提出“西藏也要设立大学”。后经国务院批准，1965 年在西藏成立西藏师范学校。1975 年成立西藏师范学院，1985 年教育部批准正式成立西藏大学，自此标志着西藏自治区高等教育事业翻开了崭新的历史篇章。1999 年以来，西藏自治区艺术学校、西藏医学高等专科学校和西藏民族学院医疗系、西藏自治区财经学校先后并入西藏大学。2001 年 9 月，西藏农牧学院与西藏大学合并，校名仍为西藏大学。

学校分拉萨校区和林芝校区。设有文学院、理学院等 15 个学院（部、中心）。学校现有教职工 1117 人，其中专任教师 809 人。拥有各类在校生 2. 5 万余人。学校现有 3 个博士学位授权一级学科，8 个硕士学位授权一级学科，46 个硕士学位授权二级学科（含专业学位学科），4 个专业硕士学位授权点。50 个本科专业，涵盖经济学、法学、教育学、文学、历史学、理学、工学、医学、管理学和艺术学 10 个学科门类。

长期以来，在西藏自治区党委、政府的高度重视下，在西藏自治区教育厅的大力支持下，学校结合西藏建设实际，始终坚持“办有特色的高水平大学”的理念，立足西藏，服务西藏，肩负着培养西藏基层人才的重任，为西藏基层输送了一批又一批政治过硬、业务精干的合格毕业生。西藏电视台、拉萨电视台、教育部网络新闻部门等媒体多次报道学校，学校声誉大幅度提高。在工作岗位上，学校毕业生秉承“团结爱国、无私奉献、艰苦奋斗、勇创一流”的藏大精神，用青春谱写着光荣的“老西藏”精神，真正成为“靠得住、用得上、留得下”的高素质应用型人才，在西藏社会各行业发光发热，已成为西藏历史、经济、文化发展的中坚力量，得到了西藏自治区党委、政府的充分肯定，也赢得社会各界的广泛赞誉。

一、学校就业工作的基本做法

为做好毕业生就业创业工作，学校坚持“办有特色的高水平大学”的理念，以继承、弘扬民族优秀文化和服务西藏经济社会发展为办学宗旨，立足西藏，服务西藏，坚持“特色立校、质量兴校、人才强校、开放办学、持续发展”的办学思路，坚持与时俱进，以特色求发展，探究就业工作的新途径和新方法，以鼓励和支持毕业生面向基层就业为切入点，以强化服务和拓宽就业渠道为重点，积极探索具有西藏特色的高校毕业生就业创业道路，全力打造符合学校实际的就业创业特色之路。

（一）领导重视，健全体制，构建全员参与的毕业生就业工作体系

1. 加强组织建设，确保就业工作有序开展。学校主动从全局角度规划学校的就业工作，实行毕业生就业工作“一把手”工程，成立以党委书记、校长为组长，相关分管副校长为副组长，相关职能部门负责人和各学院院长为成员的校级毕业生就业工作领导小组。各学院成立由院党委书记、院长任组长，其他院级领导为副组长、系主任及毕业班辅导员为成员的院级就业领导小组。班主任及专业老师通过与用人单位进行科研、交流等方式推荐毕业生，参与毕业生就业工作。建立健全了“校院系三级管理，以院为主，全员参与”的就业工作体制，形成了“学校党政统一领导，招生就业处统筹协调，各学院全力以赴，职能部门积极配合，全校师生共同努力”的毕业生就业工作体系，为毕业生就业工作的顺利开展提供了组织保障。

2. 积极教育引导，努力提升大学生就业队伍能力。学校在专业教育的基础上，自2007年逐步推进《大学生职业生涯发展与规划》和《大学生就业指导》两门课程，引导学生树立正确的就业观念，在课堂教学中通过多种就业案例对学生进行教育，并由

多部门教师参与开设课程，开展形式多样的创新、创业竞赛活动，提升学生的就业能力。目前，学校每年为大一新生开设《大学生职业生涯发展与规划》课程24学时，为大三学生开设《大学生就业指导》课程18学时（自2014级学生起改为36学时）。在此基础上，学校采取各种有效措施，不断提升就业工作队伍的整体水平。一是将经验丰富的工作人员选拔到校毕业生就业管理岗位上来，使就业管理队伍的结构进一步优化，提高了大学生创业就业教育管理水平。二是将现有专兼职就业指导课教师派出去参加各类就业创业培训，提高就业创业教师授课水平。

3. 机构、场地、人员和经费保障。一是学校招生就业处下设立了就业指导中心、职业技能鉴定中心、自治区职业技能鉴定六所等就业机构，学校给予了一定的编制作为人员保障。二是学校招生与就业工作办公面积300平方米，办公设备齐全。目前，学校专用招聘会场总面积达3500余平方米，其中，就业用多媒体会场4个，面积达1500平方米，专用招聘会场7个，总面积达到2000余平方米。三是配齐配好就业管理及指导人员。目前，招生就业处管理工作人员8人，拥有SIYB创业培训讲师资格证书人数5人，就业指导课程专兼职教师53名。就业指导课程队伍以辅导员为主、管理人员为辅形成了多层次、多方位的师资格局。四是经费保障到位。每年就业经费保持在30万元左右。2015年，学校就业经费预算为35万元，比2014年增加5万元左右。

（二）立足西藏人才需求，优化结构，更新人才培养理念

1. 统筹规划，强化质量，构建新型人才培养体系和教学体系，制定并实施多样化的人才培养模式，满足人才需求。一是学校认真研讨办学理念、人才培养目标、培养模式、培养途径的有机结合，从优化学科专业结构、强化学生动手实践能力、完善教学质量监控体系等方面入手，紧紧依托行业需要，2007年、2010年和2014年三次对学校人才培养方案进行了修订，培养具有创新精神和实践能力的高级专门应用人才。二是结合西藏实际，继续开办针对汉族学生学习藏语言文学专业，为西藏基层培养懂藏语、懂藏文化的汉族干部，打破民族界限，为西藏的长治久安提供人才保障。该专业自2005年以来的各届毕业生在各级各类岗位上均受到好评。接收单位对学校毕业生的评价很高。三是瞄准市场对专业的需求，培养急需人才。启动了“法学专业人才培养实验班”的招生培养工作，筹备“行政管理文科创新实验班”和“计算机科学与技术理科创新实验班”。四是充分发挥对口支援优势，在新一轮高校团队对口支援年度工作例会上，签订了启动“7+1”研究生培养基地、学科建设、人才队伍建设和科学研究等合作协议。五是努力发挥师范教育优势，积极为西藏自治区基础教育培养师资。整合资源，挖掘潜力，立足本科培养，办好继续教育，使学校成为西藏师资培养和继

续教育的重要基地之一。六是联合办学效果显著。如西藏大学工学院与西南交通大学、西藏大学理学院与武汉大学都采用“1 +2 +1”联合培养学生模式（即大一和大四在西藏大学培养，大二和大三在对口大学培养），已连续培养三届学生，该模式培养的学生无论是理论水平还是实践动手能力都得到了很大的提高。

2. 深化教育教学改革，加强师德师风建设，加大教师培养与引进工作力度，提升教师水平。一是制订了《西藏大学关于进一步加强师德师风建设的意见》，并对新进教师进行岗前培训，确保教师树立良好的职业道德。二是鼓励在编教师提高自身学历和职级。

（三）立足区情，创新思维，注重大学生能力培养

1. 认清形势，加大学生思想教育力度。一是狠抓党员发展工作，目前全校共有学生党员1900人，占学生总数的20.1%。二是开展弘扬社会主义核心价值观系列教育活动，增强学生“四个认同”。三是探索并实践课程教育与思想政治教育内在统一起来的教育模式，将就业指导和思想政治教育贯穿于学生从入学到毕业的整个培养过程。把学生的个人理想同国家与社会的需要紧密结合起来，树立行行可建功、处处能立业的观念，帮助他们确立面向基层的职业意向。四是邀请西藏自治区人力资源和社会保障厅、教育厅、劳动局等部门的相关负责人，开展“就业政策进校园”活动以及一系列专题讲座。将国家、自治区的就业政策、就业形势，通过组织座谈会、印发成册、校园网、信息栏等方式，及时向广大毕业生宣传。

2. 加强学生实践、创新能力培养，实现理论实践双丰收。一是学校申报的区人民医院临床技能培训中心被批准为国家级大学生校外实践教育基地，为学校医学类毕业生提供了良好的实践环境。二是首次举办专业英语四级、八级考试和首届师范生教学技能比赛，提升综合素质。三是积极开展科技创新实践活动，在大学生科技创新竞赛中取得了优异成绩。四是选拔聘用免试研究生担任专职辅导员。五是组织以“为祖国勤学修德　以实践明辨笃实”为主题的“三下乡”社会实践活动。今年学校团委被中宣部、中央文明办、教育部、共青团中央等部委授予“三下乡”全国先进单位，学校青年志愿者总队被授予“全国优秀团队”称号，两项殊荣均填补西藏高校空白。

3. 落实学生双证并重制度，加大毕业生就业筹码。积极鼓励在校生参加国家职业资格鉴定考试，每位学生在大学期间均可参加2次免费国家职业资格鉴定考试。2014年学校大学生共2739人次参加了国家职业技术技能资格证考试。

（四）立足服务，拓宽渠道，着力提升就业服务水平

1. 坚持以人为本，为毕业生公招考试提供优质服务。西藏自治区从2011年开始大幅增加自治区公务员招录计划，因此，学校毕业生就业渠道主要以西藏自治区公务员招录为主。根据这一现状，一是结合自治区就业形势，在总结往年公务员考试辅导经验的基础上，将辅导分为行政能力测试、公共基础知识和专业知识三大块若干科目，每年组织有经验的专业教师进行2—3次考前辅导，帮助毕业生提高应试能力和技巧。二是每年投入8万余元编印实用性较强的《行政能力测验和申论》、《公共基础知识》等参考资料，免费发放给学校毕业生。三是积极与自治区人社厅考录处沟通协调，及时修改错误报名信息，确保了学校报考的毕业生顺利报名、通过审核并参加考试。

2. 深入挖掘就业渠道，增加就业可能性。在认真做好学校毕业生参加自治区公招考试的基础上，积极鼓励引导毕业生到国企、民企等工作。一是积极开展与用人单位的沟通联络工作，把学校的毕业生推荐给用人单位，促进毕业生就业工作的顺利开展。二是组织30多场校园招聘会，为毕业生争取更多的就业岗位。三是通过全国大学生就业信息服务一体化系统、校园网、电话通知、纸质通知等形式广泛、及时收集并公布就业信息，使学校毕业生能够尽早、尽快的了解相关就业信息。

3. 依托援藏优势，促进毕业生就业。一是及时将就业援藏的相关政策传达到大学生中，鼓励毕业生到内地援藏省市和央企去工作。二是举办“就业援藏”上海市、北京市、河北省专场招聘会，着力构建富有针对性、科学性、实效性的就业机制，拓宽了2014届毕业生的就业面。

4. 狠抓大学生的创业教育，促进毕业生自主创业。近年来，学校大学生就业形势良好，但学校从未忽视大学生创业教育的积极引导，不断加强对大学生创新创业能力的培养。一是大力培养大学生创新创业能力，积极组织学生申报大学生创新创业训练计划项目，自2008年已立项实施大学生创新创业528项，其中国家级205项，西藏自治区及校级项目323项，资助经费366.5万元，参与学生2620多人，参与指导的教师550人次。结题项目376项，公开发表论文350余篇，开发系统或完成各类设计87项，获得各类奖项97项。二是积极指导、组织大学生参加国家、自治区组织的大学生创业大赛，2010年以来多次获得了国家级、自治区级的大学生创业大赛奖项，成为自治区内高校获得大学生创业大赛奖项最多、级别最高的高校。

二、就业工作取得的成效

学校通过实施毕业生就业工作“一把手”工程，研究、决定、部署、落实毕业生就业工作的重大问题。逐步建立校院两级就业指导中心责任明晰、密切配合的工作机制，再加上自治区积极的就业政策，近年来，学校就业工作取得较好成绩。

西藏大学2012年研究生及本专科毕业生为2465人，就业率达97.3%，2013年研究生及本专科毕业生为2691人，就业率达95.6%，2014年研究生及本专科毕业生为2394人，就业率达95.3%。

三、形成独特的西藏就业特色

（一）招生看就业，就业促招生

学校毕业生以西藏基层公务员、事业单位和专业技术岗位就业为主，以“三支一扶”、志愿者、区内企业岗位招募为辅，部分毕业生通过“就业援藏”政策实现就业，专升本、考研率稳中有升，就业率均保持在94%以上。

从招生情况来看，近几年来，高考招生中，自治区内近80%的学生高考志愿首选西藏大学。学校招录的学生比自治区高考分数线高出30—50分，基本保持了“入口旺、出口畅、中间质量来保障”的良好态势，确保了学校生源质量逐年提高。

（二）思想教育工作初见成效

西藏大部分地区工作环境艰苦，生活水平不高，需要大学生充分发挥爱岗敬业、无私奉献的精神。针对这一特殊区情，学校多年来致力于利用课堂、座谈会、班会等扎实开展了大学生择业观教育。引导学生树立到祖国和人民需要的地方、艰苦地区、艰苦行业就业的思想。据统计，2012—2014年，学校的毕业生共计7406人，其中6012人赴西藏自治区基层工作，占总人数的81%以上。

（三）培养了一批又一批的适应西藏经济社会发展需要“靠得住、用得上、留得下”的高素质应用型人才

多年来，西藏大学校一直站在党和自治区内各项事业发展的全局高度，统一思想，提高认识，致力于积极转变学生的就业观，引导和鼓励他们面向基层就业。到目前为止学校已有80%的毕业生在基层建功立业。经过全校师生员工的共同努力，学校现已探索出了一条在极具特殊性的高原民族地区兴办高等教育的路子，累计培养出4万余名各级各类专门人才，在西藏的经济建设和社会发展中发挥了不可替代的作用。

校企合作培养应用型人才 “三全机制”提升就业服务质量

西京学院

西京学院创建于1994年，是具有研究生教育资格的民办普通本科高校。学院占地面积1391亩，在校生2.4万人。现开设5个硕士专业，29个本科专业，23个专科专业。已形成以机械工程、控制工程、土木工程为代表的工科，以会计学、电子商务为代表的现代服务业，以工业设计、视觉传达为代表的艺术设计等“三大专业集群”。长期以来，学院始终坚持“诚、健、博、能”的校训，以创办“有使命，有远见，有智慧”的大学为己任，努力建设高水平西京大学。

学院高度重视就业工作，确立了“以学生为中心，为学生就业服务，对学生发展负责”的就业工作理念和“让学生安心，让家长放心，让社会满意”的就业工作使命，按照“高就业率与高质量就业并重”的就业工作目标，以行业为依托，以就业为导向，着力实施人才培养模式改革，推行“全员、全过程、全面”的“三全”就业服务育人机制，为社会输送了大批“用得上、留得住、下得去”的高素质应用型人才。

一、以就业为导向，不断提高教学质量成为就业工作的原动力

（一）瞄准市场，紧盯就业，不断优化专业结构

学校结合地方经济社会发展需要，以就业为导向，不断优化专业布局，建立并切

实运行“招生、培养、就业”与“社会需求”协调联动提升机制，建立了专业动态“申退机制”和院系灵活“建撤机制”。通过对社会需求和毕业生就业状况进行调研回访、就业状态和质量跟踪调查等，科学详细编写《就业质量年度报告》，分层次对学校各专业就业数量和质量进行分析评价，反馈给学校决策层、职能部门及二级教学单位，及时淘汰招生、就业两难的专业。近年来，已停招本科专业5个，专科专业4个。根据市场需要申报开设了3D打印、物联网工程、工程造价、测控技术与仪器等专业，提升了专业与社会需求的契合度，为毕业生对口就业打下了坚实基础。

（二）瞄准行业，紧盯岗位，着力加强人才培养

学院在人才培养中坚持社会需求导向原则，使人才培养与地方经济社会发展紧密对接，人才培养目标与行业需求紧密对接，人才培养规格与工作岗位要求紧密对接，专业课程内容与职业技能标准紧密对接。构建了突出通识能力和素质培养的课程体系，使学生能学以致用，学能所用（见图1）。通过校企对接机制（见图2），把企业对知识、能力及素质需求落实到课程和课堂，体现在企业见习、毕业实习、毕业设计、就业等环节，贯穿于人才培养的全过程中，培养“会干、能干”的应用人才。目前，学院已与有关合作企业共建校外实习基地308个，还与陕西云海投资公司、西安赛瑞喜来登大酒店、中石化集团胜利石油管理局等大型企业合作建立企业订单班20个，有针对性地促进学生的技能、职业素养的提高，使毕业生就业专业对口率和稳定率大大提高。

图1　西京学院在德国设立教育实践基地

二、建立“三全一化”工作体系，实现多层次就业服务

在毕业生就业工作中，学校建立了一套“三全一化”就业工作体系。“三全”即

全员参与就业、全程指导就业、全方位实现就业；“一化”即信息化。

图2　西京学院和苏州金龙校企合作签约仪式

（一）全员参与就业

学校把就业工作纳入目标管理考核范围，专门出台以激励为导向的制度保障文件，包括师资提升、招生就业考核及津贴分配等。对院系是否有效促进“招生、就业、培养”与“社会需求”联动进行年度专项考核。对学院（社区）是否拓宽就业渠道，引进优质用人单位，促进就业情况进行年度考核。考核结果与院系及星级社区年终评优评先、津贴分配挂钩，形成就业“倒逼”机制和牵引动力，推动了各部门、各院系和全校师生参与就业工作的主动性、积极性和实效性。在此基础上，学校制定了就业工作奖励办法，积极鼓励“全员参与解决就业”，对于将毕业生推荐到世界500强或提供就业信息、拓展就业渠道、促进学生实现高质量就业的单位和个人给予500—2000元不等的奖励。2014年，根据毕业生就业率、高质量就业情况等统计和考核结果，兑现奖金87万元。这一政策大大调动了全校教职工参与就业工作的积极性，构建了就业推荐的“全员工程”（见图3）。

图3　西京学院毕业生奔赴就业工作岗位

（二）全程指导就业

按照“为学生就业服务、对学生职业发展负责”的指导思想积极开展多层次的就业指导工作。一是面向全体学生开设《大学生就业与创业指导》课程，进行系统化、全程化的生涯发展教育和就业指导。在实践中，二级院系还结合专业特点，开设与专业相应的职业技能训练系列课程，以增强就业指导的针对性和有效性。二是学校邀请一批社会杰出人士、合作企业高管、毕业校友担任“校外班级就业导师”，帮助学生开拓视野，提升素质。三是通过举办职业规划讲座、咨询和模拟面试大赛、职业规划大赛等活动，帮助学生树立职业生涯规划意识；通过邀请企事业单位人力资源主管开展主题沙龙、组织到名企观摩等活动，帮助广大学生了解职场文化，提升职业素养。四是成立“大学生成长工作室”、“创新创业工作室”等辅导员工作室，为广大学生提供一对一跟踪式的咨询、解惑、指导、生活导航等全面服务。

（三）全面落实就业

经过多年实践，学校就业指导中心精心组织全校性就业洽谈会，各二级院系、学生管理社区负责以专场、组团等形式开展校园个性化招聘管理体系。一是“走出去”，每年由校领导带队走访校企合作重点单位，构建企业用人需求和学校专业整合配置方案，搜集用人信息，增加就业机会。二是“请进来”，每年邀请2000家左右用人单位进校招聘，供需比在4:1左右，有95%左右的学生通过学校举办的招聘活动受益。三是拓展渠道，培育新兴市场。结合“一路一带”经济发展战略，拓展战略性新兴产业、先进制造业、高新技术产业就业市场及小微企业、非公经济组织就业市场，每年吸引40%的毕业生就业。仅2015年举办各类校园招聘活动200余场，累计900余家用人单位，为毕业生提供就业岗位12000余个。这几年，学校、企业、学生三方共赢的就业服务平台帮助80%以上的毕业生找到了满意的工作岗位（见图4）。

（四）就业工作信息化

借助现代化的信息技术手段，为毕业生搭建就业信息平台，一是建设了功能比较完善的西京学院毕业生就业信息网，为学生提供及时全面的就业指导和信息服务；二是组建了专门的毕业生就业信息员队伍，通过他们广泛搜集各级各类可靠有效的就业信息，并及时在就业信息网站发布；三是建成了就业电子屏幕、微信群、“QQ群”、

图4　西京学院建立浙江衢州实习就业基地

微博等网络信息平台。通过这些就业信息平台的建设，使广大毕业生能够第一时间充分了解掌握来自各行各业、各个地区的就业信息，帮助他们拓宽了就业视野和选择范围，使学校越来越多的毕业生在校外市场上实现了就业。

三、完善创新创业教育体系，提升创新创业能力

学校制定《西京学院“大学生创新创业训练计划”项目管理办法》、《西京学院创新创业教育发展规划》等政策文件，全面推进创新创业教育。

（一）引进创业培训项目，加强学生创业技能实训培训

邀请知名企业管理人员、创业成功人士，为有创业意愿的大学生开展创业知识培训。

（二）开展创业教育系列主题活动

打造大学生十佳创业项目评选、挑战杯大学生创业计划大赛、蒲公英e家创业实践基地、金蝶大学生创业孵化基地、创业大讲坛等多个品牌项目，并组织学生参与省级、国家级大学生创业大赛，努力形成浓厚的校园创业文化。2012—2014年，学校大学生创新创业训练计划项目级立项167项，省级立项42项，国家级立项7项，投入经

费 66.4 万元，仅 2015 年投入 28.9 万元。

（三）建立大学生创业孵化平台

其中大学生创业孵化基地被陕西省社会科学界联合会授予“陕西省社会科学普及基地”称号。成立西京大程青年创业培训学校，年均培训有创业意愿学生 500 余人。

（四）整合校友企业资源

通过每年举办一次校友节（截至 2015 年初，已举办四届），广泛联系校友，积极引导社会资金支持大学生创业项目。校友企业西安每一天超市、中国精英汇等在学校积极开展大学生创业项目对接。据不完全统计，学校毕业生中自主创业注册资金在千万以上的校友企业达到 15 个，其中计算机专业学生、现为西安华强网络科技有限公司董事长的李国强荣获 2012 年度全国“创业之星”荣誉称号（见图 5），并被时任国务院副总理回良玉亲自接见。

图 5　西京学院毕业生李国强荣获全国“创业之星”荣誉称号

近年来，西京学院构建了完善的就业工作体系，学校就业工作取得一定成绩。本科生一次性就业率保持在 90% 以上，毕业生到世界 500 强、国内 500 强单位就业比例稳步提高，就业质量稳步提升。学校参加了全国高校就业工作会议并作典型经验发言，被陕西省教育厅评为“陕西省普通高校毕业生就业工作先进集体”。

深化教育教学改革　构建创新创业教育特色工作体系

宁夏大学

宁夏大学始建于1958年，座落在历史悠久、风光秀丽的塞上历史文化名城银川市，是宁夏回族自治区人民政府与教育部共建的综合性大学，现有全日制普通本、专科及研究生21000余人，是宁夏唯一一所国家“211工程”重点建设高校。

近年来，宁夏大学本着对学生、对社会负责的办学理念和办学方针，严把人才“出口关”，坚持以就业和社会需求为导向，以促进学生全面发展为根本，以提高就业率和就业质量为目标，秉承创新创业带动就业的工作理念，按照就业工作“四到位”和“四化”要求，认真实施“一把手工程”，努力在校地互动、打造特色、提升专业实力和学生就业竞争力上下功夫，毕业生就业率始终保持在90%以上，多次荣获“自治区高等学校毕业生就业工作先进集体”称号，探索出一条适合自身特色的大学生就业创业工作机制（见图1）。

图1　宁夏大学就业创业服务网揭牌仪式

一、以社会需求为导向，深化教育教学改革，新设阿拉伯学院、葡萄酒学院和宁夏大学中卫校区，从根本上提高毕业生就业质量

（一）瞄准需求，积极培养社会急需的阿拉伯语人才

抢抓宁夏建设内陆开放型经济试验区，打造丝绸之路经济带战略支点和构建国家向西部开放战略高地对高层次创新创业型阿拉伯语人才的现实需求，瞄准需求，以阿拉伯语言为主线、以“阿语＋国际经贸、金融、法律、旅游等方向”为专业特色，成立国内首个阿拉伯学院（见图2），大力培养国家和地方战略急需的国际化、复合型创新创业阿语人才。

图2　宁夏大学阿拉伯学院成立揭牌仪式

（二）创新模式，积极培养产业急需的葡萄产业人才

着眼宁夏大力发展高端葡萄、葡萄酒和葡萄酒文化产业，积极推进“贺兰山东麓百万亩葡萄长廊”建设的有利时机，创新人才培养模式，按照“产学研检融合、院企合作、学院与技术中心结合、学院与国外高校合作”方式，以“体制最新、学风最优、特色突出、国际化色彩鲜明、国内一流、引领自治区葡萄与葡萄酒产业发展，积极为地方葡萄与葡萄酒产业提供人才支持和智力支撑”为目标，创建宁夏大学葡萄酒学院（见图3），大力培养产业急需的高层次创新创业型专门人才。

图 3　宁夏大学葡萄酒学院成立揭牌仪式

（三）推进转型，积极培养应用技术型人才

顺应高等教育转型发展的新形势，针对宁夏中卫市“二次创业”和经济转型发展急需大量高素质应用型、复合型和创业创新型人才，且宁夏中卫市没有高等学校的实际，采取实验班、书院式管理、订单式培养、企业家授课、全员奖学金、生产化实训等举措，创建宁夏大学中卫校区，打造宁夏推动高等教育转型改革的“试验区”和“示范区”。

二、以人才培养为核心，新设工作部门，从体制机制上深化创新创业教育改革，构建创新创业教育特色工作体系

（一）围绕核心，积极培养学生的创新能力

按照“基础扎实，人格健全，有较强的社会适应能力和发展潜力”的人才培养目标，确定了“加强基础、突出实践、发展特长、注重创新、分流培养”的教学改革思路，通过构建2个方案（专业培养方案、人格培养方案）、完善两个体系（教学质量保障体系和教学质量监控体系）、打造3个平台（课程建设平台、实践能力培养平台、创新能力培养平台），力求使所有学生以不同方式参与创新精神和创新能力的培养训练。

（二）创新体制，新设工作部门

顺应新形势下创业就业工作和创新创业教育改革发展要求，将原学生处毕业生就业指导中心与大学科技园办公室有机整合，新设大学生就业创业指导服务中心（国家大学科技园办公室）（见图4），协调全校大学生创新创业教育资源，负责普通本、专科及研究生就业创业工作，开创了我国高等学校就业创业和创新创业教育工作部门设置的特色亮点。

图4　宁夏大学大学生就业创业指导服务中心揭牌仪式

（三）整合资源，建立多部门联动机制

建立“学校统一领导，职能部门通力协作，学院具体落实，全体教职员工积极参与”的创新创业教育多部门联动机制。教务处、研究生院负责顶层设计，把创新创业教育内容纳入人才培养方案，设立创新学分、推进创新创业教育教学改革、完善课程体系、实施创新创业训练项目。团委、学生处负责“挑战杯”、“创青春”大赛、科技创新和创业社团建设，开展与大学生创新创业教育有关的活动。大学生就业创业指导服务中心（国家大学科技园办公室）、社会服务处、校友办负责开设公共必选课，开展创业培训，建立导师团队，征集创业项目，推荐项目进驻国家大学科技园和相关创业基地孵化创业，落实以创新创业带动就业的工作机制。

（四）强化队伍建设，建立专业化创业教育师资团队

自2004年起，宁夏大学举办首期创业师资培训班、开办首期大学生创业培训班以来，培养了一批专业化创业教育师资队伍。学校现有国际劳工组织、国家人力资源和社

会保障部（以下简称“人社部”）认定的 SIYB 创业培训师 1 名，32 名教师取得 SIYB 创业培训教师资格，6 名教师取得 HELP 创业培训师和 MAP 创业技术培训师资格，3 名教师取得全国大学生 KAB 创业教育培训教师资格，12 名教师接受过教育部或人社部创业指导师培训，6 名教师获得电子商务和网络创业培训教师资格，外聘创业导师 106 名。

（五）校地互动，广泛开展创业意识普及教育

动员学生广泛参加大学生创新创业训练计划、大学生创业意识普及教育和创业能力培训，组织学生参加各类创新创业竞赛、模拟创业等实践活动。自 2012 年起，依托自治区就业与创业服务局、银川市创业工作办公室，举办了 70 期创业意识普及教育培训班和 15 期创业能力培训班，开展 36 期“挑战自我”市区零元生存挑战创业实训和 12 期创业工作坊、19 期创业沙龙活动，5635 名学生在创业教育和实训中受益。

（六）校政校企联合，创建创新创业教育实践（孵化）平台

发挥学校创新创业型人才培养和师生科技成果项目优势，通过市场化运作，注重校政校企互动，与自治区科技企业孵化器和创业孵化示范园区有机结合，加强小试、中试、试验示范条件建设，推动学校师生创新创业教育成果的转化。通过引入大学生创业实训系统，编写《大学生创业教育实用教程》、《大学生创业故事》等书籍，设立 20 项将创新创业教育融入人才培养全过程分专业课题研究项目，投入 860 万资金在 968 平方米的物理空间上搭建创新创业孵化园（见图 5）和众创服务平台，出台发展众创空间促进大学生创新创业就业的指导意见，建设中阿大学科技创新园，形成大学生就业创业与大学科技园两翼驱动，创新创业带动就业的良性互动工作机制。

图 5　宁夏大学大学生创新创业孵化基地成立仪式

三、工作成效

1. 在历届“挑战杯”比赛中，获得1次优胜杯，荣获一等奖5项，二等奖8项，三等奖33项，优秀奖5项，连续5年荣获“优秀组织高校”称号。

2. 电子科技协会先进技术实验室学生团队，荣获国家大学生“小平科技创新团队”荣誉称号。

3. 作为西北五省区高校获批的第一个KAB创业俱乐部，2012年和2014年被共青团中央、KAB推广办公室两次评为“全国十佳KAB创业俱乐部”。

4. 《职业生涯规划》、《就业指导》、《创业基础》课程被宁夏回族自治区教育厅确认为全区精品课程。

5. 通过创新创业教育，学生的创业率逐步提高，涌现了一批创业典型，搭建起了一个生态链较为完备的创新创业教育体系。

培养学生"自强、自立、自信"精神 提升学生"学业、就业、创业"水平

北京财贸职业学院

北京财贸职业学院是市属公办普通高等职业院校，国家示范性高等职业院校。学院不断加强专业建设，形成了以财政金融类专业为主干，以商贸类专业为优势，以旅游、艺术设计、电子信息类专业为支撑的专业体系结构。学院现有全日制在校生5639人，教职工555人，占地面积402.3亩，包括通州、涿州和东四三个校区。

学院就业创业工作坚持以培养学生"自强、自立、自信"精神为工作理念，创新开展就业创业教育，引导学生树立正确的职业目标，促进学生"学业、就业、创业"水平提升，形成了符合学院财经类学生特点的就业创业工作体系。毕业生就业率连续6年保持在99%以上，就业工作得到社会认可，学院荣获"北京地区高校示范就业中心"、"北京地区高校示范性创业中心建设单位"、"全国高职院校就业竞争力示范校"等称号。

学院就业创业工作的典型做法有以下三个方面：

一、深入研究学生特点，形成"自强、自立、自信"工作理念

教育的真谛在于抓住因材施教的本质。如何把握学院高职学生的根本特质，开展

唤起学生的内心期待、提升精神追求的教育活动，是学院就业创业教育的出发点和归宿。学院高职生有其鲜明的特点。从生源上说，高职学生不是应试教育的成功者，接受高职教育是他们升学道路上的另一种选择；从学习习惯上说，由于多种原因，他们在基础教育阶段没有形成较好的学习习惯；从学业目标上说，许多学生存在进取精神不足等状况。学生的这些思想状态和行为表现是学院开展就业创业教育必须要面对和解决的问题。

在长期的就业创业工作实践中，学院逐步形成了培养学生“自强、自立、自信”精神的工作理念。自强精神的培养，就是要克服学生自卑、缺乏自我认同的精神状态，引导学生发现自己的优势，从自我改变出发，以自强赢得自尊。自立精神的培养，就是要从思想上培养学生形成独立的人格，不跟随、不盲从，从能力上掌握能够自食其力的学业技能，具备经济自立的能力。最后，在自强、自立的基础之上，通过不断的培养和教育，学生逐渐树立起自信心。

“自强、自立、自信”教育立足于培养学生的精神品质，目的在于解决高职学生的生存能力和发展动力问题。学生精神面貌的改变是引起言行改变的基础，是解决学生生存发展动力的根本问题。学院就业创业教育实践也充分说明了思想方法是工作方法的根基，重视思想建设，培养学生的职业情感和岗位认同，能从思想源头提升学生的就业创业动力。

二、坚持“三自”教育，促进毕业生“三业”水平提升

高职教育的校园文化始终渗透着企业文化的基因。“自强、自立、自信”精神培养离不开校企共建，校园文化和企业文化共同对学生的影响与深化，增强了学生对专业学习的专注和热情，激发了学生对未来职业的接纳和热爱，校企协同育人提升了学生的“学业、就业、创业”能力。学院开展的“引企入校”教育活动为学生提供了更多走进企业，参观学习、实习实践、交流体验的机会，达到了以企业文化陶冶学生职业素养、以企业实践提升学生职业技能、以职业环境熏陶学生职业精神的教育目的。

“三自”教育促进学生学业水平提升。教育活动抓住校企合作载体，增进文化认同，培养专业精神，克服了学生学习动力不足的问题。在校企文化建设方面，学院与百胜餐饮集团的合作是校企合作育人实例之一。百胜餐饮集团是全球餐厅网络最大的餐饮集团。经双方深入调研走访，共同设计了一系列校企合作教育方案。该企业把《时间管理》等职商课程带进学校，开展路演、讲座活动（见图1），在学院实习生中

选聘形象大使等，这些学生喜闻乐见的教育形式让学生在寓教于乐中收获到鲜活实用的学业知识和就业指导。百胜餐饮集团还为进入该企业的财贸毕业生制定了清晰的职业发展规划，使毕业生对自己的职业未来充满信心。三年来，每年留在百胜就业的财贸毕业生在企业当年高校招聘中位居前三名。

图1　百胜餐饮集团在北京财贸职业学院开展路演活动

"三自"教育提升学生创业能力。学院大力支持在校生利用专业专长进行创新创业，从鼓励和引导出发，为提升学生创业能力搭建平台。学院许多部门把一些适合学生承担的工作交给创业团队来完成，为创业学生提供锻炼成长的机会。例如，由艺术专业社团艺树工作室承办的东来顺企业文化展，根据企业的宣传需求，把文字素材转化成图文并茂的宣传广告，受到企业和广大在校生的欢迎，作品既宣传了老字号企业文化，又锻炼了创业团队的专业技能和创新能力。

"三自"精神促进毕业生就业成才。针对财贸类高职毕业生就业入门岗位特点，学院定期召开用人单位座谈会，院领导亲自走访用人单位，与企业共商毕业生职业发展出路。财贸毕业生立足基层，勤奋乐观，爱岗敬业，为个人成才赢得了机遇，为学院赢得了社会赞誉。北京菜市口百货有限公司的中层管理人员中，北京财贸职业学院毕业生占到了三分之一，已经成为菜百公司的业务骨干和中坚力量（见图2）。毕业生就业质量稳步提升，学院毕业生专业对口率平均高于高职院校5个百分点，就业半年后的薪资水平高于全国高职院校平均水平，就业稳定率和团队合作精神得到了用人单位的高度认可。

三、夯实工作基础，打造就业创业工作品牌

学院就业创业工作始终把毕业生高质量稳定就业作为工作目标，积极落实就业政

图2　学院教师到合作企业菜百公司走访调研

策，加强组织领导，拓宽就业渠道，强化就业指导，形成了管理责任清晰，培养定位明确，就业渠道畅通，全员、全过程、全方位协同合作的就业工作格局。

1. 完善工作机制，夯实服务基础。学院党政领导把就业工作放在重要位置，定期召开就业工作会议，及时解决就业工作中的问题，形成了党政领导重视就业，教育教学围绕就业，管理、后勤服务就业，各单位协调推进的工作氛围。

2. 拓宽就业渠道，构建多元化就业服务体系。紧紧抓牢区域、政府、行业三个资源平台，建设优质就业渠道，建立了校地、校企、校校多渠道合作的就业市场。依托北京市教委就业指导中心，在学院建立了北京地区高校区域性、行业性毕业生就业分市场；依托北京商贸职业教育集团，推进了学生跨企业实习；依托学院发起组建的京东高校就业联盟，联合通州区属地高校及区人力社保局共同开展了区属企业招聘活动；依托校友会平台，促进了校企就业合作。学院重点建设了百家实习就业基地，就业基地企业每年接纳毕业生60%以上。根据专业对口、需求旺盛、毕业生认可等条件，优选60家企业为紧密型合作单位，主要有北京菜市口百货有限公司、北京外企人力资源服务公司、招商银行、贵宾楼饭店等知名企业。

3. 构建“三位一体”模式，推进就业创业教育。学院从2005年开展创业教育，历经10年，构建了“课程、大赛、孵化”三位一体的创业教育模式，成为北京高职院校中创业教育的一个亮点。

4. 院系两级重视，以竞赛为推动，提升创新创业能力。从2005年起，每年举办的“财贸杯”创业计划大赛，与市级“挑战者杯”大赛对接。2014年，学院成功承办了北京团市委等主办的“挑战杯——彩虹人生”首都职业学校创新创业创效大赛，学院学生团队、个人共获55项奖励。同年7月，在团中央、教育部举办的“挑战杯——彩虹人生”竞赛上，学院荣获两个国家级一等奖，学院获得校级优秀组织奖。连续8届参加北京市大学生创业计划大赛，且在首都高职院校中成绩名列前茅（见图3）。

图3　北京财贸职业学院获北京市优秀创业团队学生

5. 积极建立校园孵化中心，多渠道帮扶学生创新创业实践。每年从“挑战杯”获奖作品中选拔具备实践价值和可操作性的创业项目，为其配备创业导师，提供管理、经营、公关等专业指导。依托财贸产业园把生产性实训与学生创业活动融合，为创业团队提供经营场地（见图4）。在北京市教委首次开展的大学生创业优秀团队评选中，学院有4支创业团队荣获北京地区高校大学生创业优秀团队并获专项资助，2014年，学院成为唯一获得“北京地区高校示范性创业中心建设单位”称号的高职院校。

图4　创业训练营学生参观创业园

作为北京地区高校示范就业中心、示范创业中心建设单位，北京财贸职业学院毕业生就业创业工作以职业定位清晰、校企合作深入、服务指导规范等赢得了毕业生和用人单位的好评，引起社会高度关注。2014年，学院被中国青年报社、全国高职高专校长联席会议、全国职业院校宣传部长联席会评为“全国高职院校就业竞争力示范校”。

做好毕业生就业创业工作，事关大学生个人成长、成才，事关民生改善和社会和谐稳定，事关国家经济提质增效和转型升级。学院将继续秉承高等职业教育培养高素质技能人才的使命，全力做好毕业生就业创业工作。

服务企业发展抓就业　传承行业精神育人才

石家庄邮电职业技术学院

石家庄邮电职业技术学院办学六十年来，矢志不渝地坚持“立足邮电行业、面向企业基层、兼顾社会需要”的办学定位和“支撑邮政、服务通信、贡献社会”的办学宗旨，服务企业发展抓就业，传承行业精神育人才，走出了一条与邮政企业发展相适应，产教深度融合的特色道路。

学院始建于1956年，历经六十年发展历程，随着教育体制和邮电体制改革，几经变更，先后经历了石家庄电信学校、石家庄邮电专科学校、石家庄邮政高等专科学校等时期，2003年学院更名为石家庄邮电职业技术学院。学院先后隶属邮电部，1998年邮电分营后隶属信息产业部、国家邮政局，2007年邮政政企分开，隶属中国邮政集团公司，是全国唯一培养邮政专门人才的普通高校，同时是中国共产党中国邮政集团公司党校，中国邮政集团公司培训中心，中国邮政网络学院全国运行管理中心和中国邮政集团公司重要的科技研发与服务支撑基地。学院先后被确定为全国27所高等工程专科重点建设院校、首批国家高技能人才培养示范基地、首家通信行业职业技能鉴定实训基地，高等学校继续教育示范基地，被河北省政府确定为河北省重点建设示范性高职院校。

学院面向全国31个省（市、区）招生，在校生规模达8000人左右。现设有邮政通信管理系、速递物流系、电信工程系、计算机系、金融系、会计系、外语系、人文与社会科学教学部和基础部9个教学系部，开设了30余个专业，形成了邮政类、通信类、经济类、信息技术类为主体的特色专业体系。建有省级教学改革示范专业4个，省示范校重点建设特色专业5个，建有国家级精品资源共享课程3门，省级精品课程9门，获国家级教学成果二等奖1项、省级教学成果奖6项；建在学院的中国邮政网络培训学院分别荣获2011年度ASTD（美国培训与发展协会）和2014年度ATD（人才发展协会）“卓越实践奖”。

学院作为全国唯一一所培养邮政专门人才的高等院校，按照企业人才需求状况构建了“订单培养、定制培养、计划培养”相结合的人才培养模式。学院按照企业岗位素质要求，构建了以“专业素质、品格素质、实践能力、综合能力”为核心内容的素质能力培养体系。近几年，学院每年有85%的毕业生进入邮电行业就业，有65%的毕业生进入邮政企业基层一线就业，较好的实现了企业需求和学生就业的无缝对接。

一、以邮电业务发展为引领抓教育教学改革

“畅销对路”的前提是人才培养目标与行业用人需求“合拍共振”。学院紧密围绕邮电行业总体战略、持续跟踪企业改革思路、准确把握业务发展趋势，抓人才培养的顶层设计，实现了专业设置与业务发展相一致、课程内容与岗位标准相一致、教学过程与生产实际相一致、素质能力与企业需求相一致的“四个一致”。

2007年中国邮政储蓄银行成立后，针对邮政金融业务信息化建设的需要，学院及时在金融类专业和计算机类专业的基础上，改造增设了金融网技术专业应对人才需求；2009年中邮人寿保险公司成立后，学院扩大了保险类专业的招生规模；2010年中国邮政速递物流公司成立后，针对速递物流专业人才需求增加的趋势，学院在邮政通信管理系速递物流专业基础上成立速递物流系，加强专门人才培养；2013年针对邮政集团推动邮政代理金融网点转型，学院马上举办全国邮政代理金融网点理财经理定制培养项目，支撑企业业务发展。

学院以邮电业务发展为引领，围绕邮政三大板块业务（邮务类、金融类、速物类）和电信运营及工程建设进行专业设置。专业设置涵盖邮电企业基层业务、技术与管理等基层重要岗位，构建了以邮政类、电信类、速递物流类、金融类、信息技术类为主体、行业特色鲜明的专业体系，形成了根据企业发展变化动态调整专业和课程内容的工作机制，实现了人才培养与企业用人需求的“合拍共振”。

二、以传承邮政行业精神为重点抓学生素质能力培养

邮政服务覆盖南北、遍布城乡。保证基层村镇、边远山区、边防哨所都得到邮政服务，是国家赋予邮政的使命。能够扎根基层，经受艰苦环境的考验是邮政对基层员工的要求。学院把传承邮政行业精神作为战略工程来抓，在学生思想中植入“热爱邮政、扎根基层”的行业基因。

（一）全面实施“两种素质、两种能力”培养

学院结合邮政企业和社会的人才需求以及学生成长成才的需要，将学生培养定位在“品格素质、专业素质、实践能力、综合能力”上（见图1），聚焦培养学生两种素质两种能力，努力将毕业生打造成品格素质好、专业素质精、实践能力强、综合能力全的企业社会欢迎的基层骨干人才。

图1　石家庄邮电职业技术学院“两种素质、两种能力”教学模式

（二）突出抓好邮政行业精神传承

学院先后聘请了157名邮政企业基层劳模担任大学生兼职政治辅导员，让学生“零距离”感受劳模情怀、学习劳模精神；邀请企业领导、专家，优秀校友代表做客石家庄邮电职业技术学院讲坛，给学生讲企业文化、业务发展、成功经验。通过全覆盖的教育，潜移默化地将“邮政情结”深深植入学生心中，积极打造“准邮政人”

（见图2）。

劳模精神在石家庄邮电职业技术学院闪光报告会

石家庄邮电职业技术学院优秀校友报告会

图2 劳模、校友报告会

（三）积极引导毕业生扎根基层就业

学院积极教育引导毕业生赴企业基层就业，扎根基层、岗位成才已经成为学院毕业生的普遍价值观。学院每年进入邮政行业的毕业生，95%以上在县级以下邮政基层生产服务一线就业，近30%在西藏、青海、新疆、内蒙古、云南、贵州等边远艰苦地区和西部地区邮政基层生产服务一线就业，学院毕业生“下得去、用得上、干得好、留得住”，得到了企业的广泛称赞，学院也被誉为将社会人培养成邮政人的“黄埔军校”。

三、以现代邮政的用人需求为导向抓就业体制机制创新

（一）面向邮政基层一线在招生环节实施“订单培养”（见图3）

2004年学院探索实施了订单式人才培养，2006年学院被教育部批准为订单式人才培养试点单位，目前为30余个省级邮政公司、邮储银行、速递物流公司开展订单培养，每年订单招生规模达到30%以上。

学院的订单培养，一是纳入了邮政集团的人力资源规划，学院根据各企业需求进行订单招生；二是订单培养定位清晰，学生入学就与订单企业签订订单培养协议，学院按企业要求进行培养；三是订单就业100%，学生符合订单培养协议要求，100%进入订单企业按照正式员工入职工作。

图3 "招生招工一体化"培养示意图

（二）服务邮政岗位急需在就业环节实施"定制培养"（见图4）

邮政企业在激烈的市场竞争中转型升级的步伐越来越快，在人才需求上提出了培养周期要"短"，专业技能要"实"，人员到岗要"快"的要求。适应这一要求，学院拓展了"定制式"人才培养的模式。目前学院开展了多个定制培养项目，每年定制培养规模达毕业生总数25%以上。

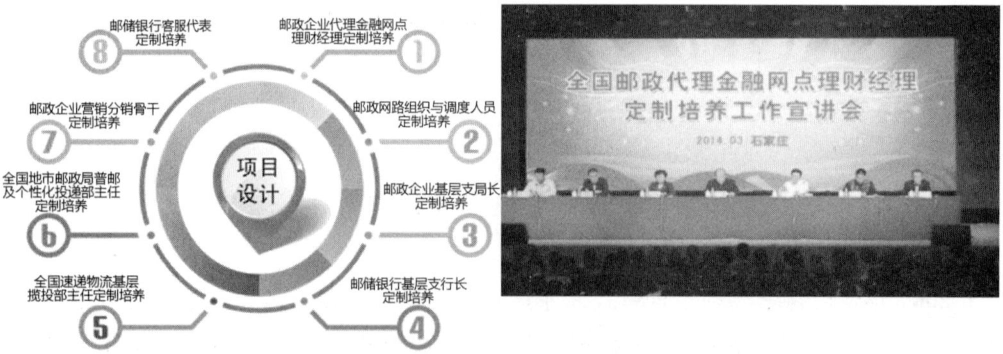

图4 中国邮政集团公司在石家庄邮电职业技术学院组织召开
全国邮政代理金融网点理财经理定制培养工作宣讲会

学院的定制培养，一是企业全程参与，学院与邮政集团相关业务部门根据邮政企业业务发展形势，共同设计培养项目，共同制定培养方案，共同实施培养计划；二是定制培养针对具体岗位，定制培养项目全部都是企业发展过程中重点业务的急需岗位，岗位具体、聚焦；三是岗前培训前移，定制培养将企业的岗前培训前移到学院进行，学院利用第五学期与企业共同对定制生进行集中强化训练，利用第六学期安排定制生到企业进行顶岗实习锻炼，定制生毕业后进入企业定制岗位就业。

（三）满足邮政人才需求在全过程实施“计划培养”

学院的计划培养有效解决了学校人才培养与企业用人需求脱节的问题，一是实现了按计划招生、就业，邮政集团每年专门向各板块各省邮政企业发文，在招生阶段布置学院招生需求调查，在就业前夕安排召开学院毕业生双选会，在顶岗实习阶段安排全网邮政企业接收学生实习，保障了学院计划培养的顺利实施；二是实现了按要求培养、持证书上岗，学院依托行业背景与企业共建专业、共建课程、共编教材，在行业内全员安排学生实习，实现工学交替，完全按照企业生产服务一线优秀员工素质能力要求进行培养，并要求毕业生获得邮政行业职业资格，实现持证上岗。

学院通过订单培养吸引优质生源，畅进口；通过定制培养满足企业急需，旺出口；通过计划培养紧密结合企业人才需求，通两头。这样的就业模式得到了行业内各个合作企业的支持与认同，保证了毕业生的高质量就业，也服务了企业的转型发展。

四、学院就业工作的突出成效

多年来，学院坚持服务企业发展抓就业，传承行业精神育人才，已累计为邮政企业培养订单定制人才近万人，他们绝大部分已成长为基层骨干，有力地支撑了邮政各板块业务的发展，形成了“下得去、用得上、干得好、留得住”的鲜明特色，得到各级企业广泛称赞。今年的就业总结宣传工作中，教育部联合国家统计局社情民意调查中心等专业调查机构，对申报推荐高校实施社会满意度调查过程中，用人单位对学院毕业生在单位工作的稳定程度满意度在全部高校中排名第一位。2014 年 9 月 1 日，中国教育报以《培养能扎下根的专业人才》为题，以学院毕业生基层就业成长为典型案例深入分析报道了学院的特色人才培养。2014 年 11 月 5 日，中国邮政报以《那些与西藏有关的日子》为题，整版对学院毕业生扎根西藏邮政快速成长群像进行了大篇幅报道。

发挥校企合作独特优势　开创就业创业新局面

辽宁经济职业技术学院

辽宁经济职业技术学院是依托成立于1984年的辽宁经济管理干部学院，建立起来的一所省属（正厅级）公办高等职业院校。1997年，学院被辽宁省教育厅列为全省首批15所高职教育试点院校之一；2009年获批为省级示范性高职院校建设单位；2013年被确定为辽宁省职业教育改革发展示范院校建设单位。

学院占地面积569.64亩（见图1），藏书43.3万册，固定资产总值达2.63亿元。教职工603人，其中教师452人，教授、副教授197人，青年教师硕士以上学位比例70.27%。现有国民教育在校生近8000人，年培训各类企事业单位业务骨干万余人次。设有3个二级学院、6个系、49个专业，形成了以经济管理类专业为核心，工艺美术类、应用工程类专业协调发展的专业布局。

图1　辽宁经济职业技术学院全景

多年来，学校毕业生就业工作始终保持较高水平，2012—2014 年平均初次就业率为 93.86%；平均年度就业率为 96.83%。2014 届毕业生初次就业率为 94.82%，年度就业率 97.73%。在 41 个专业中有 19 个专业毕业生年度就业率达到 100%。自 2004 年以来，学校曾连续四次荣获“辽宁省普通高校就业工作先进集体”、连续两次荣获“沈阳市高校毕业生就业工作先进集体”和“辽宁省大学生创业教育示范校”、“辽宁省高校毕业生就业市场分市场”等荣誉称号。

学院始终坚持“面向市场，以就业为导向”的办学方针，坚持“院系两级就业工作一把手工程”，不断完善“全员就业”机制，以提高学生的技能和多种能力为目标，把满足行业、企业需求和地方经济社会发展需要作为办学的出发点和落脚点，形成了人才共育、过程共管、成果共享、责任共担的紧密型“产教融合、校企合作”办学机制（见图 2）。

图 2　辽宁经济职业技术学院专业建设

一、依托独特优势资源，搭建校企合作平台

学院所隶属的辽宁省经济和信息化委员会，作为辽宁省工业和信息产业管理的政府职能部门，为学院提供了得天独厚的行业和企业资源；学院作为辽宁省企业经营管理人员培训基地、辽宁省国家公务员培训基地、辽宁省县域经济人才培训基地和辽宁省出国培训备选人员外语考试培训基地，所拥有的广泛、丰富的社会和企业资源，为

学院职业教育改革和发展提供了强有力的支撑和保障，为不断深化的“产教融合、校企合作”以及毕业生就业工作搭建起了更加广阔的平台。

二、创新校企合作机制，改革人才培养模式

（一）建立“专家工作室”与“教师工作站”的新模式

“专家工作室”和“教师工作站”是学院的突出创新成果。学院从高职教育本质要求出发，以深化校企合作推进学生职业素质培养。学院创新建立了双向交流的校内“专家工作室”和企业中的“教师工作站”。企业派遣一线专家组成教学团队到学院参与人才培养方案，制定及理论实践教育教学全过程，有效弥补了专业课教师实践能力偏弱的教学短板；在企业设立“教师工作站”，定期派专业课教师“下厂实践”，走进企业第一线，增强实践能力，全面提升适应职业教育的教学能力和水平。截止 2014 年底，学院共建立 35 个企业教师工作站、22 个校内专家工作室，有 125 位行业企业专家成为专家工作室外聘教师，105 位专业教师具备两年以上企业工作经历，占教师比例 32.4%。

（二）建立“厂中校”与“校中厂”的实践教学新平台（见图 3）

积极推进课程改革，每门课程至少有一个合作企业做为支撑，重要的实践课程直接安排在企业现场完成，即“厂中校”教学。如：工艺美术类专业与工艺美术行业合作创建“工作室制”教学模式；市场营销专业与北京思源兴业房地产经纪公司创建“双循环工学交替”的教学模式；机电一体化技术（电梯技术）专业的企业现场教学模式，使学生的实践能力得到了快速提升。

引入合作企业在校内设立基于学生实践教学为主的企业生产经营分支机构，即“校中厂”。如：物流管理专业与“顺丰速运公司”共建“顺丰校园点部”，客运站务管理专业与“虎跃快速客运公司”合作共建“校园客运站”，旅游管理专业与“辽宁康辉国际旅行社”共建“康辉校园旅行社”为代表的“校中厂”教学模式，实现对学生的全方位、立体式、无盲点培养。

图 3　辽宁经济职业技术学院实践教学

三、促进校企深度融合，保障学生充分就业

（一）以校企深度合作催生就业连锁效应

在校企合作机制下，学院培养了大量适应企业需要、深受企业欢迎的高质量职业人才，使学生得以在相关企业成功就业。通过与一家或几家企业的成功合作，促成了与多家企业或行业的就业连锁效应。如：生物工程系通过与蒙牛、伊利、燕京啤酒等大型企业合作进而实现了与省内乃至国内的奶制品、啤酒、制药行业的更大范围的企业合作；信息工程系通过与沈阳三洋电梯有限公司的成功合作发展成为与省内整个电梯行业的合作；公共管理系通过与辽宁虎跃快速客运、沈阳皇朝万豪酒店的合作上升为与省内客运行业和旅游行业的教学、实训和就业的全面合作；工艺美术学院与部分企业合作最终也已发展成为与辽宁省工艺美术行业协会和辽宁省装饰协会旗下的数百家企业的合作。

（二）以"订单式培养"实现与企业无缝对接

自 2004 年以来，学院先后与辽宁顺丰物流有限公司、山东净雅食品有限公司、沈阳阳光动漫有限公司、沈阳三洋电梯、广东睿杰名品有限公司等企业合作，建成“物流顺丰班”、“旅游净雅班”、“动漫阳光班”、“三洋电梯班”、“睿杰营销班” 等 30 余个订单班。学校 6 个院系的 15 个专业开展了订单式培养。推进了企业文化进校园，培养了完全符合企业要求的职业人才，实现了人才培养与企业需求的无缝对接。

（三）以就业基地建设推进实习就业一体化

学校已经建立了 200 家省内外实习、就业基地，在辽宁省教育厅确立的 100 家省内大学生实习实训就业基地中，与学院合作的实习就业基地有四家榜上有名。其中包括首创安泰人寿保险公司辽宁分公司、沈阳燕京啤酒有限公司、沈阳天河五金机电设备有限公司、辽宁省总商会交通运输行业商会。2014 年学校实习就业基地接收学生实习 714 人，达到毕业生总数的 30.55%，接收学生就业 485 人，达毕业生人数 20.75%（见图 4）。

图 4　辽宁经济职业技术学院教学成果

四、校企联手服务共育，引导学生创新创业

学院利用校企合作发展成果，大力开展创业教育和实践。聘请有创业经历的企业专

家参与创新创业教育课程教学，为学生做创业讲座和创业指导；把由校企合作建立起来的校内实训基地做为大学生创业实训孵化基地，支持大学生开展创业实践。“顺丰速运”、“校园客运站”、“康辉旅行社”、“品味空间（食品小屋）”均是在校企共建或企业援建的校内实训基地基础上，充分利用学院“工商企业管理跨专业实训中心”创业服务平台，开辟出的校内大学生创业实训孵化基地。在辽宁省第二季创业计划大赛中荣获第二名的“爱未来校园客运站”，就是学生结合自身专业，依托校企共建的“校园客运站”开发的创业项目。该项目已成功入驻辽宁省大学生创业孵化基地（见图5）。

图5　辽宁经济职业技术学院就业创业荣誉

如果说高职教育是就业教育，“校企合作”就是实现就业教育所有内涵的基础，也是培养技能型人才的必经之路。今后学院将继续探索创新高职教育办学模式，进一步研究“政行企校”四方联动机制，坚持合作办学、合作育人、合作就业、合作发展，着力培养社会适应度高、具有创新创业精神的高素质技能型人才，开辟校企合作基础上的更广阔的就业空间，引领学生积极投身到创新创业实践之中。

依托三大平台　创新培养模式
谱写农林高职就业新篇章

江苏农林职业技术学院

江苏农林职业技术学院创建于1923年，占地面积6000多亩（其中自有土地面积3563亩），设有风景园林、农学园艺、畜牧兽医、生物工程、信息工程、机电工程、经济管理、人文艺术等8系和基础部，共有66个专业。在校生13000多人。

学院是全国职业教育先进单位、首批国家示范性高职院校之一、中国现代农业职教集团牵头单位、全国五四红旗团委、全国职业院校技能大赛农业大赛固定比赛基地、江苏省首批创业教育示范校和示范基地。长期以来，学院坚持“以服务三农为宗旨，以就业为导向，以能力培养为核心”的办学理念，形成了鲜明的办学特色，就业率始终保持在98%以上。学院毕业生因“下得去、用得上、留得住”深受用人单位欢迎。

一、以就业和社会需求为导向，建立招生就业联动机制

（一）紧扣行业产业需求，调整专业设置

学院立足长三角地区经济社会发展，特别是现代农业发展需求，不断调整专业设

置，优化专业结构。近几年重点打造了园林技术、园艺技术、宠物养护与疾病防治等7个招生就业两旺的强势专业，新增了农业机械应用技术、农业技术与管理等5个就业前景良好的专业，停招了应用韩语等6个专业。此外，学院还以近三年就业率为依据适时调整招生计划，严格控制连续三年初次就业率较低专业的招生规模，适度增加就业率较高专业的招生计划。

（二）服务社会发展需求，创新招生模式

根据现代农业的发展需求，学院与江苏省监狱管理局、南京市八卦洲街道、太仓市政府等地方政府和部门签订了联合招生协议，“校政联动、联合招生、地方买单、定向就业”，为地方培养新型职业农民。与企业合作，开设了“亚振班”、“博世班”、“艾贝尔班”等现代学徒制订单班，实施“双主体、双导师、双场地”的培养新模式，实现了校企联动，招生即招工。

（三）跟踪就业市场反馈，优化人才培养方案

学院连续四年通过第三方机构对毕业生及用人单位进行跟踪调查，及时掌握并根据用人单位、毕业生对学院人才培养、就业指导与服务等各方面的意见和建议，不断优化课程设置和人才培养方案。

二、以能力培养为核心，创新工学结合人才培养模式

（一）校政行企联动，打造能力培养三大平台

1. 校政合作，打造了一流的实训平台——江苏农博园和江苏茶博园。学院与句容市政府深度合作，获得无偿划拨土地，建成了集实习实训、教学科研、新技术成果示范推广及观光旅游于一体的综合性平台——江苏农博园和江苏茶博园。两个园区的核心区面积5635亩，辐射带动面积达1万多亩，可一次性提供1700多个实训岗位，满足了农科专业的实训需求。

2. 产教结合，打造了示范性产业推广平台——五大产业基地。学院按照“依托专

业办产业，办好产业促专业”的思路，利用自身技术、人才优势，相继开发建设了草坪草、彩叶苗木、茶叶、有机大米、蔬菜等五大产业示范基地，成为培养学生职业能力和积累创业经验的主要载体。五大产业推广平台的龙头企业——院属中江种业股份有限公司是全国种业50强企业、国家高新技术企业、省级农业产业化龙头企业，拥有自主知识产权品种11个，并于2014年4月在新三板成功挂牌上市。

3. 校企合作，组建了资源共享、互利共赢的职教集团平台。2004年，学校在全国率先牵头组建了由职业院校、企业等参加的江苏农林职教集团，为人才培养和就业建立了新的更广阔的平台。2014年12月，学校联合隆平高科股份有限公司共同牵头组建了由农业部、教育部组织发起的中国现代农业职教集团。集团成员单位中有15家上市公司、26家国家级龙头企业。集团平台已成为学生顶岗实习的主阵地和就业的主渠道。

（二）创新人才培养模式，提升学生职业能力

依托三大平台，创新实施了“三位一体”的工学结合人才培养模式。即依托实训平台，实行项目教学、课题研究和工学交替；依托产业平台，推进产教结合、学研结合、创新实践和成果转化；依托职教集团平台，开展综合实训、顶岗实习和创业孵化。三大平台提升了学生的职业能力，为学生充分就业奠定了坚实基础。

在专业课程体系设计上，与现代农业生产过程紧密衔接，构建了基于岗位工作过程的工学结合项目化课程体系。根据就业岗位群，将课程标准与职业资格标准对接，确立了126个课程项目，优化了教学内容和方法，确保了“双证书”制度的落实，提升了人才培养的质量。

（三）创新“双师型”教师培养模式，提升教师育人能力

学校将“双师型”教师素质培养与学生的职业能力定位相对接，建立了“三依托三结合”的培养模式，即依托实训平台，与承包经营相结合，增强教师的生产经营能力；依托职教集团平台，与挂职锻炼相结合，增强科研开发能力；依托产业平台，与科技帮扶相结合，增强服务三农能力。截至2014年年末，专任教师中“双师型”教师比例达89.8%。

（四）创新社会服务模式，提升学生实践能力

学校践行“课堂移村口、师生到田头、成果进农户、论文写大地”的理念，积极

开展“三农”服务。2009年以来，参与省委省政府实施的挂县强农富民工程，先后在泗洪、溧阳等县（市）实施“5111工程”（即做大5项产业，致富10个特色示范村，推广10项实用技术，年开展技术培训1万人次）。每年参与服务“三农”的师生达900多人次，锻炼提升了学生的职业能力。

2014年，在认真总结近年来人才培养、教学改革等方面工作的基础上，学院申报的《农科专业工学结合培养高职人才机制与模式的创新和实践》和《建园林工作室育高职园林技术精英人才的创新与实践》两个项目，分别荣获国家教学成果一等奖和二等奖。

三、创新创业教育模式，融创业教育于人才培养全过程

学校坚持把创业教育作为提高就业质量的重要抓手，通过创新实施“项目式教育、双轮式驱动、课题化管理”的创业人才培养模式，以省级大学生创业示范基地为载体，以社团组织为基本单位，广泛开展创业教育活动，有效提升了学生的创业能力和就业核心竞争力。

（一）以项目式教育为抓手，打造创业教育板块

1. 依托专业设计创业项目。紧扣产业需求、学校优势、专业特点设计创业项目，创新实施了“新禾创业计划”，遴选了“新禾果园”、“新禾菜园”、“新禾葡萄园”、“新禾菇园”等38个创业项目，重点打造了风景园林、农学园艺、畜牧兽医、生物技术等4大创业板块。

2. 依托项目构建课程模块。围绕创业能力要素，根据不同项目，构建项目课程模块。课程模块包括创业意识、创业专业技能、拓展技能等三个部分。

3. 依托基地实施创业项目。以省创业示范基地为载体，以社团为组织形式，采用“零投入、后结算、目标管理、自负盈亏”的承包经营模式开展创业实践，根据生产经营业绩对创业项目进行考核评价，并作为相应课程成绩的参考依据。

（二）以校内和校外基地为平台，实施双轮驱动

学校以校内创业基地、校外产业基地为双轮，助推创业项目实施。一是“两园一

街”校内平台。江苏农博园和江苏茶博园“两园”占地面积共5635亩，可承载农科专业的全部创业项目。大学生创业一条街，总建筑面积6000平方米，是学院培养学生专业技能和创业能力的重要平台。目前，已有56个创业社团入驻“两园一街”；二是五大产业基地校外平台。学院充分发挥自身优势，在省内建设了五大示范性产业基地，为学生创新能力的培养和创业经验的积累提供了实践平台。

（三）以课题化管理为手段，确保项目有效实施

学院就业创业指导中心每年发布创业项目指南，组织申报立项。创业社团依据申报方案（含培养人数、培养模式、课程体系、双师型创业团队、完成期限、经费预算和成果形式等），实施创业项目。就业创业指导中心对项目进行全程指导督查，项目完成后组织专家对项目进行验收，对优秀等级的项目予以表彰。

学必期于用　用必适于地

江苏工程职业技术学院

江苏工程职业技术学院是由著名爱国实业家、教育家张謇先生于1912年创办，现隶属于江苏省教育厅，经教育部批准已成为国家示范性高职院校。学校前身为“南通纺织职业技术学院”，2014年5月正式更名为“江苏工程职业技术学院”。学校全日制在校生近10000人，专任教师388人，其中高级职称约占33.76%，硕士以上学位约占62.1%，“双师”素质教师比例达83.51%。设有纺染工程学院、机电工程学院、社会管理工程学院、艺术设计学院、服装设计学院、建筑工程学院、航空工程学院等7个二级学院和素质教学部。

学校秉承张謇先生“学必期于用，用必适于地”的职教思想，坚持以就业和社会需求为导向，确立“以生为本，学以致用，服务社会，力求精进”的就业工作理念，坚持以质量为生命、创新为驱动、改革为动力，积极开展大学生就业创业指导与服务工作，不断提高毕业生就业竞争能力和创新创业能力，就业创业工作取得了毕业生就业率高、毕业生满意度高、获奖成果级别高、社会媒体评价高、服务区域贡献大的显著成效。学校获得“全国普通高校毕业生就业工作先进集体”称号，连续九次被评为“江苏省普通高校毕业生就业工作先进集体”，2015年被评为“全国毕业生就业经验典型高校”。

学校还积极发挥国家示范性高职院的引领作用与辐射效应，集成与整合优质资源，为地方经济发展做出了突出贡献，先后荣获了“全国纺织行业技能人才培育突出贡献奖”及“南通市职业教育服务社会经济贡献奖”。

学校以提高人才培养质量为着力点，实施“四个三”就业质量工程（完善三机制、坚持三结合、采取三措施、打造三平台），深化教育教学改革，逐步构建就业教育与指导系统化课程体系，打造“1234”的就业工作特色，实现就业教育与指导全程化，课堂教学与社会实践一体化，观念引领与自主选择人性化。

一、完善“三机制”，夯实就业工作基础

（一）建立分层负责的责任机制

学校就业工作实行党政两个“一把手工程”，成立校、院两级就业创业工作领导小组，形成了党委书记和校长带头抓、分管校领导重点抓、招生就业处专门抓、二级学院党政领导共同抓、辅导员和班主任具体抓的管理体系。每年度都确定一个就业工作主题，2013 年为“优质服务年”，2014 年为“改革探索年”，2015 年为“提质升级年”，据此与各级部门签订毕业生就业工作目标责任书。

（二）完善就业为先的保障机制

一是机构设置到位，管理工作专门化，成立了招生就业处及“就业创业指导服务中心”，加强全校就业创业工作管理，促进就业创业教育改革。二是人员配备到位，工作队伍有四化。通过完善就业创业指导队伍选聘机制、培养机制和发展机制，着力加强就业创业指导队伍建设，实现了专业化、职业化、专家化、信息化。

（三）经费投入到位，资金配套常态化

学校就业工作年度经费达到全校学生应缴学费总额的 2%。四是设施建设到位，工作环境现代化。学校设有洽谈室、面试室、就业信息查询室和招聘专用大厅等宽敞且功能齐全的就业工作场所，各种办公设备一应俱全。再次是健全就业服务的运行机制。学校滚动修订和完善了就业服务、就业指导、就业基地、就业市场、就业档案方面工作规章制度 11 项，出台了创业园、创业基金等一系列配套管理制度 6 项，建立健全了毕业生就业工作考核奖励机制，进一步将学校就业创业工作纳入规范化、制度化、

科学化的运行轨道。

二、坚持“三结合”，凸显高职教育特色

学校坚持专业设置与产业需求相结合、人才培养与职业发展相结合、招生工作与就业质量相结合(“三结合”)，以长三角地区人才需求和就业为导向设置专业，通过对毕业生开展社会需求、培养质量与就业状况的跟踪调研，形成就业质量年度报告，为学校编制招生计划提供科学依据，并建立和完善了专业设置和专业退出机制。学校着眼于学生顺利入职和长远发展，构建了“知行并进，学做合一”人才培养模式，建立了“人才共享、设备共享、技术共享、成果共享”（“四共享”）的合作机制，同时建设企业“教学化生产车间”，促进“教学场所与生产场所融合、学习过程与工作过程融合、教师与师傅融合、学生与学徒融合、学生作业与企业产品融合”（“五融合”），着力培养适应企业需要的“下得去、用得上、留得住”的技术技能型人才（见图1）。学校还全面加强学生的社会生活素质教育，构建“双基导向”课程体系（见图2），以提高学生的综合职业能力和可持续发展能力。

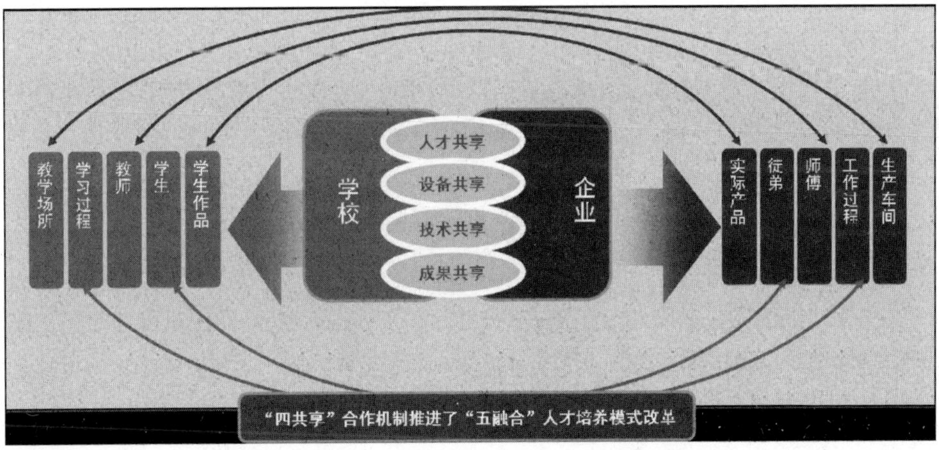

图1 “四共享”合作机制推进了“五融合”人才培养模式改革

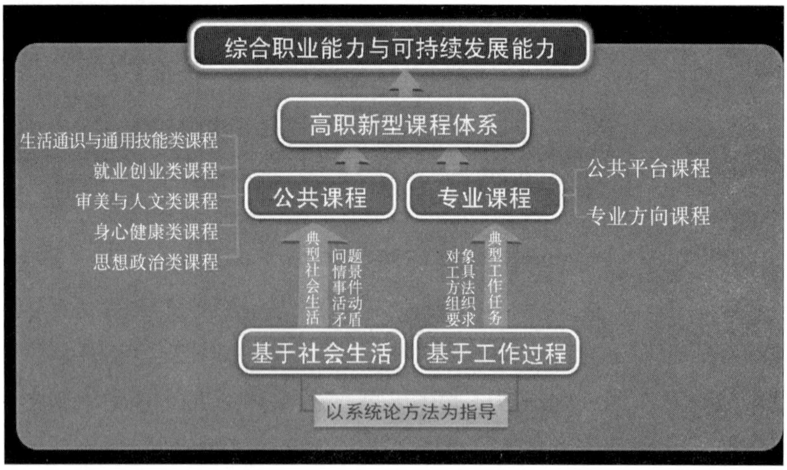

图 2 “双基导向”课程体系

三、采取“三举措”，促进不同群体就业

（一）深化就业教育改革，创新就业指导方法

学校逐步构建了就业教育与专业教育一体化课程，所有大类专业都开设了《专业认知与职业规划》（24 学时）、《职业发展与就业创业指导》（24 学时）这两门就业指导必修课。

（二）组建结对帮扶群体，推行爱心传递工程

学校将就业帮扶工作融入“关爱六困生”行动中，认真研判就业困难群体类型，建立工作台账，通过多种渠道为各类毕业生提供全程就业信息服务，困难学生就业率大幅度提升。

（三）落实国家就业项目，建立多元就业机制

学校积极向毕业生宣传相关政策，引导毕业生响应国家号召，踊跃参军，投身基层、服务西部，服务社会。

四、打造“三平台”，拓展就业服务领域

（一）政校企协同合作交流平台

学校经常性邀请地方政府机构和企业家代表来校举办专题讲座，定期举办就业招聘会，为毕业生和用人单位架设有效的对接通道。

（二）网络化就业信息服务平台

学校嵌入使用“全国大学生就业信息一站式服务系统”，成功安装了“91JOB 高校就业信息化服务系统”，开拓手机 APP 客户端，引进了南通市就业管理中心“就业信息自助式服务系统”，建立就业工作“QQ 群”，开通就业微博和微信，进一步延伸和拓展网络化就业信息服务平台。

（三）创新创业教育实践性平台

学校构建了“一体、二区、三级”（“一体”是学校整体；“二区”是主校区与海门校区；“三级”是市级、校级、院级创业园）的大学生创新创业园，创新创业实践模式，充分发挥各自专业优势，充分利用教师科研平台将创业实践与教学实践、科技研发及经营项目有机结合，形成高职创业特色。艺术类专业在省内外高职院校中率先倡导并实际创建以企业字号或专业教师命名的师生工作室，邀请知名专业人士或企业专家来校开设设计室或技术创新中心，同时建有多个省、市级技术研发中心。目前，已有 21 个机构向大学生开放，成为大学生提升技术服务能力、锻炼创业技能的优势平台。

目前，学校将张謇先生“学必期于用，用必适于地”的职教思想内化为人才培养的总体目标，形成了“1234”的就业工作特色。“1”就是遵循一个导向，打造优势专业集群。学校始终以就业和社会需求为导向，形成了一批优势突出、特色鲜明的专业群，有效将办学优势转化为就业优势。“2”就是依托两个主体，创新合作育人模式。发挥学校与企业两个就业主体的积极作用，建立与完善校企协同育人、协同就业、协同创业、协同发展的合作机制。“3”就是引导三个选择，重构指导课程体系。根据学生在校不同阶段的发展特点，做好学生三个选择（选择职业、选择地区、选择岗位）

的观念引导，抓好三个环节（职业认知、职业体验、职业定位）的就业教育，适时提供学生选择过程中的心灵鸡汤（见图3）。“4”就是推进四方协同，建立工作联动机制。学校统筹招就处、教务处、学工部、素质部的就业指导工作，用政策和制度来保障全员高度参与，把就业工作的“推销”转变为“营销”。

五、学校就业创业工作成效

（一）毕业生就业率高

多年来，毕业生就业率一直保持省内领先地位，2014年学校毕业生就业率为98.2%，其中在所开设的48个专业（方向）中有45个专业就业率高达100%。

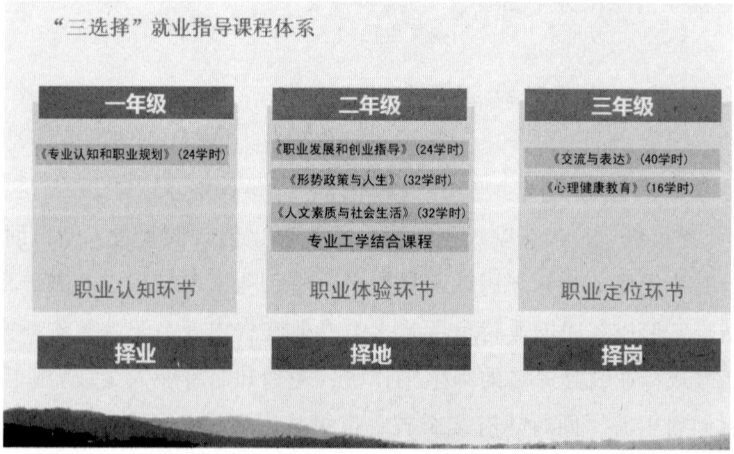

图3　“三选择”就业课程指导体系

（二）毕业生满意度高

据相关机构调查统计，2014届毕业生对学校的总体满意度为96%。

（三）获奖成果级别高

学校荣获国家教学成果二等奖和江苏省教学成果二等奖各1项；近三年，学校大学生在各级各类技能大赛、创新创业大赛中斩金获银；组建的学生创新创业团队常年保持在30个；连续三年获得江苏省就创业知识竞赛优秀组织奖；学校毕业生创业典型的事迹入选《激情年华——江苏75位大学生创业纪实》。

（四）社会媒体评价高

江苏省高校毕业生就业工作简报5次介绍推广学校就业工作经验；《中国教育报》等六大主流媒体都予以专题报道，人民网等多个网站多次发布和转载相关新闻。

（五）服务区域贡献大

每年学校毕业生在江苏省就业的人数达75%以上，就业岗位实现了江苏省及长三角地区的支柱产业基本覆盖，较好的满足了地方与区域及行业发展的需求。

学校将以全国毕业生就业典型经验高校为抓手，凝神聚力，多策并举，打造智慧就业新业态，形成优质就业新常态，实现满意就业新目标。

以建设行业为依托　以市场需求为导向
强化行业联合办学　实现学生满意就业

浙江建设职业技术学院

浙江建设职业技术学院是浙江省唯一一所公办建设类全日制高等职业学院，前身是创办于1958年的浙江省建筑工业学校。2002年1月，经浙江省政府批准正式成立浙江建设职业技术学院。作为国家骨干高等职业院校立项建设单位和浙江省省级示范性高职院校，学院历来秉承“以建设行业为依托、以培养学生为根本、以促进就业为导向、以服务行业为宗旨”的办学方针，以培养高水平的技术、技能型建设类人才为就业工作核心目标，为浙江省建设系统和地方经济建设输送了各类人才4万余名，已成为浙江省建设行业人才培养的基地和摇篮。

学院以人才培养模式改革为突破点，依托聚合行业、企业、校友3种社会力量开放合作办学，实施育人为本的“专项—综合—顶岗”3阶段育人模式；学院树立“以学生为本”的就业工作服务理念，构建了全员化的就业服务机制和系统的就业考核机制，不断完善课程体系，拓宽就业渠道和平台，从人才培养、就业创业教育、就业创业服务三方面强化就业工作质量。近年来毕业生出现供不应求现象，有的专业毕业生成为众多用人单位的“抢手货”，取得了“学生满意、家长放心、社会认可”的成绩。

一、以人才培养为根本，不断深化教育教学改革

（一）立足建设行业，明方向优结构

1. 广泛开展调研。学院出台了《学院推进建设行业企业人才需求调查的实施意见》，每年通过问卷调查、实地访谈、电话回访等方式了解浙江省建筑行业、企业的人才需求，为学院调整专业设置和专业培养计划、进一步推进毕业生就业服务工作指明方向。

2. 质量跟踪评价。从2010年起，学院委托省教育评估院、麦可思调查公司等第三方机构开展毕业生就业质量调查，对评价差的专业，降低招生规模或取消招生。

3. 优化专业结构。近年来，学院根据调查结果，及时停招专业2个，同时，根据行业企业需求，先后增设专业3个。

（二）深化教学创新，促培养提质量

1. 人才模式创新。构建完善了具有建设行业特色的“411”人才培养模式，获得了浙江省教学成果一等奖，并被全国土建类高职专业指导委员会向全国同类院校推荐。

2. 课堂教学创新。开展了“构建和谐师生关系、打造满意魅力课堂”活动，不断规范教学行为，形成了良好的教风学风，教学质量不断提升。

3. 教学方式创新。在办学中秉承“追求工程真实情境、提升学生就业能力”的理念，将高新信息技术融入到职业教育中去，大力推进专业数字化课堂建设（见图1）。

（三）多元开放办学，广合作深融合

1. 携手名企，助推学生顺利就业。携手建设行业知名企业，积极开展订单班人才培养，创建“1+1”校企合作学院。目前，学院共建有4所校企合作学院，充分结合企业优势特色和学院专业优势开展订单人才培养。

2. 依托行业，助推学生多元就业。为了拓宽就业渠道，解决订单式培养的学生只有一个就业选择的难题，为学生提供更广阔的择业空间和发展平台，学院依托行业协

图 1　浙江建设职业技术学院实践课堂

会、各中小型企业创新了“1 + 1 + X”行业联合学院合作办学模式。学院先后与浙江省建筑业行业协会、浙江省建筑装饰行业协会成立了浙江省建筑业行业联合学院、浙江省装饰幕墙行业联合学院（见图 2）。

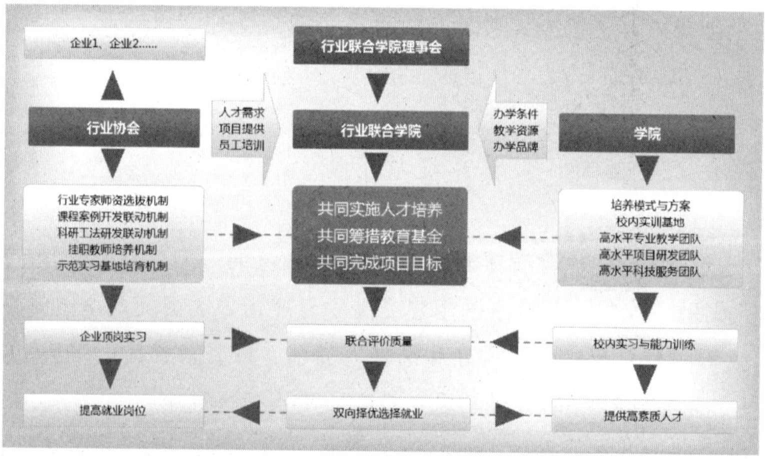

图 2　行业联合学院组织构架

3. 立足多元，助推学生优质就业。为提升建设行业人才培养整体水平，助推毕业生高质量满意就业，学院积极探索“1 + X”专业发展联盟模式，以专业为基点，协同“X”家行业协会、同类企业、本科院校和科研院所，共建专业发展联盟体，推动专业发展，带动人才培养质量提升，为实现学生高质量就业提供了必备的基础条件。

4. 面向国际，助推学生持续发展。引入国际先进建筑技术教育资源，组建绿色建筑节能示范中心，与各国际合作企业共同编写系列校本教材和职业标准，不断拓宽学生国际视野，促进可持续发展。

二、以优质服务为抓手，不断做实就业工作举措

（一）强化就业指导服务，全面提升毕业生就业能力

1. 构建1个体系。完善就业指导与服务体系，健全了学院领导、招生与就业处、学生工作部、系部齐抓共管，其余部门积极配合，辅导员、兼职班主任、专业教师全员参与的就业工作指导与服务机制（见图3）。

图3 招生就业座谈会

2. 加强1项教育。不断完善就业指导教学，成立了大学生职业发展与就业指导教研室，编写了具有建筑类高职院校专业特点的教材，搭建了网络教学平台，实现了教学课件、内容、考核的三统一。

3. 搭建1个平台。努力实现毕业生就业工作关口前移，为毕业生搭建了一个广阔的就业平台，每年6月份举行实习推荐会、12月份举行毕业生招聘会（见图4）。同时，与省建工集团、省一建集团、浙江歌山建设集团、浙江宝业建设集团等400多家知名建筑企业开展校企合作，建立长期稳定的毕业生就业基地。

4. 畅通1条渠道。充分利用学院就业网及各种网络资源，对内组织网络信息员队伍收集、发布就业信息，对外宣传学院、推荐毕业生；通过短信、微信、QQ群和手机APP等方式，将就业需求信息、就业指导直接推送到毕业生手机。积极开展个性化的就业指导服务，聘请专家为学生提供一对一的咨询服务。

图 4　浙江建设职业技术学院招聘会现场

5. 举办 1 项活动。开展“创新创业与就业教育活动宣传月”活动，举办创业计划方案设计大赛、职业生涯规划大赛、模拟招聘、“专升本、升学、就业”咨询会、“成功校友”座谈会和“就业形势与政策”讲座等，普及创业就业基本知识。

6. 实施 1 项工程。实施毕业生就业资助工程，制定了毕业生下基层就业资助管理办法，鼓励和支持毕业生到基层就业，给予一次性经费资助，同时给予家庭困难学生就业予以补助。

（二）强化创新创业教育，全面提升毕业生创业热情

1. 全员普及创新创业教育。构建了创新创业教育、创新创业活动和创新创业实践体系。面向大一学生开设创新创业选修课和创新创业培训班；面向大二学生开展各类创新创业活动；面向大三学生开展各类创业实践。

2. 结合专业开展创新创业教育。把创新创业教育融入到专业教育中，围绕创新创业所需，有针对性地讲授专业知识，更贴近实际。

3. 搭建创新创业教育平台。采用多种形式、搭建各类平台促进创新创业教育开展，如举办“鲁班文化节”、设立大学生创业园等。杭州市萧山工商分局与学院共建大学生创业园，并在学院设立了“萧山工商驻高教园区大学生创业服务联络室”。同时，校友企业浙江天亿集团有限公司在学院出资设立了“天亿创意创新奖励基金”，资助优秀创业团队。

4. 开展创新创业教育培训。与杭州市劳动和社会保障局联合举办大学生 SYB 创业培训班，积极开展大学生创业教育，进一步提高广大学生的创业能力。

5. 引导学生参与创业实践。充分利用行业优势明显、校企合作紧密等特点，引导

学生积极参与企业的创新创业工作。与浙江歌山建设集团建立“青年就业创业见习基地”，邀请企业成功人士担任创新创业导师，直接指导学生创新创业，建立“师导生创”的教育方式。

（三）强化就业保障体系，全面提升毕业生就业质量

1. 加强机制保障。学院党委把就业工作作为一项战略任务来抓，成立了毕业生就业指导工作小组，全面负责就业工作。学院推行二级管理以来，印发了《浙江建设职业技术学院就业工作考核办法》，对有关的职能部门、各系提出明确的考核目标。

2. 加强队伍保障。建立了一支多层次、多方位、立体化的就业指导教师队伍，吸纳社会职业指导专家、企业人力资源管理人员等加盟。通过校校合作、校企合作等多种形式，加大对就业指导教师队伍的培训力度，提高就业指导教师队伍素质。当前，校级专职就业指导人员与应届毕业生人数比例接近1:400。

3. 加强资源保障。学院每年将就业工作专项经费纳入预算，超过学费收入的1%，如有需要，上不封顶。学院就业、创业场地能充分满足工作需要，现有就业创业工作专用房屋面积为2200多平方米。

三、以学生发展为宗旨，不断加大就业工作成效

1. 就业率持续稳定。2010—2014年，学院毕业生初次就业率均在98%以上。

2. 就业质量不断向好。据第三方麦可思公司调查，2012—2014年3届毕业生离校半年后，总就业率、月收入、毕业生满意率等14个核心对比指标均优于全国示范、骨干高职院校平均水平；在浙江省教育厅组织的2013届毕业生质量调查中，学院的核心对比指标均优于全省示范、骨干高职院校平均水平，其中，母校满意度等7个指标名列全省高职院校第一，职业发展与人才培养质量总体排名全省高职院校第2。

3. 行业评价良好。学院毕业生因实践能力强、适应期短、吃苦耐劳、职业素养高、安心一线工作等诸多优点，受到用人单位好评。目前，学院毕业生大多已成为浙江省建设行业管理层和大中型建筑企业的中坚骨干，在建设行业形成了“要用人，找建院”的共识。

依托“五个抓手”促就业

安徽商贸职业技术学院

安徽商贸职业技术学院是一所公办全日制专科层次高等职业院校，具有110余年办学历史，21世纪以来学院在人才培养和社会服务等方面取得了令人瞩目的成绩，2005年在安徽省高职高专人才培养水平评估中获“优秀”等级，2008年被确定为首批安徽省示范性高等职业院校，2010年被确定为国家骨干高职院校立项建设单位，2014年以“优秀”等次通过教育部、财政部验收。

学院坐落于长江之畔的历史名城芜湖，占地540余亩，设有会计系、经济贸易系、财务金融系、工商管理系、电子信息工程系、艺术设计系、人文外语系、思想政治理论课教学部和体育教学部等9个系部35个专业，全日制在校生11000余人，多年来毕业生就业率稳居98%以上，2004—2006年连续3年获得“安徽省普通高等院校毕业就业工作先进集体”称号；2007—2012年连续6年获得“安徽省普通高等院校毕业生就业工作标兵单位”称号；2009年获“全国普通高等学校毕业生就业工作先进集体”荣誉称号；2012年被评为安徽省普通高校大学生创新创业教育示范校。学院在就业工作上取得的突出成绩，得益于互为肱股的“五个抓手”。

一、抓人才培养，提高学生职业能力促就业

（一）构建“三层次双元”校企合作长效机制，促进校企深度融合（见图1）

学院依托牵头成立的“安徽省商科高职院校与企业合作教育联盟”以及“安徽

商贸职业技术学院校企合作理事会”平台，通过建设8个“企中校”、6个“校中企”，设立26个“企业教师工作站”、5个“学校大师工作室”，构建了学院与行业、专业与企业、学校指导老师与企业指导教师“三层次双元”校企合作长效机制，形成了专业共建、人才共育、过程共管、成果共享、责任共担的紧密型合作办学机制。

图1　安徽商贸职业技术学院校企合作签约仪式

（二）实施“三三三”育人模式，对接人才市场需求

1. 实行专业设置与产业需求、课程内容与职业标准、教学过程与生产过程“三对接”的个性化人才培养，提高学生的职业素养和岗位技能。

2. 开展企业体验实习、专业顶岗实习、就业顶岗实习“三阶段”实习，让毕业生带着工作经验走上社会，减少磨合的阵痛，缩短适应的周期，增强毕业生的适应能力。

3. 推行学校教育与企业实践相结合、学历证书与职业资格证书相结合、专业技能教育与人文素养教育相结合的“三结合”模式，促进毕业生综合素质与职业素养协调发展，提高了用人单位对毕业生的满意度。

（三）建立“三方联动”机制，发挥就业导向作用

1. 根据市场需求、就业状况及时调整专业结构与招生计划。

2. 试点分大类招生，给学生二次选择专业方向机会。

3. 各专业建设委员会定期召开专题研讨会，邀请行业、企业专家论证修订人才培养方案，确保人才培养与市场需求充分对接。

（四）搭建三级职业技能大赛舞台，增强学生专业技能

学院坚持以赛代练、以赛促学，定期举办院级学生职业技能大赛，实现赛项全覆盖、教师全程指导、学生全员参与；在学院内选拔赛的基础上，积极参加省级、国家级职业技能大赛，近5年，学院在全国职业院校技能大赛中，共获得国家级奖项28个（其中一等奖9个、二等奖13个），在安徽省职业院校技能大赛中，获得奖项92个（其中一等奖40个、二等奖36个），位居全省乃至全国高职院校前列（见图2）。各级职业技能大赛的举办与参与，营造了学生人人争当职业技能好手的良好氛围，有力地提高了学生的专业技能水平和就业综合竞争力。

图2　安徽商贸职业技术学院师生参加2015年全国职业院校高职会计技能大赛

二、抓创新创业教育，鼓励创新创业带就业

（一）搭建“三个平台”，全方位开展创新创业教育

1. 搭建宣传平台，利用校园网、广播站、宣传栏、宣讲报告会等推介创业政策、宣传创业典型，激发学生创业意识。

2. 搭建教育平台，学院面向全体学生开设《大学生创业教育》、《大学生职业生涯规划与就业指导》两门必修课程和《网上贸易实务》、《网络创业》两门选修课，要求所有必修课、实践操作课课时不得低于总课时的50%。坚持与芜湖市人社局合作举办SYB培训班、

GYB培训班、创业模拟培训班，针对有创业意愿的学生深入系统地开展创业培训。

3. 搭建实践平台，提升大学生创业技能。通过大学生创业园、大学生创业一条街、与芜湖市弋江区政府共建的商务创新创业园等校内外创业基地孵化学生创业（见图3）。此外，学院坚持每年举办科技文化艺术节，举办并参加创业大赛、创意设计大赛、“挑战杯”安徽省大学生课外学术科技作品比赛、“三创”大赛等，培养创新意识，挖掘创业潜能。

图3　合作共建商务创新创业园签约仪式

（二）强化“三个落实”，全力扶持大学生创新创业

1. 创业经费落实，学院斥资100余万元建设场地面积1 100平方米的校内外大学生创业园，同时每年设立20万元专项资金用于扶持学生创新创业。

2. 指导教师落实，为每个项目配备创业导师组，提供业务指导、政策咨询和市场调研。

3. 孵化措施落实，先后出台一系列大学生创业管理制度，保障了项目遴选、资金筹措、技术支持、咨询辅导、入驻退出等孵化措施的落实，帮助大学生创业项目落地生根。

三、抓就业指导，转变就业观念

（一）依托全程化的就业指导，提高实时性

坚持就业指导全程化，针对不同年级循序渐进安排专项指导：一年级重点讲授职业生涯规划，二年级强调就业能力提升和创业素质培养，三年级讲授简历制作、面试准备、就业政策等，做到就业指导分阶段、不断线，各有侧重、有的放矢。

（二）开展多样化的就业指导，增强针对性

定期邀请优秀毕业生、企业负责人来校开展讲座，帮助毕业生树立正确就业观念；通过职业生涯规划大赛、模拟招聘等活动，锻炼学生的心理承受能力和应聘技能；开放就业信息查询室和就业咨询电话，接待学生咨询，针对就业问题答疑解惑。

（三）打造专业化的师资队伍，增加实效性

学院共有35名专兼职就业指导工作人员，参加各级各类培训并取得证书达50人次，就业指导教师积极参与教研、科研工作，近年来发表就业创业论文13篇，主编参编教材3本，主持各级课题6项。2014年两名教师获安徽省就业创业指导课大赛一等奖，其中一名选手位居创业组第1；指导学生在“昆山花桥杯”第九届安徽省大学生职业规划设计大赛暨大学生创业大赛总决赛中摘得金、银、铜奖各一个，其中一名选手位居就业组第1，学院两度荣获“最佳组织奖”（见图4）。

图4　安徽商贸职业技术学院学生获奖典礼

四、抓就业服务，以生为本助就业

（一）构建信息服务平台，畅通就业信息渠道

学院构建了集信息共享、政策发布、网上招聘、指导咨询四位一体的就业信息网，

并安排专门人员进行维护，确保信息发布及时、真实、高效，网站信息发布量逐年增长，点击量连年增加。2014 年，有近 450 家用人单位通过就业信息网发布招聘岗位 30675 个，与毕业生人数配比高达 9:1。同时，积极打造多元化的就业信息发布平台，建立毕业生生源信息库，利用网站、“QQ 群”、微信、短信平台、校园电子屏等媒介，将就业信息第一时间发布给辅导员和毕业生，确保信息传递的及时顺畅。

（二）规范校园招聘，保障就业权益（见图 5）

图 5　校园招聘会现场

学院重视招聘会的规范管理，相继出台《企业入校招聘管理办法》、《企业招聘信息发布审核办法》、《就业实习管理办法》等规章制度，加强用人单位的资质审核，坚决杜绝虚假、诈骗就业信息进校园，加强对毕业生的法律意识教育，全力保障毕业生权益。积极举办各级各类校园招聘会，做到大小结合、通专结合，周周有专场，年年有大型。2014 年共举办校园大型双选会 5 场，专场招聘会 100 余场，区域性组团招聘会 3 场，入校招聘单位累计达 500 余家，提供了 23510 个就业岗位，覆盖了学院所有专业，需求比达 7:1，实际录用 1469 人。

（三）争取多方合作，开拓就业市场

1. 校校合作，依托芜湖市高校就业联盟、皖南就业联盟，组团开拓就业市场，合作举办校园招聘会，协同发布招聘信息，实现资源共享、优势互补。

2. 校企合作，学院主动深入皖江城市带及长三角地区开拓实习就业基地，实现“产学研就”有机结合。

3. 校政合作，主动与地方政府对接，并与所辖地区企业签订合作协议，达成合作意向，在组团开展招聘会、学生就业优惠政策、大学生创业孵化基地方面相互支持，合作共赢。

4. 充分利用校友资源，收集就业信息，并邀请校友所在单位来校招聘，广开就业渠道。

（四）关注双困毕业生，做好就业帮扶

定期对毕业生进行摸底排查，建立“双困”毕业生信息库，通过心理疏导和危机干预开展个性化的就业辅导，帮助其缓解压力，增强自信；专门划拨资金，为困难毕业生发放生活补助和求职补贴；组织教师与学生结对，实施一对一帮扶，帮助其寻求就业机会、锤炼就业技能，实时跟踪，帮助其早日就业。

五、抓保障体系，落实“四个到位”保就业

（一）“一把手工程”实施到位

学院成立了以党委书记、院长为主任的毕业生就业工作委员会，院领导每年至少召开 2 次就业专项会议，研究就业问题，部署就业工作。

（二）“全员化”要求落实到位

系部成立以党总支书记为组长、系主任为副组长的就业工作领导小组，形成院领导主抓、招生就业处主管，系部具体负责，辅导员、授课教师等全员参与的三级毕业生就业工作网络格局，形成责任明确、保障有力、上下联动的就业工作机制。

（三）就业资源配置到位

学院毕业生就业指导中心为副处级建制，与招生就业处合署办公，专职就业工作人员充足，工作经费充裕、工作设施、办公设备齐全，为就业工作顺利开展打下了坚实的基础。

（四）就业政策执行到位

学院实行就业协议书发放和使用登记制度、未就业登记制度、毕业生就业率月报制度、就业材料三级核实制度，做到办理就业手续程序规范，了解就业信息准确及时，就业签约情况可靠真实。学院坚持就业工作奖励制度并逐年加大力度，调动班级辅导员和系负责人的工作积极性，提高工作效率和工作质量。

政校企协同　全员全程育人
开创毕业生就业创业工作新局面

福州职业技术学院

福州职业技术学院于2002年9月组建，现有全日制在校生7000多人。学校现为中国高等职业技术教育研究会副会长单位、中国西部地区教育顾问单位、福建省高等教育学会副会长单位、福建省高等职业教育研究会会长单位、福建省职业教育先进单位、福建省文明学校。

2012年学校通过省级示范性高职院校建设项目验收，成为福建省首家省级示范性高职院校（见图1）。学校坚持政校企合作，内涵式发展办学理念，创新高职人才培养模式，强化政校企协同、全员全程育人，大力促进了毕业生更加充分和更高质量就业。毕业生初次就业率连续多年保持在98%以上，签约率超过85%，对口率达80%以上，听障特教毕业生连续三届100%就业。连续四年获得福建省职业院校技能大赛团体一等奖，并获得全国职业院校技能大赛多项荣誉。蝉联福建省第六届、第七届“挑战杯”大学生创业计划竞赛优秀组织奖。“馨声工作室”学生创业项目获2014年全国中高职创新创业大赛二等奖（见图2）。

图 1 福州职业技术学院校园风光

图 2 由残健学生共同组队的学生创业项目喜获
2014 年全国中高职创新创业大赛二等奖

一、政校企协同育人，增强高职人才职业竞争力

（一）突出政府主导作用，创新政校企合作育人机制

学校成立了由福州市市长、政府相关部门、相关行业龙头企业、知名企业组成的政校企合作办学理事会。出台了政府、行业支持学院开展合作办学的实施意见以及政校企合作实施细则和考核奖励暂行办法等文件，形成了人才共育、过程共管、成果共享、责任共担、互利共赢的政校企紧密型合作办学体制和长效机制。该成果荣获 2014 年职业教育国家级教学成果二等奖，福建省高职教育教学成果一等奖。

（二）合作共建专业，增强人才培养的针对性和适应性

与行业企业共建专业，形成了6种各具特色的工学结合人才培养模式，其中广告设计与制作专业项目实战人才培养模式改革成果获省级教学成果一等奖。合作开展了10个专业基于工作过程的课程体系改革，合作开发编制了296门具有工学结合特点的专业核心课程标准，开发了50多门优质专业核心课程和370多门网络资源课程，编写了38部具有高职教育特色的校本教材，公开出版了29部教材，其中省级规划教材4部。

（三）合作共建实训基地，强化学生动手能力培养

福州市财政投入1.6亿元，把3.5万平方米的福州市职业教育公共实训基地建在学院；市财政每年下拨300万元专项资金用于改善学院实训条件；金科集团、安博集团等企业主动投入900多万元共建4个校内实训基地，合作打造了集“教学、培训、竞赛、鉴定、技术开发功能”五位一体的“七大实训中心”，共同建立了129家校外实训基地以及顶岗实习管理的长效机制，联手培育了2个中央财政支持的实训基地，4个省级财政支持的实训基地，1个省级生产性实训基地，校企合作工学结合项目成果获得省级教学成果二等奖（见图3）。

图3　福州职业技术学院实训基地落成仪式

（四）合作共建“双师结构”专业教学团队，提升人才培养质量

借助政校企合作平台共建“双师结构”专业教学团队，制定了专业教师下企业实

践锻炼制度，提出了建设“三能”教师团队要求，双师型教师占专业教师的比例达到86%，并聘请了企业兼职专业带头人、行业企业兼职教师近150名，构建结构合理的双师结构专业教学团队，其中省级优秀教学团队4个。

（五）合作开展科研与社会服务，提升毕业生创业创新能力

与相关行业企业联合成立了4个服务中心、8个“校中企工作室”以及25个“师生工作室”等，积极探索“产、学、研、用”相结合的路子。学生独立完成或参与完成了13项国家发明专利及实用新型专利。

二、健全全员全程育人格局，促进就业创业工作上水平

（一）一二三课堂结合强化职业素质，全面实施全员育人

1. 以企业项目为载体，深化第一课堂教学改革。各专业将企业工作流程与技术标准转化为实战项目教学，直接由企业技术人员进校指导项目开发教学，采用企业制作标准对学生项目成果进行验收。同时实施“课证融合”，推行“双证书”制度。

2. 设计具有专业性职业化的第二课堂活动菜单。各系创设第二课堂系列活动菜单供不同兴趣的学生选择，同时还利用第二课堂活动，加强与企业合作，由企业技术专家和学院专业教师共同培育省级、国家级技能竞赛选手。

3. 开展与专业结合紧密的学生第三课堂实践活动。将暑假专业实习与社会实践相结合，推进学生第三课堂活动。近年来开展的交通轨道系学生服务春运，会展专业学生服务全国糖酒展会，外语专业学生服务世界沙滩排球巡回赛等等，已形成品牌活动，得到用人单位好评（见图4）。

（二）精心打造“励园励志”校园文化品牌，融入毕业生思想政治教育全过程（见图5）

1. 将励志教育融入职业生涯规划教育。对一年级的新生，主要通过职业生涯规划课激发他们立志和职业规划意识；二、三年级的学生则是通过创业创新指导、职业生

涯规划大赛等，帮助他们对自己形成初步规划。

图 4　学院承办“思科网院杯”全国大学生网络技术大赛

图 5　福州职业技术学院荣获 2010 年全国高校校园文化建设优秀成果奖

2. 用专业实训、社会实践励志活动激励学生自信自强。让广大学生在广泛开展志愿服务和社会实践中增强职业素质和能力。如旅游、文秘专业学生多年坚持参加 5・18、6・18、福州市“两会”等志愿者服务活动。学院曾被评为“中国百个优秀青年志愿服务集体”。

3. 举办励志教育之“学生励志论坛”。邀请社会成功人士、知名专家等与广大同学一起分享他们的奋斗经历和成功经验，同时汇集优秀校友的创业实例与奋斗格言形成“优秀校友风采”——“励园之星”名片展示，引导、激励学院学子全面规划大学生活。

4. 推动残健融合促成长。利用特教学生和健全学生同在“励园”成长成才的案例，推动残健融合爱心文化与励园文化的融合，用爱的力量培养特教学生自强、自立的精神和顽强拼搏的毅力。励志教育形成了强大动力，促进全体学生阳光励志全面成才。该项目2012年入选教育部《全国职业院校校园文化优秀案例集》。

（三）校企文化全面融合，培养企业“准员工”

1. 将企业优秀文化元素引入教室、实验室、师生工作室以及系部的文化长廊，让学生体验企业目标、企业使命、企业精神、企业标准。

2. 聘请企业德育导师进校园，目前各系都拥有自己专业的企业德育导师，建立大学生“走进”劳模工作室机制。

3. 构建了工学结合下“实境、实做、实评”教学过程考核模式，形成了集“学生评价、督导评价、企业评价、日常检查、随机检查，全程考核”于一体的教学质量保障体系。学院每年开展学生职业形象礼仪大赛，引导学生以“准职业人”的敬业精神和行为规范约束自己。

三、以生为本，提升就业指导服务水平

（一）构建信息化校园，服务职业人才成长

针对职业人才成长的三个阶段探索高职教育的“职业人才成长服务”的人才培养模式创新，申报成功教育部教育信息化试点项目《信息化环境下“职业人才成长服务”培养模式探索》。

（二）加强质量跟踪，建立就业与培养良性互动

建立了毕业生网上跟踪平台，每年开展毕业生就业质量跟踪和用人单位满意度调查，并形成就业质量年度报告；制定培养与就业工作挂钩的相关政策，作为学院专业结构调整、专业设置，招生规模设置、人才培养方案制定的依据。

（三）加强职业指导课程的改革，推进学生的就业创业工作

开展以“小班教学、分组研讨；模块教学、分段实施；必修选修课程并重、二、三课堂活动并举；方法手段多样化、教学模式多元化”职业指导教学改革，职业指导

课程深受学生欢迎。

（四）依托行业企业，积极拓展就业市场

各系建立以行业企业专家为代表的专业建设委员会，与150多家单位建立常态联系，每年举办校园大型和专场招聘会40余场；创新招聘会形式，开展“毕业设计+毕业生成果与技能展示+现场招聘会”三结合的招聘会模式，取得良好效果。

（五）加强特教学生和双困生的就业帮扶

学校从经济资助、心理辅导、技能培训、重点推荐、法律援助等方面开展就业帮扶。同时在特教人才培养方案中突出企业在特教教学中的定向培养作用，全面引进公司技术与项目进行课程置换，解决他们在经济上、心理上和过程中的实际问题，使之能“进得来、读得起、学得好、出得去、比得过”。

深化教育教学改革　创新就业体制机制 全面实现毕业生优质就业

德州职业技术学院

德州职业技术学院是2005年11月经山东省人民政府批准成立、教育部备案、由德州市人民政府举办的全市唯一的一所国办高职院校。学校占地面积1190亩，建筑面积40万平方米（见图1），在职教职工850余人，设有10个教学系部，实习实训设备总值超过亿元。学校实行“一校两牌”（即德州职业技术学院和德州市技师学院）特色办学，开设普通高职专业38个，技师专业4个，高级技工专业18个，是融高级技工、技师和高等职业教育为一体的新型高职院校，现有全日制在校生13000余人。

图1　德州职业技术学院校园风光

建校十年来，学校先后荣获“国家高技能人才培养示范基地”、“国家级高技能人才培训基地”、“山东省文明校园”、“全省依法治校示范校”等40多项省级以上荣誉称号；2013 年 12 月被省教育厅、财政厅确定为“山东省技能型人才培养特色名校立项建设单位”，2015 年 10 月份省厅组织评估验收，全校上下全力以赴攻坚省级特色名校建设任务。

多年来，学校始终把毕业生就业工作作为维护社会稳定的重要保障、检验学校教育教学质量的试金石和学校毕业生的“命根子”，以提高毕业生就业质量为中心，坚持产教融合、校企合作的办学模式，坚持以创业带动就业，不断强化和完善“四化”、“四到位”就业指导服务体系，实现了毕业生优质就业常态化。

自 2009 年至 2013 年，学校毕业生正式就业率连续五年位列山东省非师范类专科院校第一名；2010 年被评为“山东省就业前景十佳高校”（见图 2）；2011 年以优异成绩通过省大学生就业工作评估；2014 年被省推荐参加全国毕业生就业总结宣传工作评选；今年再次参加并被评为“2015 年全国毕业生就业典型经验高校”，是山东省唯一一所获此殊荣的专科院校。

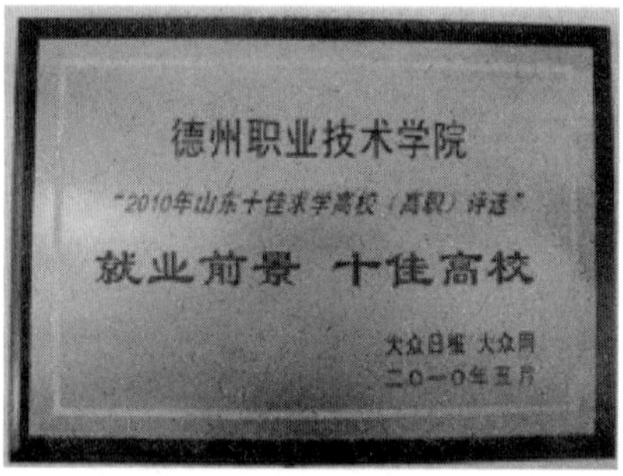

图 2　德州职业技术学院被《大众日报》、大众网评为山东省“就业前景十佳高校”

一、责任至上，使命所系，形成齐抓共管的优良局面

“以就业为导向”是职业院校办学发展的根本遵循和永恒追求。自建校以来，学校始终坚持把“为每一名毕业生都能找到一个有尊严和有发展前途的就业岗位”作为工作目标和价值追求。全面实施“一把手”工程，学校层面由校长负总责，分管校领导具体抓落实，各系部主任为系部毕业生就业工作的第一责任人，在年终各系部整体工作考核中把毕业生就业放在第一位的重要位置。不断调整和充实招生就业指导处，建立毕业生就业指导中心，两套机构合署办公，并按规定配备了专职人员 16 名，各系部也分别成立了由 3 人以上人员组成的毕业生就业工作领导小组。目前，学校就业工作专职人员与毕业生的比例是 1:75，就业专职人员全部是本科以上学历，熟悉就业政策，精通心理学、

教育学知识，目前已有13人获得国家“职业指导师”资格证书并能有效开展就业创业指导工作。学校将就业工作列入每年的党政工作要点，每学期初召开毕业生就业工作会议，定期到系部走访调研。学校所有部门领导、全体教职员工通力配合，及时解决就业工作中存在的问题，营造了“人人关心就业、全员参与就业”的良好局面。

二、实施“三个对接”，不断提高毕业生就业核心竞争力

俗话说：“打铁尚需自身硬”、“有了金刚钻才能敢揽瓷器活”，学生也只有具备了过硬的技能素质才能在激烈的竞争中赢得就业主动。多年来，学校始终把提高教育教学质量和人才培养水平作为学校办学发展的生命线，实施“三个对接”，不断提升毕业生就业的核心竞争力。

（一）推动专业设置与产业需求对接，夯实人才培养基础

学校积极融入国家“京津冀一体化”、山东省“两区一圈一带”发展战略和德州市“十大产业集群”建设，调整优化专业设置，大力发展太阳能光电技术、应用电子技术、数控技术、机电一体化技术等九大专业群，逐步形成重点突出、协调发展的专业架构，专业建设与行业、企业发展高度契合，有力增强了人才培养的针对性，为增强学生就业竞争力夯实了基础。

（二）推动教学与实践对接，提高人才培养质量

以先进的职业教育理念引领教育教学改革，不断深化“课岗证融通，实境化历练”人才培养模式改革，积极构建“3平台+3模块”课程体系，不断完善“5训6练”能力递进式实践教学体系，推进以突出能力为目标、以项目任务为载体、以调动师生两个积极性为鲜明特征的应用型课程改革，确保了人才培养质量。

（三）推动技能大赛与就业对接，增强毕业生就业竞争力

树立和弘扬“普通教育看高考，职业教育看大赛”的理念，制定出台了学校《关于进一步大力开展技能大赛工作的意见》和《技能大赛工作奖励办法》，在全校形成

以赛促教、以赛促学、以赛促改、赛育互动的浓厚氛围，技能大赛实现了常态化。近三年来，学校先后荣获第八届国际市场营销大赛优胜奖、第二届两岸三地大学生品牌策划大赛银奖，仅2014年，学校就在省级以上各类大赛中获奖92项，位列省内高职院校前列。

三、深化“1139”校企合作机制，创新毕业生就业工作新途径

“1139”机制即以学校建设的“1个职业教育集团、1个校企合作理事会、3个服务机构、9个专业指导委员会”为核心，“三层架构，多元参与”，形成三层组织互相助力，政、校、企、行多元参与的校企合作新机制（见图3）。

图3　德州职业教育集团在德州职业技术学院成立

1998年学校在全省率先成立“校企合作理事会”，2010年牵头组建“德州职业教育集团”，截至2015年初，集团成员企业发展到309家，其中全国500强企业55家、上市企业70家、年销售10亿元以上的企业90家，建设校外实习实训基地309个，示范性基地达到75个，使每个高职专业都有两个以上示范性基地，每年有5000余名学生轮流到企业顶岗实习。

学校坚持把培养具有创业精神和创新能力的高级专门人才作为校企合作的重点，实行订单培养。2012—2014年，与首钢集团、中冶天工集团、青岛赛轮、青岛海信等150家企业签订订单培养协议，引入行业企业技术标准和职业资格标准，与企业合作制定人才培养方案，每年与企业签订“冠名班”50余个，订单规模为5000余人，为企业量身定做所需人才，真正实现了教室与车间的“零距离”，学生毕业即就业，实现了教学与就业无缝对接，毕业生由充分就业逐步实现优质就业（见图4）。近年来，

仅首钢京唐钢铁联合有限责任公司就累计录用学生600余人，有的毕业生已提升为作业长等职务，月薪12000元左右。

图4　德州职业技术学院党委书记郭宝庆（右五）参加校企合作签字仪式

四、以创业带动就业，着力打造就业工作“升级版”

（一）重视创业教育，培养学生创业就业能力

学校大力开展创新创业教育，将大学生职业生涯规划、创业指导等课程纳入全校课程建设体系，组织学生开展创业大赛、创新发明大赛、创业讲堂等活动，培养学生创新创业能力。仅2014年，学校参加创新创业项目比赛，获国家级二等奖1项、三等奖1项，省级一等奖1项，三等奖1项。

（二）成立专门机构，推动创业教育成果转化

学校建立了10处校外大学生创业孵化基地，与309家校企合作单位联合建设“学生科技创业实习基地”。投资150万元成立大学生创新创业基地，现已有19个大学生创业工作室入驻，校学生处创办的“联通未来青春创业社”、“国商旅行社德职分社”；机械工程系创办的“三维创意工作室”；电气工程系创办的“四点半手工驿站”；计算机系创办的“物联网创新工作室”；经管系创办的“华信网赢大学生创业工作室”；建筑工程系创办的“建筑园之梦花店”等创业项目目前都发展良好。

（三）积极创建德州创新创业大学，为毕业生提供延续性的创业教育和服务

德州市人民政府投资300万元在学校建立德州创新创业大学，这是学校促进大众创业、万众创新，满足德州市大、中专学生创新创业教育需求，加快发展现代职业教育的重大举措。

五、全方位就业指导服务，构建立体化就业格局

（一）就业指导系统全程、规范

三年期间就业指导不断线，构建全程化、规范化就业指导体系。对于一年级学生，着重开展专业认知教育、大学适应性教育，帮助学生明确大学目标规划；对于二年级学生，着重加强专业技能教育和创新创业意识教育，对于三年级学生引导学生明确就业方向，转变就业观念，帮助学生做好就业准备。

图5　德州职业技术学院校长张同光在学校招聘会现场

（二）就业指导活动丰富、广泛

结合校企合作论坛等形式，每年邀请10多位企业界人士、高校学者、优秀校友开展专题讲座和培训活动。开辟“职场加油站”和“职业技能训练营”等平台，帮助学生提高就业技能，增强就业竞争力。安排有丰富实践经验具有相关资格证书的就业指导教师与学生面对面交流，进行一对一帮扶。制订贫困生资助制度，建立特困生资助

体系，通过“谈、奖、减、免、助、贷、捐、缓”等多种途径，帮助贫困生降低就业成本，使他们“进得来、读得起、学得好、出得去、富得快”。

（三）就业双选模式常态、普及

建立立体多样的校园招聘市场，搭建了“大型供需见面会—小型专业化招聘会—远程视频双选会”三位一体的招聘平台，建立“点面结合、形式多样”的招聘会模式（见图5）。每年邀请用人单位开展各种供需见面会100余场，网络远程招聘50余次，招聘企业500余家，提供就业岗位达20000余个，就业岗位可完全满足毕业生需求。

（四）就业信息渠道便捷、畅通

依托就业信息门户网站，以学校CRP系统为平台，结合微博、微信、APP等新媒体技术，开发基于智能手机等客户端高效、安全、系统的数字化就业信息渠道，为广大学生提供便捷的就业信息、实习见习信息、个性化的就业信息服务。

（五）就业市场开拓主动、深入

以校企合作为总抓手，以校企合作理事会为平台，牢牢把握毕业生就业市场，以“走遍千山万水，不怕千辛万苦，道尽千言万语，用尽千方百计”的“四千四万”精神，瞄准“重点区域、重点行业、重点单位和重点项目”多方拓宽就业市场，常年保持稳定的就业实习企业300余家，并保证每年新增央企、新兴企业20家。

总结学校毕业生就业工作的经验，得到的启示是：就业是民生之本，也是学校育人之要，必须树立“就业为本，民生至上”的工作理念，坚持把为每一名学生都能找到一个有尊严和有发展前途的工作岗位，作为办学目标和价值追求；必须把毕业生就业工作放在重要位置，党政齐抓共管、统筹谋划，充分调动方方面面的积极性和主动性，形成全员参与的优良氛围；必须深化教育教学改革，狠抓人才培养质量，不断提高学生的素质和能力，切实增强毕业生就业“硬实力”；必须坚持走产教融合、校企合作的办学之路，做实做强“集团化办学工程”，不断深化和拓展校企合作工作，为学生搭建更多更广阔的就业平台；必须解放思想、创新理念，积极响应国家“大众创业，万众创新”的新号召，大力实施创新创业教育，以创业带动就业，丰富毕业生就业工作新内涵。

教培互举 重实求新
打造毕业生就业“双高”品牌

武汉电力职业技术学院

武汉电力职业技术学院（以下简称学院）创建于1953年，前身是武汉电力学校（见图1）。2002年升格为武汉电力职业技术学院，是“湖北省示范性高职院校”、“国家、湖北省高技能人才培养示范基地”和“国家电网公司高技能人才培训基地”。六十二年来，学院为国家电力工业和地方经济发展输送了6万余名高、中等技术技能人才，享有“湖北电力黄埔”美誉。先后荣获“全国职业教育先进单位”、“全国职工教育培训优秀示范点”、“全国模范职工之家”、“湖北五一劳动奖状”、“湖北省最佳文明单位”等多项荣誉称号。

图1　校园鸟瞰图

一、学院概况

（一）办学定位精准

学院认真贯彻党和国家的教育方针，坚持正确的办学方向，紧跟电力工业的发展步伐，走出了一条根植行业、教培互举、科学发展、特色鲜明之路。当前及今后一个时期的发展目标是：以服务发展、促进就业为办学方向，努力建设成为专业特而精深、培训强而精优、校园小而精致、队伍齐而精良、管理细而精益、职工安而知进、文化久而弥新的现代高职院校。

（二）办学条件优良

学院占地16.6万平方米，校园建筑面积20.9万平方米，固定资产总值3.71亿元（不含土地）。教学用计算机生均1.3台，馆藏图书生均183.9册，校内实训实习设备生均5.02万元。省级及以上重点、品牌、特色专业10个。国家精品课程2门、国家精品资源共享课2门、省级精品课程9门。建有校内实训基地32个（其中央财支持实训基地2个、国家电网公司级专业实训基地3个、省级重点实训基地4个），校外紧密型实训基地77个，实训基地骨干专业覆盖率100%。有实践经验的专兼职教师占专业教师总数的78.4%。

（三）就业服务优质

学院通过打造“四四二三”工程，实现了毕业生就业“双高”（高素质高技能和高就业率高就业质量）品牌。“四”是指“四个对接”，即：对接行业发展，把专业“建在需求上”，实现了人才培养目标与企业需求的“零间隙”；对接职业岗位，将标准“引入课程中”，实现了学生理论知识、职业技能与岗位需求的“零距离”；对接企业文化，使学生“烙上企业印”，实现了从毕业到上岗的“零过渡”；对接培养规范，为企业“把好质量关”，实现了毕业生的“零库存”。第二个“四”是指“四项服务”，即：构建指导服务体系，开展专业化的就业咨询；建立信息服务系统，搭建便捷化的求职平台；拓展市场服务空间，开辟多样化的就业渠道；完善帮困服务机制，实施常态化的困难援助。通过“四项服务”，依托500余家稳定的合作企业，年均供岗数与应届毕业生比例达3.7:1（不含网络无形市场供岗数），形成了“不出校门有工作，企业上门抢人才”的良好局面。“二”是指“两个平台”，即：搭建服务平台和创新创业平台。2010—2014年，学院学生自行完成创新创业项目37个，参与校内科技创新项目13个、企业项目4个，在全国各级各类大赛上累计获奖117项，获批专利13项；毕业生在工作岗位上积极开展技术创新，获得创新发明成果奖多项，报学院统计的专利14项，创办公司或企业7家。“三”是指“三个落实”，即：落实“一把手工程”，凸显就业服务地位；落实“两个规范”，提升基础管理水平；落实“四个到位”，提供专项服务保障。

二、工作中的典型特色

（一）教培互举，探索模式创特色

学院全面贯彻落实国家关于职业教育改革的相关要求，结合自身定位和行业办学的独特优势，超前谋划、准确定位，探索形成了教培互举的办学新模式。切实履行职前教育和职后培训的“双重职能”，调整办学结构，适当压减职前规模，适度加强员工培训，使之均衡发展。依托学院与国网湖北省电力公司的“双主体办学”优势，学院办学获得了充足的资金支持和资源保障，为校企深度合作、实施人才共育、师资共培、资源共享、质量共促搭建了广阔平台，也使学院在办学中培育出了四个特色：一是服务电力、深融企业的专业特色；二是项目驱动、分层培养的师训特色；三是自主研发、虚实结合的实训特色；四是突出技能、竞赛引领的育人特色。四个特色使职业教育更具活力。通过开展面向行业和社会的“双重服务”，为企业员工建立了贯穿职业生涯的终身培训体系，使企业在可持续发展的道路上获得了强大的智力支持和人才支撑。职前职后互为依托、相互促进，给学院的改革发展带来了巨大的“红利”，大大地增强了学院的办学影响力（见图2）。

这样的探索，既符合国家关于加快发展现代职业教育的相关要求，又体现了学院建设特色鲜明高职院校理念的前瞻性。目前，教培互举的办学模式已作为教育部课题“融育为先”的主要研究成果，被誉为“行业办学的引领模式”，具有较高的推广价值和经验。

图 2　国网湖北省电力公司到学院招聘优秀毕业生

（二）紧贴需求，耕耘沃土育精英

学院主动适应社会和电力行业发展的新常态，以发展的眼光研判各类服务需求，为提高人才培养质量、增强毕业生核心竞争力耕耘了沃土。在专业设置上，针对电力能源的发展趋势，动态调整专业结构，开设“新能源发电技术”专业，成为了湖北省首家开设该专业的高职院校。在实训场地建设上，积极争取企业投资 1.8 亿元，相继建成了继电保护、电力营销、变电检修、新能源、电动汽车充电和智能变电站等一批设施设备与现场同步，并适度超前的生产性实训基地，将超前设施设备搬进课堂，大大提高了学生的动手能力（见图 3）。在自主研发上，针对电力行业对技术技能人才培养的特点和需求，在拥有自主知识产权的平台上，开发了具有国内领先水平的 35—500kV 全电压等级变电站仿真系统、12—30MW 生物质发电仿真系统和 200—1000MW 全系列火电仿真系统，实现了仿真技术对行业领域的全覆盖。其中，具有国际先进水平的 1000kV 交流特高压变电仿真系统为国内首创。在创新驱动上，成立了智能电网研究室、新能源研究室、电力创新工作室和 3 个专家工作室，营造了浓郁的创新氛围。5 年来，共获得国家发明专利 22 项，智能电网研究室已成为国网湖北省电力公司的重要智囊，自行设计开发的光储微网实训系统等一批科技成果，在全国具有领先水平。

这些成功的经验和做法使学院人才培养与行业和区域经济发展紧密衔接，既培养了高质量人才，也让毕业生提前抢占了就业市场，真正将“以需求为导向”落到了实处。

（三）重实求新，纵深推进增质效

学院秉承“大爱学生”的学生工作理念和“细实严新”的毕业生就业工作思路，

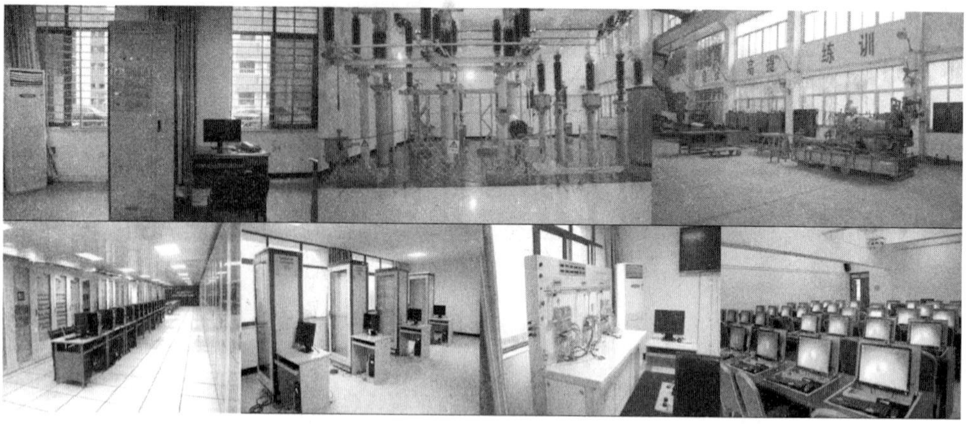

图3　学院建有与国网公司现场同步，并适度超前的实训基地

实施贯穿就业服务始终的闭环管理，推进了就业服务质效的全面提升。创新就业管理服务手段。学院于2004年自主开发并投运了毕业生就业管理信息系统。经过不断完善和改进，该系统目前已包含了毕业生就业信息管理、就业单位数据库管理、学生顶岗实习管理和毕业生信息查询等4个子系统，涵盖了就业动态公告、招聘单位信息发布、就业指导和咨询、学生应聘记录、签约状态和户档查询等10余个功能模块，实现了毕业生信息管理的"点对点"和"全覆盖"。该套系统自运行以来，一是成功对18796名学生的就业信息和应聘情况进行了完整统计；二是对进校的4462家企业信息和招聘情况实行了有效管控；三是对学生顶岗实习信息进行了有效监控；四是很好地处理了顶岗实习、教学和就业三者之间的关系，具备一定的推广价值。扎实做好就业服务基础工作。在就业指导上，学院就业指导中心与各系部对学生情况实行分类建档，并根据家庭情况、综合素质、性格特点及本人意愿等区分落实的难易程度，制定分类指导措施，同时指定专人"一对一"指导，帮助学生认识自身优势，明确就业定位，强化毕业生求职的"主动率"。在就业推荐中，学院通过采用"全天候服务"、"天天举行供需见面会"、"随时召开诊断会"、"困难学生重点推荐计划"和"用人单位要男生，我们就推荐女生"等做法，帮助学生提供就业机会，提高了就业推荐的"命中率"。在跟踪服务上，学院采用"QQ群"、电话、问卷、实地走访等多种方式，及时了解毕业生的生活状况、工作表现、岗位适应情况及学生思想动态，对毕业生和用人企业进行立体化跟踪服务及管理，建立用人单位和毕业生信息库，并协助用人单位做好毕业生的教育工作，提高了毕业生的就业"稳定率"（见图4）。

武汉电力职业技术学院在办学模式、人才培养和就业服务中的特色做法，获得了学生和家长的广泛认可，得到了社会和企业的一致肯定。近年来，学院多次荣获"湖北省就业工作先进集体"称号，2010—2014年毕业生就业率连续五年名列湖北省同类

图 4　学院每年举行校内电力类专场招聘和学生面试模拟

院校前茅，其中2013年就业率和协议就业率更荣膺湖北省同类院校“双冠”。学院的就业工作相继被中央电视台、湖北卫视、《国家电网报》等媒体专题报道，打造了毕业生就业的“双高”品牌。

对接产业办专业　校企合作育人才
实现毕业生更加充分和更高质量就业

长沙航空职业技术学院

长沙航空职业技术学院隶属于空军装备部，创办于1973年，是全军唯一一所国民教育性质的普通高等职业院校。

学院占地800余亩，现有在校学生9200余人，设有航空装备维修工程、航空机械制造工程、航空电子电气工程、航空服务与管理、士官、基础教育、继续教育等7个二级学院，开设有飞机维修、飞机控制设备与仪表、通用航空器维修、航空通信技术、航空电子技术、航空服务等19个专业（2015年招生专业数，共34个方向）（见图1）。

图1

学院建有全国首个“航空职业教育与技术协同创新中心”、全省首个民用航空器维修人员合格培训机构、军队装备修理企业职业技能鉴定所等对接产业、行业的平台。

经过40多年的发展，学院已成为覆盖军队装备维修、中航工业、民用和通用航空全产业链的高素质技术技能人才培养基地，是一所“军队”和“航空”特色鲜明的高等职业院校。

学院毕业生最终就业率始终保持在90%以上，且逐年提升，60%以上的毕业生通过校园招聘进入国企、央企就业，就业稳定性和起薪水平均大大超过全国高职院校平均水平。学院多次荣获“湖南省毕业生就业工作一把手工程”督察优秀等级，2015年获湖南省大学生就业创业示范校，还先后荣获“国家技能人才培育突出贡献奖”、“全国教育系统先进集体”、“全国职业教育工作先进单位”、全国第四届、全省第三届“黄炎培职业教育奖”、“湖南省文明标兵单位”等多项荣誉。

一、对接产业，打造航空特色品牌，瞄准就业主目标

1. 坚持服务产业行业，明确办学定位。学院党政主要领导连续多年带队深入企业学习调研，在深刻分析航空产业和高职教育发展趋势的基础上，进一步明确了“立足军队航空修理，紧跟军队机务士官培养，瞄准中航工业制造与维修，拓展民用通用航空，对接航空产业办学”的办学定位，为拓展毕业生就业的主目标市场赢得了空间和良机。

2. 对接航空产业，调整专业结构。学院从2012年开始大力推动专业结构优化调整。先后撤销与航空产业无关的22个专业，同时根据产业需求，分年度增设航空机械制造及自动化、航空电子信息技术、航空通信技术、民航安全技术管理、无人机应用技术、通用航空器维修等10个与航空产业紧密对接的专业。到2016年调整到位以后，学院将形成航空机电设备维修、航空电子设备维修、航空机械制造、航空服务与管理四个专业集群，全部对接航空产业，全部有紧密合作的企业，有明确的就业指向。

3. 坚持姓军为军，做强做大军队机务士官培养。学院作为全军唯一一所国民教育性质的普通高校，始终牢记使命责任，坚持姓军为军，紧跟军队机务士官培养，已经成为全国非军事院校向军队输送机务士官最多的学校。2003年，学院作为全国首批非军事院校毕业生士官选拔试点单位开始向军队输送士官，2012年，学院成为全国首批定向培养直招士官试点单位（见图2），截止目前已为军队输送专业技术士官1600余名，输送范围由空军扩大到海军、二炮、陆航等军兵种。2015年定向培养直招士官计划为730名，占新生规模的25%。

图 2

二、校企合作，培育高素质航空人，占领就业主阵地

1. 搭建协同创新平台，探索产教融合新机制。2013 年 10 月，学院联合航空企业、科研院所和职业院校，牵头成立了全国首家“航空职业教育与技术协同创新中心”，组建协同创新联合体（见图 3）。经过两年多的发展，目前理事单位已达 70 家，覆盖军队航空、中航工业、民用航空和通用航空全产业链。学院与 44 家理事成员单位在人才订单培养、员工培训、产学研基地建设、课程开发、教学团队建设、技术服务等领域开展深度合作，构建了产教融合的长效机制，打造了校企合作的战略平台，也为促进毕业生就业搭建了战略平台。

图 3

2. 校企深度融合，共同培育人才。学院依托协同创新中心与企业深度融合，开展了全方位的合作。2012—2014 年，学院共接受企业捐赠实训仪器设备 872 台（式套、件），总价值近 3 亿元，合作共建校内外实训基地 170 多个（见图 4）。聘请企业董事

长（厂长、总经理）30人为客座教授，聘请企业生产一线技术专家、能工巧匠142人为兼职教师。每年安排30余名专业教师、教学管理干部脱产到企业实践锻炼，新引进教师先到企业顶岗实践一到两年，在职专业教师五年一个周期到企业脱产顶岗实践半年到一年。学院与企业的合作不断深化，实现了深度融合，持续推进了学院人才培养质量的提升，持续促进了毕业生更加充分和更高质量的就业。

图4　长沙航空职业技术学院与合作企业深度融合

3. 扎实推进文化育人，不断提升毕业生核心竞争力。学院明确提出把培养学生的职业精神和职业素养作为首要任务，坚持从严治校、严格管理，强化“政治合格、诚实守信、技能过硬、身心健康”的人才培养质量观。坚持文化育人理念，将军队文化、航空文化、装备文化、现代企业文化和湖湘文化融为一体，构建了独具特色的校园文化体系。全面推行基于6S管理的实践教学星级评价，特别是根据航空产业的特点，对学生进行“敬仰航空、敬重装备、敬畏生命”和“零缺陷、无差错”航修精神教育，使毕业生职业素养与技术技能高度融合、协调发展，使学生走出校门就能尽快成长为一名合格的“航空人”。

三、多措并举，贴心做好服务指导，开创就业新局面

1. 强化保障机制，不断夯实就业工作基础。学院党委、行政高度重视毕业生就业工作，切实抓好毕业生就业工作“一把手工程”，成立以院长为组长的“毕业生就业工作领导小组”，专业学院成立就业工作小组，每年召开就业工作会议，每月召开就业工作例会，坚持院领导联系专业学院就业工作制度与目标管理制度，构建了“统一领导、统筹管理；分级负责、分类指导”的工作体系。

2. 以课程建设为龙头，努力提高就业创业指导实效。确定《大学生职业发展与就

业指导》课程地位作用，并以课程建设为龙头，健全职业发展和就业指导服务体系。采用建制班级教学模式、编撰学院特色的《大学生职业生涯成长手册》、“一对一”辅导、创建完善的大学生创业孵化基地等措施，提高就业创业指导实效性，达到文化知识、职业技能、职业精神和职业生涯协调发展、共同进步的目标。

3. 强化校园招聘主渠道，加强就业市场建设。根据学院《毕业生就业市场建设规划》，每年制定就业市场建设开发方案。每年举办协同创新中心理事单位专场招聘会、湖南省航空企业专场招聘会主题招聘活动，还另有近百家企业来校举行专场招聘会，校园签约率超过60%，其中40%以上毕业生与央（国）企签约（见图5）。按照客户管理理念，按军航、民航、中航、通航等九大就业板块分类，建立了包含150余家用人单位的客户数据库，做好客户管理工作。

图5　长江航空职业技术学院毕业生专场招聘会

4. 积极创造条件，帮助学生开展创业实践。学院建有2800平方米面积的创业孵化基地，同时成立了四个按专业群划分的创新创业工作站，通过创新创业教育与专业教育有机结合，大学生创业紧密结合专业，突出大学生创业创新型和创业质量，使大学生创业的成功率与竞争力进一步提升。学院每年专门投入20万元专项资金设立大学生创业基金，近年来还积极引入校外专项资金30余万元，树立10个创业典型，目前已有4个项目成功注册，运营情况良好，大大激发了学生的创业勇气，涌现出如“老菜鸟航拍公司”、“湖南三和六顺信息有限公司”、“微校园·孵化屋青年餐厅”等一批创业典型。

下一步，学院将以现有工作成效作为新的起点，进一步完善和优化人才培养模式，进一步推进学院就业创业工作的信息化水平，进一步提升创新创业教育和就业创业实践的成效，推动就业创业工作持续改进、持续创新，为实现更加充分和更高质量的就业，办好让人民满意的职业教育做出新的更大成绩。

立足航空　服务地方
全面实现大学生更加充分和更高质量就业

张家界航空工业职业技术学院

张家界航空工业职业技术学院地处湖南省张家界市，偏居湘西一隅，地处老少边穷地区，就业工作开展难度大。多年来，学院坚持以促进就业为导向，以服务为宗旨，努力开拓就业市场，构建特色就业网络体系，在全国就业形势普遍严峻的情况下，就业工作屡创佳绩，走出了一条独具特色的毕业生就业工作之路。

学院是2001年8月经湖南省人民政府批准建立的全日制普通高等学校，在校学生近7000人，设有9个教学系（部），开设30个专业，其中，数控技术、模具设计与制造、电气自动化、旅游管理专业是湖南省教育教学改革试点专业，数控技术专业是湖南省职业院校精品专业，数控技术、模具设计与制造专业是全国机械行业技能人才培养特色专业。

学院是湖南省示范性高职院校，是全国职工职业技能培训基地、中航工业高技能人才培训基地、湖南省国防科技工业职业教育集团牵头单位。学院历年来高度重视就业创业工作，着力构建具有职业教育特色的毕业生就业创业服务体系，在满足毕业生充分就业的同时实现了高质量就业，就业率一直稳居湖南省高职院校前列。2012—2014年，学院毕业生就业率分别为97.15%、95.14%、95.57%，稳居湖南省同类院校前列。2011年，学院在湖南省高职院校就业率排名中荣获第一名，2010年、2012年、2014年连续三次被评为湖南省高校毕业生就业工作“一把手工程”优秀单位，连续四次被评为湖南省高校毕业生就业工作“先进单位”。

一、以市场为基础，搭建特色就业平台

1. 立足航空，稳固传统市场，打造优质就业品牌。学院以航空工业为依托，开发航天、民航、空装、海装、船舶、兵器等国防企业就业市场，拓展国内知名企业；服务地方经济发展，建立稳固“就业基地”与“实习基地”。学院是中航工业高技能人才培训基地，并牵头组建湖南国防科技工业职教集团，坚实的行业背景为毕业生优质就业提供广阔平台，2003年以来，共有80多家航空企事业单位到学院接收6000多名毕业生，机电类专业毕业生三分之二在中航工业企事业单位就业。

2. 依托地方，开拓新兴市场，提供广阔就业渠道。张家界拥有世界顶级的旅游资源，“十二五”期间，张家界年旅游接待规模达3000万人次以上，旅游专业人才年需求量超过8000人。学院充分利用地域优势资源，以合作办学、合作育人、合作就业、合作发展为主线，服务地方经济发展。与张家界国家森林公园、张家界天门山国家森林公园、张家界魅力湘西旅游演艺公司、张家界大峡谷旅游景区管理有限公司和张家界中国国际旅行社等企业建立稳定、长期的合作关系，实现专业发展定位与旅游产业发展的深度对接，为本地现代旅游产业的转型发展提供了强有力的人才支撑，学院旅游类、经济类专业毕业生成为抢手人才，在全市中高级旅游管理人才中，张家界航空工业职业技术学院毕业生约占三分之一（见图1）。

图1　张家界航空工业职业技术学院就业市场开拓

二、以就业为导向，深化教学改革，提升优质就业原动力

1. 创新人才培养模式。学院依托行业和地域优势，人才培养凸显航空特色与地域特色。围绕行业需求与地方旅游产业发展需要开设专业，与160余家企业建立紧密校企合作关系，主体专业构建“人才共育、过程共管、责任共担、成果共享”的校企合作长效机制，形成以生产型课程体系、生产型实训基地、生产型教学方式为特色的“生产型”人才培养模式，建立了100多个规模化“就业基地”；先后开办“沈飞班”、“中铁班”、“天马班”、“中联班”、“双环班”、“春秋班”、“锦江班”等48个订单班（见图2、图3）。

图2 张家界航空工业职业技术学院订单班人才培养模式

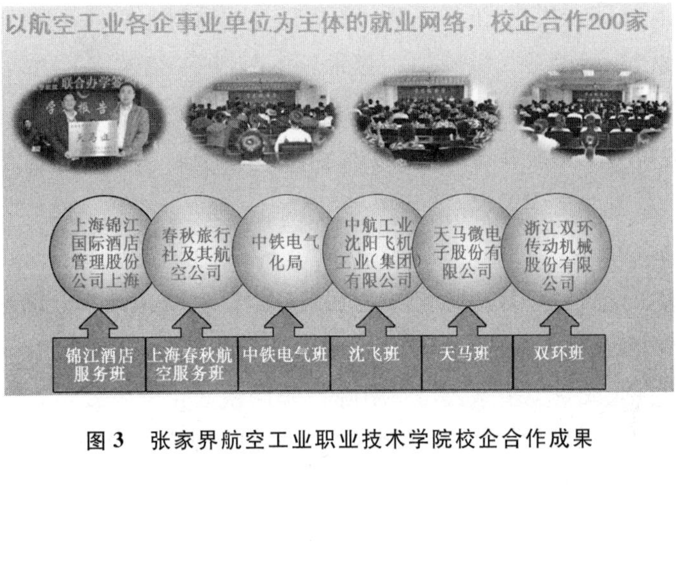

图3 张家界航空工业职业技术学院校企合作成果

2. 深化课程体系改革。打破传统学科体系课程结构，形成以职业岗位作业流程为导向的模块化课程结构，构建“公共素质课程模块＋专业平台课程模块＋专业核心课程模块＋专业拓展课程模块”的工学结合特色课程体系。学生先后获得全国数控技能大赛加工中心操作第二名、全国软件大赛总决赛一等奖、全国大学生会计信息化技能大赛总决赛特等奖和一等奖、全国旅游院校服务技能大赛三等奖。

3. 加快特色专业建设。学院始终坚持以重点专业建设为龙头，以课程建设为核心，深化内涵建设。根据行业和区域产业发展趋势和人才需求变化及岗位核心技能升级需要，建成以飞机制造技术、航空发动机装配与试车、航空机电设备维修、数控技术和旅游管理专业为引领的航空制造与旅游管理等重点建设专业大类，建成一批精品、特色专业。毕业生获得用人单位的广泛好评，年终就业率超过96%以上，对口就业率分别为70%以上。

三、以服务为宗旨，为毕业生提供“阳光就业服务”

1. 职业指导专业化。建立由政府、企业领导和人力资源专家组成的就业专家指导委员会，先后选送30余人次参加业务提升培训。同时，不断加强课程体系建设，从机构、人员、教材、课时等方面规范就业指导课课程教学，引导毕业生珍惜工作机会、准确定位、果断选择，帮助毕业生树立正确择业观和成才观。用人单位普遍认为，学院毕业生能勇于投身基层，能融合企业文化，善学好用，职业素养较高。

2. 就业服务人性化。学生对学院有期待，家长对学院有信任。学院提出“把毕业生就业招聘活动进行到底”的工作思路，积极引进优质就业资源，搭建校园就业平台，不间断地开展校园招聘活动，做到“长流水、不断线”，直到每一位毕业生都落实就业岗位，学院80%以上毕业生通过校园招聘实现就业。招聘周期甚至延伸到毕业生离校后，有的毕业生在第一次就业失败后，又多次返校重新择业直至成功，毕业生再就业服务已成为学院就业工作新亮点。

3. 创业服务实境化。学院实施创业服务“1＋4”保障措施，以管理制度建设为中心，做到“机构、经费、场地、师资”全面保障。把“课堂教学、课外活动、创业实践”三者有效结合，创立实境化创业环境。2012—2014年，学院已在计算机、教育培训、物流服务等行业成立了多家公司，学院《微商盟文化有限公司》创业计划项目更是荣获2014年湖南省“黄炎培职业教育奖创业规划大赛”高职组一等奖（见图4）。

图 4　张家界航空工业职业技术学院在 2014 年湖南省
“黄炎培职业教育奖创业规划大赛”取得高职组一等奖

4. 就业帮扶精细化。建立就业困难群体档案，突出重点，提出“关爱一个，帮助一家”的服务思路，明确建立“一对一，人盯人”帮扶责任制，帮助就业弱势毕业生实现就业。对帮扶对象实施就业心理疏导、信息帮助、就业推荐、落实经济资助政策。为了帮助一个帮扶对象完成就业，苦口婆心，付出大量精力，用心之良苦甚至感动了用人单位招聘主管。

学院立足航空，面向国防，依托张家界旅游特色，就业工作集中体现三个特点：一是就业面向广，大部分毕业生都在航空、航天、兵器、核工业等国防科技工业领域，还拓展到通信、汽车、民航、铁路、金融、旅游等行业；二是就业比例高，自 2001 年升为高职以来，学院毕业生就业率一直保持在 90% 以上，位列湖南省同类院校前列；2011 年，学院毕业生就业率为 94.9%，是湖南省唯一超过 90% 的高职院校，也是当年湖南省七所就业率达到 90% 以上的高校之一；三是就业质量优，就业地域集中在中心发达城市，就业单位大多是国有企事业单位（含央企），有较好的职业发展空间，工作环境较好。大部分毕业生是带户口带编制去就业，薪金高，福利好，真正做到了安居乐业。

把握脉动　创新驱动　促进就业工作可持续发展

广西建设职业技术学院

广西建设职业技术学院是广西唯一一所公办建设类全日制高职院校，自治区示范性高等职业院校。同时，还是国家建设行业实施技能型紧缺人才示范培养培训基地、国家高技能人才培养示范基地、中央财政支持的职业教育建筑技术专业性实训基地、中央财政支持的职业教育工程造价实训基地、中央财政支持的职业教育建筑装饰工程技术实训基地。学院毕业生初次就业率连续11年超过95%，多次荣获“自治区高校毕业生就业工作先进集体”（广西）、“广西就业工作先进单位”、“自治区学生资助工作先进单位”（广西）、“全国大中专学生志愿者暑期‘三下乡’社会实践活动先进单位”等荣誉称号。

一、以机制为保障，实施精准化就业顶岗实习现场指导，杜绝了“放羊式”就业顶岗实习管理现象

学院从顶层设计出发，不断建立完善就业工作管理机制和制度，从而保障了就业工作的顺利开展和显著效果。

（一）实施一把手工程

将就业工作列为学院一把手工程。学院、系（部）一把手均是就业工作第一责任

人，对就业工作负总责。学院每年成立以党委书记、院长为组长，招生就业处和各系“一把手”为成员的毕业生就业工作领导小组，并及时调整领导小组成员名单。各系成立以系主任为组长，系班子成员、专业团队负责人、毕业班辅导员为主要成员的系级就业工作小组，把毕业生就业工作纳入本系年度重点工作。

学院构建了“学院领导统筹，主管部门牵头，职能部门配合，学院、系两级层层落实”的校系二级管理体系，形成了“全院合力、师生齐心”的就业工作格局。

（二）实施“就业工作全员参与”及相关保障机制

1. 制度保障机制。学院就业工作制度完善，制定了《毕业生就业工作管理办法》、《毕业生就业工作考评办法》等12项规章制度，这些制度涵盖了就业教育、创业实践、就业管理、就业服务等各个方面，建立起了一个规范化、制度化、专业化的就业工作机制制度体系，确保了就业工作的有序、良性运转。

2. 经费保障机制。学院紧紧抓住经费保障这一关键环节。主要做法：一是将全年学生学费收入的1%作为专项就业工作经费，二是将用于毕业生就业实习实训的200多万元课酬使用于毕业生就业顶岗实习环节（此项经费是学院为促进就业实习而设立的专门经费）。此外，学院每年还另外安排就业指导课程理论教学的专项课酬经费。如2014年，学院共安排专项就业工作经费65万元，就业顶岗实习课酬240万元，就业指导理论教学课酬13万元，三项合计318万元。每年制度化的专项投入，确保了毕业生就业工作的顺利开展。

3. 专业化就业工作队伍机制。学院建立了一支责任分工明确、工作高效有序、梯次分明的专业化就业工作队伍，织就了一张覆盖全院的就业工作网（见图1）。

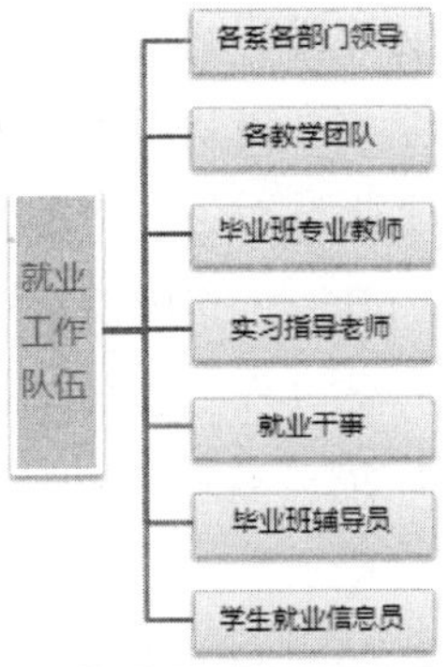

图1　广西建设职业技术学院就业工作队伍构成

4. 专业教师参与就业顶岗实习现场指导工作机制。全员参与，最关键的是建立专业教师参与就业顶岗实习现场指导工作机制。学院从制度设计和经费保障上，确保了该机制的建立和落实。按照学院要求，在毕业实习期间（总周数为26—36周），指导教师必须到学生实习现场6—10次（1次/月），电话联系1次/周，各系针对本系情况制定了相应的更详细的管理规定和要求。2014年，学院各系共安排了超过80%的专业教师执行毕业实习指导教学任务，实习指导专业教师均能按规定和要求，前往学生毕业实习现场进行检查指导。专业教师精准到位的现场指导，使学院能及时、真实地掌握了学生实习的第一手信息材料，有力提升了毕业生就业顶岗实习管理工作效率和力度，确保了毕业生专业岗位实习质量。同时，通过现场指导，能深入了解毕业生的实习环境和工作生活状况，有针对性地帮助毕业生克服困难，提高技能，加强了学院与用人单位沟通，促进用人单位聘用学生。

（三）工作成效

通过实施上述相关机制制度保障下的精准化毕业顶岗实习现场指导，学院基本杜绝了以往毕业就业顶岗实习“放羊式”的管理现象。

二、借“外脑”把脉就业工作——开展就业工作评估

学院自2006年起探索开展就业评估活动，以评估促就业。2008年，制定了《毕业生就业工作考评办法》。经过近十年的努力和探索，逐步建立起一套行之有效的就业质量管理校内监督和评价体系。具体做法如下：

（一）聘请校外专家进校，以就业评估会的形式，把脉学院就业工作

学院每年均邀请自治区教育厅就业工作主管部门领导、兄弟院校就业工作专家进校担任评委，开展对学院各系的就业工作评估。

学院开展就业评估的时间是每年的11月，主要形式是召开就业评估会，针对当年的毕业生，对各系就业工作质量进行考评。考评指标内容主要有工作机制、条件保障、工作内容、工作成效、特色项目等五个方面。

评估过程主要有以下四个环节：

1. 召开就业工作汇报会。评委、学院领导和相关职能部门领导听取各系主任汇报本系就业工作。

2. 查阅各项就业工作资料。评委深入学院招生就业处和各系，查阅就业工作材料，特别是毕业生就业证明材料。

3. 电话抽检。评委随机抽检毕业生就业情况，核对就业证明材料的准确性。

4. 召开就业评估反馈会。评委根据考评情况进行总结反馈，点评各系就业工作，

指出存在问题（见图2）。

图2　广西建设职业技术学院各系装订成册的就业评估材料

多年来，担任学院就业工作评估的评委，均是管理或长期从事高校就业工作的领导和专家。他们有：自治区教育厅学生工作处慕朝京副处长、教育厅就业指导中心吴桂彬老师、广西大学招生就业处黄路明副处长、广西师范学院招生就业处陈宗武处长、广西财经学院招生就业莫柏预处长、南宁职业技术学院招生就业处王永宁处长、广西农业职业技术学院招生就业处谢其渊处长、广西电力职业技术学院招生就业处何茂羽处长、广西经贸职业技术学院招生就业处蒙显雄处长、广西卫生职业技术学院就业处陈小刚处长等。

（二）引入第三方社会调查机构对毕业生就业情况进行调查反馈

一是学院与麦可思公司开展合作，对全院人才培养工作尤其是毕业生毕业半年后就业状况进行跟踪调查，并请该公司专家来校为全院教职员工解读调查报告；二是学院以专题研讨会的形式，开展对麦可思公司调查反馈报告的专项讨论，以此指导完善各系各专业的人才培养方案和学院就业工作机制体制。

（三）工作成效

通过借“外脑”把脉就业工作，使学院能客观真实地了解和掌握就业工作所需的第一手材料，从而增强了就业服务工作的科学性、针对性和有效性，促进了工作的规范化和科学化，改善提高了工作的效率和质量水平。

三、走校企合作办学道路，依托校企合作发展理事会平台，深化教育教学改革，提高学生就业竞争力

2011 年，为创新校企合作办学机制，学院成立了融“政行校企”为一体的学院校企合作发展理事会。目前，已有 108 家广西建设行业的骨干企事业单位加入成为理事会成员（见图 3）。理事会成立以来，充分发挥了校企之间联系沟通共享同发展的平台、桥梁和纽带作用，机制运作灵活有效，为促进学院人才培养和就业工作质量水平的提升发挥了巨大作用。

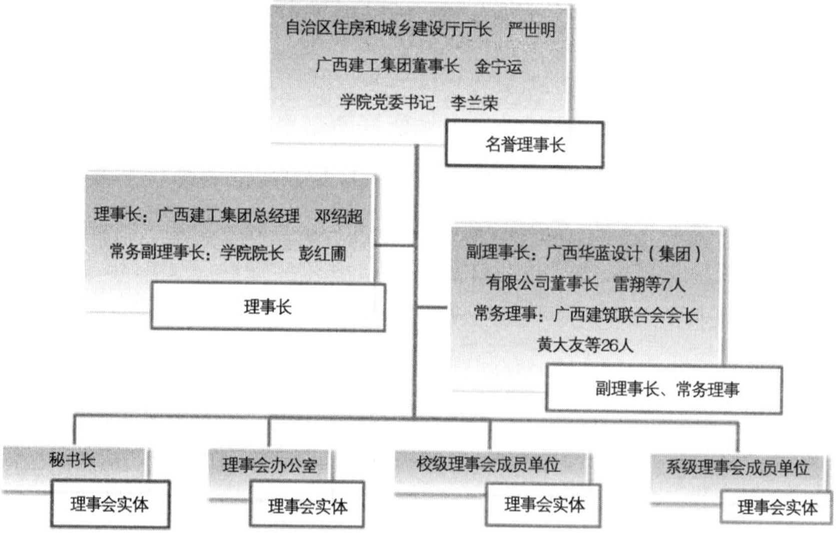

图 3　广西建设职业技术学院校企合作发展理事会组织机构

（一）依托理事会平台，进一步深化改革，育好人才，抓住抓好就业工作的根本

学院不断推进校企深度合作，走“人才共育、过程共管、成果共享、责任共担”的校企合作办学道路，充分发挥校企“两个办学主体”作用，推进了教育教学改革，提高了人才培养质量。

1. 学院以校内生产性实训基地建设为运行平台，引进企业技术、设备、人力等资源，积极开展“生产性”实践教学，为师生创造了真实的职业化教学环境。

2. 学院通过自建或与企业共建工作室（公司），使学生能参与真实项目的运作。

3. 学院通过与合作企业共建校外实习实训基地，让学生有了稳定的专业实训和就业实习基地。在实习过程中，学生也得到了企业里历届校友的“传、帮、带”（已成为传统）。

校企合作办学，给学院人才培养工作尤其是内涵建设，注入了新的活力，提供了新的发展空间，实实在在地提高了人才培养质量，提升了学院整体办学实力和水平。

（二）依托理事会平台，开辟毕业生就业主渠道和主战场

1. 通过与合作企业“合作签约＋挂牌＋多层次互访”，加深了校企之间联系互动，及时了解和掌握企业需求，从而能够将企业的岗位需求，最大化地用于吸纳学院毕业生，开辟了学院毕业生就业的主渠道。

尤其是开展用人单位走访工作，倾听用人单位对学院人才培养的意见和建议，是学院就业工作的一个重要构成方面。学院的做法，一是充分利用和发挥学院校企合作发展理事会的平台、桥梁和纽带作用。二是高度重视，多层面走访。包括学院领导、教务科研处和招生就业处人员、各系领导与教师，均以定期和不定期形式走访用人单位，深入用人单位调研，听取人才培养反馈意见，与企业共同制定校企合作人才培养方案。

2. 通过与合作企业共建校外实习实训基地，使其成为吸纳和推荐学院毕业生就业的主要力量。每年，通过理事会成员单位吸纳，或推荐毕业生到非理事会成员单位就业，已成为学院毕业生就业的重要路径。

3. 通过与企业合作，进一步密切了和行业企业里校友的联系。每年通过校友安排、推荐或吸纳毕业生就业，已成为学院毕业生就业的重要渠道。

（三）工作成效

校企合作办学，有力地促进了学院毕业生就业工作。一是进一步提升了学院毕业生的就业竞争力。学院毕业生素质高、能力强，能满足企业岗位人才要求，获得社会普遍认可。毕业生大多在第五学期就基本能落实好工作单位。二是进一步拓宽了学院毕业生就业空间，稳定了就业的主渠道。目前，学院已与各类企业共建有校外实习实训基地 206 个，大部分学生均在其中顶岗实习。

构建“三双”人才培养模式 促进毕业生高质量就业

重庆电子工程职业学院

重庆电子工程职业学院是国家100所示范高职院校之一，唯一获“2014年重庆市普通高校就业示范中心”、“2014年重庆市大学生创业示范基地”双示范院校称号，获“全国大学生创新创业大赛百强”及重庆市大学生创业大赛一、二、三等奖多项；2012届毕业生就业率达98.16%、2013届达98.1%、2014届达97.04%。2011届学生杨成兴在校创办重庆兴狼科技有限公司，2012年休学创办3家公司，吸纳包括博士研究生在内的200余名大学生就业，中央电视台等多家媒体广泛关注，2015年年初国务院副总理刘延东对此作出批示，要求认真总结，积极推广。毕业生的“职业核心素质高、专业核心技能强、就业服务拓展深”的“两核心一拓展”核心竞争力逐步显现。

学校作为国家示范高职院校，坚持以服务地方经济社会发展为宗旨，积极探索和推进教育教学改革，通过创建“双平台、双核心、双情境”的“三双”人才培养模式，提升了学生的综合职业能力和就业创业能力，促进了毕业生充分就业和高质量就业，得到学生、行业、企业、社会的广泛认同和高度评价。

一、建立资源整合与就业服务“双平台”运行机制，促进人才培养与社会需求零距离对接，为创业就业搭建“支撑点”

（一）建立资源整合平台，实现校企深度合作

学校建立了网络与信息安全校企联盟、重庆通信行业校企联盟等多个联盟组织，每年定期召开年会、新技术发布会、人才培养研讨会，整合政府、行业、学校和企业资源，实现需求互通、资源共享。目前有50多个职业院校和近300家企业加入了校企联盟，学校充分发挥办学优势、人才优势、智力优势为企业服务，企业充分发挥技术优势、生产优势、市场优势为学校服务。校企联盟使学校更好地了解社会需求，找准人才培养的目标定位，为学生创业就业提供了条件支撑（见图1）。

图1　重庆电子工程职业学院党委书记孙卫平教授在“中国－东盟职教展”上，向教育部副部长鲁昕介绍校企合作成果

同时，成立了网络与信息安全研究所、机器人技术研究与开发中心等11个应用技术研究所，整合学校教学和科研资源对外提供技术服务。近5年来，累计承接项目或工程149项，服务金额2115万元，获国家专利188项，不仅锻炼了教师队伍，也培养了一批学生技术能手。其中参与网络与信息安全研究所工作的2007届信息安全技术专业毕业生武亚，任上海爱数软件有限公司重庆分公司销售总监，年薪20万元；参与机器人技术研究与开发中心工作的2011届机电一体化专业毕业生刘来胜，创办了上海卓特机器人技术有限公司，研发了自动搬运小车（AGV）等机器人产品。依托应用技术研究所这个平台，实现了产、学、研、用深度融合，使人才培养更好地对接了企业需求。

（二）完善信息服务系统，提高服务质量和水平

学校建立了就业信息服务网站，毕业生可以通过电脑或移动设备随时查阅用人单位基本情况、岗位要求、薪资待遇、宣讲面试笔试时间等信息。就业单位也可以通过系统查阅学生的基本情况，挑选满意的人才。2014 年，网站共收录 617 家企业，5844 名毕业生的基本信息，发布就业岗位 12034 个，有 3465 名学生通过网站和用人单位达成就业协议。同时，学校定期召开校院两级双选会。2014 年学校举办综合性大型双选会共 4 场，二级学院结合专业优势全部举办了中小型双选会。全校累计举办双选会 200 余场次，提供岗位信息 2 万余条，充足的就业岗位信息保证了毕业生充分就业。

二、开发素质核心与技能核心“双核心”课程体系，提高人才培养质量，为就业创业找准“着力点”

（一）改革课程结构，加强职业核心能力培养

在课程体系中加大素质类课程的比重，除语文、数学、英语、计算机基础课程外，素质类课程还包括《国家职业核心能力》、《心理健康》、《就业与创业》等 3 门公共必修课程，《职业生涯规划》、《创新与创业指导》等 2 门专业必修课程，《人际交流与沟通》、《文献检索与撰写》等 2 门专业选修课程，《商务礼仪》、《客户关系管理》等 40 余门公共选修课程，使素质类课程的学时达到了教学计划总学时的 25%。截至 2015 年年初，学校共计 112 名教师获得“职业核心能力”培训师和考评员资格，2014 年，共有 5731 名学生参加职业核心能力水平认证，累计 8000 多名学生获得了认证证书。

（二）丰富第二课堂，全面提高学生综合素质

学校实行学生第二课堂素质教育学分制，对学生素质教育活动内容进行分类量化，与第一课堂学分共同形成学生综合素质评价标准，促进学生全面发展。2010—2014 年，学生参加各种竞赛获奖 285 项，其中，国家级 145 项；学校承办 2013—2014 全国大学生足球联赛总决赛（校园组）并获得第四名；获得“全国大学生创新创业大赛百强”；学生在“挑战杯”等创新创业大赛中获得国家级金奖 1 项，银奖 2 项，省级金奖 3 项，银奖 6 项。

（三）抓好技能竞赛，实现学生学做合一

学校坚持以赛促教，将最新技术融入竞赛中，转换到课堂中，保持教学内容的先进性。通过组织校、市、国三级技能大赛选拔赛，学校培养了一批教学骨干和技术精英，实现了教学相长，推进了学做合一，有效激发了学生的学习热情。在参加全国技能大赛方面取得了显著成绩。近5年，学生获得全国技能竞赛一等奖6项、二等奖18项、三等奖23项；省市级一等奖16项、二等奖30项；其他奖项共45项。

三、营造学习情境与职业情境“双情境”育人环境，提升学生创业就业能力，为创业就业拓展“闪光点”

（一）建立生产性实训基地，营造真实的职业情景

学校将校内建立的生产性实训基地作为学生在学习过程中了解职场的练兵场。例如，计算机学院安桥服务中心实训基地，集信息安全咨询、方案定制、数据恢复、软硬件开发等功能于一体，累计指导、培训学生458人，推荐到企业多半成为技术骨干和能手；应用电子学院的SMT生产实训基地不仅可以用于教学，也可以承接真实的生产任务，打造全真的职场环境，学生可以获取直观的职场体验，受到学生和用人单位一致赞许；汽车学院与重庆长安集团合作，开展“订单班”教学，按照企业的特殊要求进行培养，学生一只脚踏入校门，另一只脚踏入职场（见图2）。

图2 重庆电子工程职业学院毕业生代表、长安汽车集团田钭作“争当出彩中国人”专题发言

（二）建立导师工作室，营造真实的工作场景

学校提供专门的资金、场地和设备建立导师工作室，通过师生共同开展技术服务与研发工作，营造真实的工作场景。例如，陈良教授主持的“陈良首席技师工作室”参与了索宏科技公司等三家企业产品设计研讨，自主研发了无线电调试训练考核平台；张湛老师主持的“计算机等级保护工作室”，带领学生对重庆机场等30多家企业提供等级保护测评，指导的12名在校生已经可以独当一面；李法平老师主持的“软件开发工作室”指导学生进行软件开发和系统测试，使学生的开发能力达到入职1—3年程序员的水平；陈卫老师主持的“机器人设计工作室”指导学生参加CCTV杯机器人大赛（见图3），与本科院校同台竞技，取得全国第八名的好成绩，学生还未毕业就已被企业选中。

图3 重庆电子工程职业学院参加第十三届全国大学生机器人大赛颁奖现场

（三）建立创业孵化园，营造真实的创业情境

2012年至2015年年初，学校累计投入300万元的专项资金，建设了2600平方米的大学生创新创业园，提供了工商注册、税务代理、代账、融资、企业管理等服务，选择了与专业结合紧密，有创新发明专利和市场前景好的项目入驻，孵化了兴狼科技、重庆蜀都蔬菜种植股份合作社（东方锄禾）等67个创业项目，带动就业超800人。学生参加省级以上创新创业大赛共137人次，获得国家级一等奖2项，二等奖5项；省市级一等奖9项，二等奖23项；其他奖项共21项，累计获得创业奖励金额50万元。同时，为鼓励学生创业，学校率先试点了弹性学制和学分制，允许学生在六年弹性学制内完成学业，允许学生休学进行社会实践或创业（见图4）。2011级杨成兴同学在校创办重庆兴狼科技有限公司，2012年休学另创办了3家公司，其创业案例受到刘延东副总理关注。

图 4　重庆电子工程职业学院校长聂强教授、党委副书记朱毓高亲临学生创业现场指导创业

四、实施“三双”人才培养模式改革促进学生高质量就业取得的成效

“三双”人才培养模式改革的实施，得到了社会的广泛认可。2014 年，该项目获得国家级教学成果一等奖，获奖代表受到习近平总书记、李克强总理等党和国家领导人的接见。中央电视台、中国高职高专网、重庆电视台、重庆日报、华龙网等新闻媒体多次报道了此项改革的成果。杨成兴同学的创业案例被重庆电视台、重庆日报、重庆晚报跟踪报道，受到中央电视台，人民日报等 50 余家媒体的广泛关注。5 年来，北京信息职业技术学院等 40 多个职业学院到重庆电子工程职业学院交流创业就业工作经验，学校人才培养模式改革与就业工作推进的有关经验在省内外 60 多所高职院校推广应用，产生了广泛的社会影响。同时，学校人才培养改革取得的成果，有力促进了毕业生就业，确保了就业率和就业质量不断提升。据麦可思调查，学校 2012 届毕业生就业半年后的月收入为 2612 元，2013 届毕业生就业半年后的月收入为 2990 元，2014 届毕业生就业半年后的月收入为 3322 元。近 3 年来，学生的平均初次就业率超过 97%，就业对口率达到 67%。根据调查，学生对于就业的满意度达 83%，回访的 1547 家用人单位对于 18216 名毕业生评价为优秀的比例为 52%，良好的为 39%。

学校深化教育教学改革取得一系列成果，在提高人才培养质量，提升毕业生就业创业核心能力的做法，为毕业生的充分就业和高质量就业奠定了基础。为重庆重点支柱产业的发展提供了有力的人才支撑。

产学对接　精心育人
为装备制造业输送高端技能型人才

四川工程职业技术学院

四川工程职业技术学院隶属四川省经济与信息化委员会，始建于1959年，地处“国家重大技术装备制造业基地”——四川省德阳市，是国家“三线建设”时期与中国二重、东方汽轮机、东方电机等重装企业一起布点建设的学校，2006年成为全国首批（28所）国家示范高职院校。

学校占地面积1200亩（见图1），在校学生12000余人。建校五十多年来，学校为国家培养了6万余名技术技能人才，先后荣获“国家高技能人才培育突出贡献奖”、“国家高等教育教学成果一等奖”、“全国五一劳动奖状”等。

图1　四川工程职业技术学院校区

学校始终坚持“千方百计满足广大老百姓读书就业的愿望，千方百计满足行业和地方对技能人才和技术服务的需求”的指导思想，通过“强化保障提质量、产学对接育人才、完善机制促落实、悉心指导强能力、搭建平台畅渠道、全面帮扶助成长”，系统加强大学生就业创业工作，毕业生初次就业率多年保持在98%以上，呈现出就业单位起点高、就业岗位质量高、专业对口标准高的“三高就业”态势，学生满意，社会满意。

自2005年起，学校连续8年获得“四川省高校就业工作先进单位”。2012年，学校代表高职高专院校先后在第二十次全国高校党建工作会、教育部全面提高高等教育质量工作会上作交流发言。2013年12月，学校在全国高校毕业生就业工作网络视频会议上作交流发言。

一、开放创新，产学对接，为国家培养高端技能型人才

（一）体制创新，形成发展高职强大合力

2006年，四川省经信委、德阳市政府为了建立高职直接服务“德阳重装基地”的畅通渠道，实现学校与行业和地方紧密结合，经四川省政府批准，学校由省经委和德阳市实行“省市共建”。德阳市与学校共建国家机电职教综合实训基地、公共图书馆，优惠提供发展用地；四川省在学校设立行业技术创新中心，配套技改专项资金，增加了人员编制和生均拨款；学校与重装企业共建“校中厂、厂中校”生产性实训基地，引进企业设备5500万元，建立600余人的“企业兼职教师人才库”；教育部、财政部在示范建设和实训基地建设等项目中给予了专项支持。2010—2014年，学校共获得教育部、财政部、省、市各种投入3亿多元。

一系列改革，突破了“条块分割”、“两张皮”体制障碍，形成了“省市共建、资源整合、多方投入、社会共享”的办学体制。

（二）机制创新，形成服务产业快速反应机制

学校始终坚持“产业结构调整到哪里，学校的办学就跟进到哪里；重装企业需要什么样的高技能人才，学校就提供什么样的人才支撑”。

通过政府主导，实现学校专业设置与产业发展对接；行业引领，实现人才培养方案与岗位职业要求对接；企业参与，实现教学内容更新与企业技术进步对接。通过“三个对接”，建立起了“快速反应、同步跟进、动态调整”的主动服务重装产业的创新机制（见图2）。

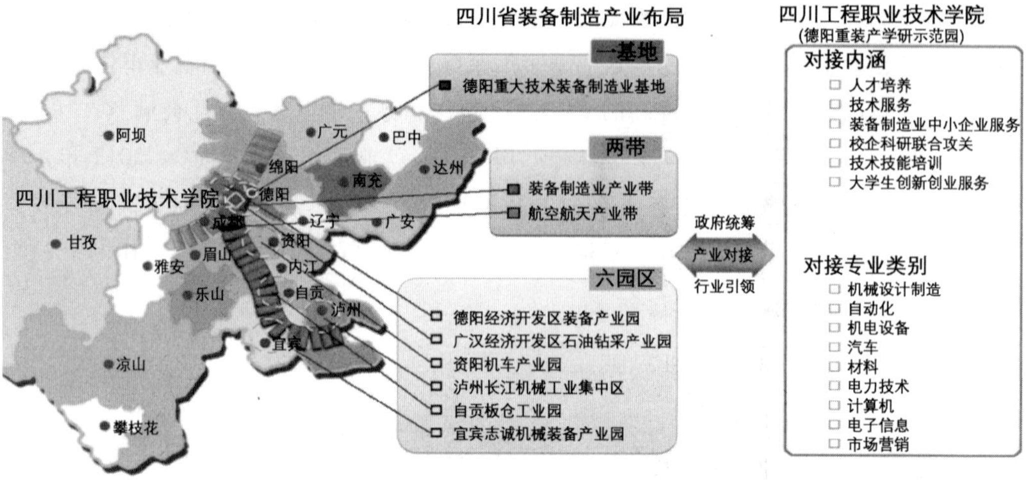

图 2　四川工程职业技术学院与装备制造业“产业对接”框架

2007 年，中国二重研制世界最大的 8 万吨大型航空模锻压机，学校和中国二重及时开设了模锻专业，按照“厂中校”模式实施培养。该专业毕业生成为了大型模锻压机试运行的首批操作者。2010 年，东方汽轮机厂急需焊接高技能人才，学校通过“校中厂”模式，引入欧洲焊工标准，校企实施联合培养的 142 名毕业生全部进入核电、风电生产的重要岗位。

（三）模式创新，提高人才培养质量

学校通过“校中厂”，把企业引入校园、产品引入实训、工程师引入课堂；通过“厂中校”，让教师进入车间、学生进入工段、教学进入现场。通过“三引三进”，将“工学结合”落到实处。同时，结合人才的成长规律，在课程体系上按基础理论知识和实践技能“两条主线”，系统设计，相互融通，对学生实施全面培养，推行“双证书制度”，实现与就业岗位的对接；学生就业以后，学校还与企业一起实施延伸培训，提升毕业生的持续发展能力。该成果荣获“第六届高等教育国家级教学成果一等奖。

2012—2014 年，高端装备制造骨干企业接收学校毕业生 4884 名，占制造类毕业生总数 67.2%；航天、航空、船舶、核工业等国防军工企业接收学校毕业生 1716 名，占制造类毕业生总数的 23.6%。

（四）建产学研园，建立大学生创新创业协同服务体系

按照“体制创新、省市共建、产业对接、校企合作”原则，学校规划占地面积

497 亩，投入 6 亿元人民币，与行业、企业共建了“四川工程产学研园”（见图 3）。

图 3　四川工程职业技术学院“校中厂”实训基地

学校成立了机械工程技术、智能控制、材料工程技术、云技术应用等 11 个研究所。与中国二重联合建设大型模锻设备与产品工艺技术省级工程实验室；与中国航空材料研究院共建航空材料检验检测中心；与德阳市和中科院共建“德阳中科先进制造技术创新育成中心”；与德阳市和东汽共建“云制造”服务中心；承担了四川省装备制造业产业集群技术创新中心、工信部“德阳装备制造业窗口服务平台”和“德阳市中小企业窗口服务平台”等公共服务平台建设项目。学校通过整合资源，建立了人才培养、技术服务、科技创新和大学生创新创业的协同创新服务体系。

二、“两服务一反馈”，构建就业整体联动机制

（一）悉心指导引路，全面服务学生

开展全程化就业创业教育指导，对职业规划、就业指导和创业教育分年级设置和实施，为大一学生进行专业教育和职业规划讲座，为大二学生开设《就业指导与创业教育》必修课程，为大三毕业生在就业创业中开展“线上线下”就业创业实务指导，对全校学生全程开设创新创业公选课程。

系部主任、书记共担学生就业“责任人”；专业带头人、任课教师与企业协同培养学生专业能力和岗位规范；班级导师充分发挥“引路人”作用，培养学生提高思想政治素质、法纪安全意识和就业创业竞争力；辅导员（班主任）悉心解答家长、学生的就业困惑，为学生就业服好务。

学校建立了就业信息网，通过不断建设和优化，实现了在线毕业生实名制管理，用人单位信息管理，就业推荐管理，顶岗实习跟踪管理，离校毕业生就业状况跟踪管

理，应往届毕业生就业帮扶服务等。就业信息网还嵌套了就业一站式服务系统，与知名人才服务网进行友情链接，尽量为毕业生提供了更多更好的就业信息，帮助毕业生顺利就业，满意就业。

（二）深入调研走访，个性服务企业

“要想就业好，多往企业跑”，学校每年指派一批老师进驻全国10余个就业基地片区，进行为期4个月的顶岗实习跟踪管理和服务；组织10余个以系部主任、书记带队的回访调研小组深入企业，进行交流和调研。如今，学校与一大批重点龙头等400余家企业结成了稳定合作关系，建起了四川成（都）德（阳）绵（阳）集中区域、重庆+贵阳的西南区域、上海+江苏的长江区域、广州+深圳的珠江区域、湖南+湖北的中原区域等5个高端制造业就业区。

企业进校招聘，提供专场服务。2012—2014年，学校为大型集团企业的子公司组织了70余场集中型招聘会，为中小企业举办了800余场专场招聘会，就业岗位数与毕业生数的年平均比约为3.65:1，校园招聘录用占比达69.8%。

企业个性化需求，开办“订单班”满足。近年来，学校相继开办了二重锻压班、东汽焊接班、成都公交集团汽修班、京东方电子班、卡夫食品亿滋班等校企合作“订单班”。

（三）科学反馈教学，及时调整学科专业设置

学校与社会调查机构合作，对毕业生、用人单位、就业市场跟踪调研，及时调整专业结构、招生计划和培养方案、考核标准。实行校系两级的月度教育教学工作、年度质量报告发布会和年度专业建设指导委员会例会制度，建立招生、就业、教学和学生管理信息共享平台，促进招生、培养和就业的良性循环。

三、立德树人，全面帮扶学生成长成才

（一）导师领航，助力学生成长

为每个班级配备一名由校领导、教授、中层干部担任的班级导师。班级导师发挥“引路人”的作用，“一对一”地指导学生开展职业规划，提供个性化就业咨询，参与

开拓就业市场，细心帮扶就业困难、家庭困难、少数民族、残疾等毕业生就业，效果显著。实行导师制后首届2014年毕业生，就业率98.64%。

（二）素质培养，打造学生品牌

广泛实施“文明修身”、“技能培训”、“社会实践”等六项素质工程。在顶岗实习期间，与企业基层党组织实施“校企合作育英才”计划，形成思政教育合力。邀请企业精英开讲座、开展毕业生典型报告会等活动，引导学生树立报国理想，到祖国最需要的地方去。

2012—2014年，学校毕业生基层就业平均比例为56%。工程学子下得去、能吃苦、善协作的品质受到了社会普遍认同，“作风优良、身心健康、技能过硬、实践创新”的学生品牌内涵进一步提升（见图4）。

图4　四川工程职业技术学院男足连续三届荣膺全国大学生足球联赛校园组冠军

（三）创新驱动，指引学生创业

学校投入大量人财物，成立“大学生创新创业教育指导中心”和“就业创业教研室”，拥有市级创业培训资质、18间标准化的创业培训教室、大学生创新创业俱乐部和65名“SYB”培训讲师，开设创业理论知识必修课、“GYB”、“SYB”创业培训公选课。学校通过推进创新创业教育、搭建创新创业平台和树立创新创业典型，不断激励和指引学生积极创新创业。

创新人才培养模式　构建就业服务平台 全力促进毕业生充分就业

贵州轻工职业技术学院

贵州轻工职业技术学院2004年2月经贵州省人民政府批准成立，隶属省教育厅，是一所以举办高职教育为主体，同时举办职前职后培训，集工程技术、信息技术、工艺美术、经济管理、旅游服务等为一体的全日制综合性公办高等职业技术院校。学院是全国重点建设职教师资培养培训基地、全国第四届黄炎培职业教育奖优秀学校、贵州省级示范性高等职业院校、贵州省高职高专院校思想政治教育工作评估优秀院校。学院地处花溪大学城，占地面积1000亩，56个高职专业，全日制在校生10000人。有专兼职教师526名，其中，具有高级职称教师比例为37.2%；博士、硕士学位专任教师比例为23.5%；双师素质教师287名，占专任教师的56.4%；来自行业、企业一线的技术人才、能工巧匠占专业课教师比例的22.5%。学院成立以来，在贵州省委、省政府的深切关怀与省教育厅正确领导下，按照“夯基础、强内涵、富特色、树品牌”的发展思路，始终坚持“立足贵州，服务轻工，面向社会”的办学定位，不断创新人才培养模式，积极构建就业服务平台，全力促进毕业生充分就业。

一、完善体制机制，夯实就业基础

1. 积极实施就业工作“一把手”工程，建立全员参与的就业工作机制。成立了以党委书记、院长为组长，分管副院长为副组长、相关职能部门及系党政负责人为成员的就业工作领导小组，形成了“学院统筹、职能部门负责、各系具体落实、相关部门配合、全院教职工参与”的毕业生就业工作格局。

2. 将就业工作纳入学院年度目标绩效考核，制定了就业工作管理办法、就业工作考评规定和就业工作激励办法，明确规定了就业工作内容、职责、程序和要求。

3. 落实“机构、人员、经费、场地”四到位，强化就业工作保障。一是机构健全。学院招就办就业科负责统筹管理学院就业工作。二是人员到位。学院专职就业管理人员和指导教师与应届毕业生的比例约为1∶200。三是经费到位。2014 年划拨就业工作经费占学费总数的 2.07%。四是场地完善。学院设有招聘会场、洽谈室、宣讲室、一站式服务大厅等共计面积约 1600 平方米，生均超过 0.6 平方米。

二、深化教学改革，适应市场需求

1. 以市场需求为导向，建立专业动态调整机制，培养“适销对路”的高素质、高技术技能人才。按照“依托行业，对接产业，锁定职业，服务就业”的思路积极构建专业动态调整机制。一是不断调整、优化专业结构，确立了现代物流、设计及装饰装潢、生物技术等三个重点发展专业群，不断做大做强优势专业。2014 年增设汽车运用技术、物联网技术等 8 个新专业，同时调整招生和就业前景不好的专业。二是打造品牌特色专业，形成了食品生物技术等紧贴白酒产业的 5 大特色专业群，将特色专业做优，将优势专业做强，将拳头专业做成品牌。

2. 以服务就业为导向，深化教育教学改革，创新人才培养模式，不断提升学生职业岗位能力。按照“产学互动、对接岗位、重构课程、双师共育”的思路，以“校企合作、工学结合”为基准，确立了“依托行业、对接产业、锁定职业、服务就业”的专业建设思路。构建了“课堂情境结合工作场景、学校教师结合企业师傅、毕业证书结合职业资格证书”的“三结合”人才培养模式。探索了“课堂与车间合一、教师与师傅合一、学生与学徒合一、作品与产品合一”的“四合一”教学模式。

3. 以加强学生实践能力培养为目标，全面提高学生综合素质。近三年来，学院共计投入资金 8100 多万元，建成城市轨道交通营运等 60 余个实训室，建成了食品生物技术、机电一体化技术、艺术设计等 3 个中央财政支持的实训基地。学院拥有“物流装备技术”、“食品生物技术”2 个省级开放实训基地，“物流管理”、“机电设备维修与管理”2个提升专业服务产业能力的建设项目。学校是西南地区获得教育部“中德诺浩汽车高技能人才培养助推计划校企合作项目”的首家高职院校，是微软IT学院贵州首家授权单位。贵州新闻联播分别于2014年8月14日和11月3日对学院校企合作基地建设、与贵安新区共同培养“精品制造”人才作了专题报道。

与此同时，学校积极推行学分制改革，人才培养注重学生专业技能、职业精神与人文素养和谐发展，全面提升学生综合素质。2013年，信息工程系专项服务队被评为团中央学校部全国高校100支城镇信息化建设专项调查实践服务队之一。

4. 以毕业生跟踪调查结果为依据发布就业质量报告，为学校教育教学改革提供依据。制定了毕业生跟踪调查与毕业生质量评价管理办法，开发了学生顶岗实习和毕业生跟踪管理数据采集系统，建立了毕业生跟踪调查机制和引入第三方评价，编制发布毕业生就业质量年度报告，并将就业质量年度报告作为学院优化专业和调整人才培养方案的参考依据。

2012—2014年，学校毕业生初次就业率一直保持在95%以上，企业评价总体满意率达90%以上。

三、拓展就业渠道，积极服务就业

1. 不断拓展就业渠道，做好毕业生就业推荐工作。一是制定学生就业方案，落实毕业生就业岗位；二是举办院系层面、多种类型的招聘会为毕业生就业牵线搭桥；三是通过学院就业信息网实施一站式服务，让毕业生充分了解招聘岗位，及时达成就业意向。同时，加强了对用人单位资格审查和校园招聘安全管理；四是认真实施高职学生专升本有关工作。2012—2014年，共有99名学生进入本科院校学习；五是积极落实基层就业项目。2012—2014年，大量学生参加“西部计划”志愿服务和应征入伍，学校连续三年被评为贵阳市征兵工作“先进集体”。

2. 完善信息化就业服务体系，建立和运用实名制就业动态管理机制。一是完善学院就业信息网，适时发布用人单位需求信息；二是在学院就业信息网上嵌入全国大学生一站式就业服务系统；三是建立和运用实名制就业进展状况动态管理系统，适时跟踪就业动态。同时，开发顶岗实习和毕业生跟踪调查数据采集系统；四是及时将毕业生的就业信息录入贵州省大中专毕业生就业系统，并将有关数据导入到全国就业信息监测网。

3. 加强就业困难毕业生帮扶工作，引导帮助其就业。一是建立双困毕业生和离校时未就业毕业生台账；二是召开就业困难毕业生座谈会，了解就业需求，“一对一”进行帮扶；三是制定了困难、特殊群体毕业生就业帮扶办法，切实引导帮助就业。四是充分利用学校资源帮助特殊群体毕业生解决就业困难。

四、深入理论研究，强化就业指导

1. 加强就业指导课程建设和研究，把学生就业指导教育纳入人才培养全过程。将就业指导课列入人才培养方案，积极参与全省大学生职业生涯规划与就业创业指导读本的编辑工作；选派就业指导教师参加学习培训；邀请专家到校现场辅导；划拨专项经费用于就业理论研究。

2. 组织开展丰富多彩的就业服务活动，引导学生树立正确择业就业观。通过组织开展企业老总进校园、就业服务与创业服务月等活动，加强学生就业指导。同时，以入学教育、就业讲座、企业参观、技能比武、职业规划大赛等活动引导学生树立正确的成才观、择业观、就业观。

五、积极整合资源，促进充分就业

1. 深化校政企合作以充分整合资源，提升服务区域经济社会发展能力。坚持以“合作办学、合作育人、合作发展、合作就业”为引领，形成“人才共育、过程共管、成果共享、责任共担”的紧密型校政企合作办学模式。中国贵安创客联盟总部基地、贵安新区产业孵化园、贵州省流通环节食品安全检验中心贵安分中心、微软 IT 学院等落户校园。同时与中航实业贵阳博亚机械制造有限公司共建“机电技术校内实训基地”，与贵州新知专业图书有限责任公司共建物流仓储实训“校中厂”，与上海市贵州商会、贵州省室内装饰协会、贵阳市软件行业协会及下属数十家企业、宁波市远望谷信息技术有限公司等行业、企业签订人才培养校企合作协议，为学生的岗位技能和岗位素质培养提供了有力支撑。

2. 积极搭建平台，组织开展创新创业教育。成立了“毕业生创新创业指导办公室”，制定了毕业生创新创业实施意见。通过多种形式开展创新创业教育，引导毕业生从“校园人”到“企业人”的角色转变。学校2014年被贵州省微企办、省教育厅、团省委联合确定为“贵州省微型企业大学生创业孵化培育基地”试点单位，贵州景秀技术开发有限公司、贵州博盛管理咨询有限公司等一批大三学生的创业项目在基地孵化并已盈利。

校企一体　铸钢铸才
专注高技术技能人才培养　助推毕业生高质量就业创业

昆明工业职业技术学院

昆明工业职业技术学院是一所由国有大型企业——昆明钢铁集团公司举办的具有51年职业教育办学史、30年高等职业教育办学史的公办高职院校。学院位于云南滇中工业经济核心区安宁市内，占地面积1114.91亩（见图1），各类在校生10186人。学院与昆钢集团公司相伴相生，产教深度融合，形成了“校企一体、铸钢铸才”的办学特色。学院坚持“以就业为导向”办学，促进毕业生就业创业，连续六年就业率保持在98%以上，毕业生就业率、就业质量水平在云南省高校中名列前茅。学院立足学生“学成有业”，坚持“以就业为导向”，通过“一平台、二契机、三创新、四计划、五对接、六服务”，多措并举促进毕业生充分就业创业，形成了鲜明的就业创业特色。

图1　昆明工业职业技术学院校区鸟瞰图

一、校企一体，人才特色培养力促毕业生就业创业

学院发展纳入昆钢集团公司中长期发展规划，形成“校企一体”特色鲜明的职业教育办学机制。在贯彻国家“一带一路，互联互通”战略、“两强一堡”区域发展战略和云南省发展大能源、大制造、大服务等“五大产业”中，积极开展云南省促进高校毕业生就业创业“六项行动计划”，就业创业工作形成了政策引领、主动出击的局面。学院结合昆钢集团“主业优强、相关多元”发展战略，实施“四个联动”，即把就业与国家和地区经济社会发展联动，把人才培养方案、教育教学改革与人才培养质量提升联动，把专业设置、招生、培养与就业创业联动，把校企一体与提高学生职业素养和职业能力联动；“六个融合”，即人才培养与企业需求相融合，专业教师与企业能工巧匠相融合，教学内容与工作任务相融合，能力考核与技能鉴定相融合，理论教学和技能培训相融合，校园文化与企业文化相融合。学院的发展力足于服务企业需求，人才培养力足于学生的就业创业。

学院在昆钢集团支持下，特出资1000万元，在学院设立“教育奖励金”和“贫困助学金”等（见图2），鼓励教师教学科研、企业专业技术人员履职传授和“师带徒”、学生创新创业，从专业、招生、培养到就业创业与企业和社会要求相衔接，从制度体制政策上，丰富完善企业举办职业教育的内涵。学院人才培养方案的制定以行业企业人才需求为出发点，人才培养过程发挥学院、企业两个育人主体的作用，实现了资源共享、人才共育、责任共担、成果共享，最大限度发挥校企一体办学优势，从思想品质、专业技能、动手能力、综合素养等多方位极大提高了学生培养的质量。凭借昆钢集团产业遍布云南省内、省外、国外的优势，搭建了毕业生就业平台。已有57家大型国有企业连续6年到学校进行人才招聘，为毕业生较高质量就业奠定了基础。

图2　昆明工业职业技术学院社会紧缺专业补助发放仪式

二、抓住“两个契机”

1. 学院抓住云南省高职院校示范评估和特色评估契机，“以评促建、以评促改”，进一步健全了就业创业服务体系（见图3）。

图3　昆明工业职业技术学院企业兼课教师聘书颁布仪式

2. 承办了“云南省2014年高职院校高技术技能人才毕业生双选会”（见图4），以大赛联动举办双选会促就业，推动了学院就业工作再上新水平。

图4　学院抓住大赛契机举办双选会

三、开展“三项创新”

1. 关注特殊群体就业，做好离校未就业毕业生的就业推荐工作。学院设立离校未就业毕业生“QQ群”、微信群，及时传递招聘信息。对家庭困难毕业生、低保家庭毕业生、残疾毕业生、边疆地区毕业生、极少数民族毕业生及离校未就业毕业生实施“一对一”指导和就业创业推荐服务。每年毕业离校前引进企业，提供月待遇不少于3000元的招聘单位和岗位，举办离校未就业学生大型专场招聘会，为毕业生就业托底促就业（见图5）。通过离校后毕业生就业工作的后续开展，2014届毕业生离校时有456名离校时未就业毕业生，到2014年12月31日止，440名实现了就业，年终就业率达99.2%，创造了学校毕业生就业率的历史新高，确保毕业生充分就业。

图5　昆明工业职业技术学院离校未就业毕业生双选会

2. 建立创新创业基地，支持和鼓励学生创新创业。学院在昆钢公司设立的500万元专项“教育奖励金”中设立创业专项资金，扶持学院大学生创业项目，校企共建“立体化，多功能”的大学生创业基地——云台创业基地，下设与办学主体昆钢集团共建的云台钢城大学生创业基地和云台创新实验基地，与北京中航未来科技有限公司共建的云台中航移动电商创业基地，与云南圣木实业有限公司共建的云台圣木大学生创业基地。校企共建创业基地实现了充分利用企业项目、市场、经验和平台，提高学院大学生创业的成功率，在学院逐渐形成了“大众创业，万众创新”创新创业氛围（见图6）。三是积极宣传，助推云南籍毕业生“走出去”，实现省外就业。学院积极开展“云南青年志在四方”活动，2012—2014年，共发放云南省政府“走出去”就业学生奖励金66.6万元，“走出去”人数超过1000人，专业对口率达95.2%，毕业生满意度达98%，到宝钢集团、贵州黔桂发电集团、海螺集团等500强企业就业的学生90%晋升为主操、或班组长。“走出去”就业成为学院在云南省高校中的一张名片。

图6　昆明工业职业技术学院表彰奖励就业创业典型

四、实施“四项计划”

1. 订单培养计划。学院与中化化肥集团、宝钢集团、黔桂发电集团等中国500强企业开展订单培养，实现上学暨就业。

2. 质量提升计划。开展项目化教学等系列教学改革，加强师资引进和培训力度，提高毕业生质量，以学生质量促进学生就业。

3. 校友联动计划。把毕业生校友作为学校发展的重要资源，为其提供继续教育服务，通过校友宣传，开拓和稳定就业单位资源。

4. “走下去”基层就业计划。针对社会需求，培养、引导、鼓励学生到基层建功立业，立足“下得去，留得住，能吃苦，会做事”的培养目标，全面实施“走下去”服务基层计划。

五、开展“五个对接”

1. 专业设置与社会需求对接。学院设置新专业与产业、行业、企业对接，对就读社会急需紧缺专业的学生，给予每生1800元的学费补助。同时，利用库区移民学生奖励政策，对每名库区移民考生奖励8000元/年，资助库区移民经济发展需求的专业人才培养。

2. 专业人才培养方案与岗位职业能力需求对接。把岗位职业能力对应的工作领域与学习领域对接，设置学习情境，配置教学资源，实现职业院校人才培养新模式。

3. 专业课程标准与职业标准对接。专业课程设置参照用人单位职业岗位标准，实现专业课程标准与岗位职业标准的对接，按新的专业课程标准，开展教学改革，开发校本教材。

4. 教学过程与工作过程对接。实施“理实一体、工学结合、做中学、做中教、师带徒”的教学改革，将教学过程和工作过程有机对接，提高技术技能人才培养质量。

5. 学生毕业证书与职业资格证书对接。推行毕业生实行双（多）证书制度，学生毕业获得毕业证书的同时，通过职业技能鉴定，获得职业资格证书。

六、做好“六项服务”

1. 做好就业质量和就业签约服务。严格审核招聘单位资质、质量，从源头上确保毕业生权益。开展违约监督，督促单位和毕业生履约。

2. 做好就业创业指导服务。开设就业指导课和创业创新教育等4门课程，共64课时4个学分。邀请优秀就业创业人士举办了“成长交流会”和创新创业咨询、实践指导。

3. 做好就业“四个到位”服务。毕业生数与校级专职就业人员之比达474:1；各类就业创业场地达1800平方米；学院设就业指导中心、就业办等机构。2014年就业工作经费为51万元，超过学费收入的1%。

4. 做好“一对一”服务。学校把“双困生”的就业作为就业工作的一个重点。在资金上，提供补贴，在指导上，“一对一”帮扶。

5. 做好学生综合能力提升服务。开辟“第二课堂”，通过“校园大舞台”、“课前演讲”、“礼仪行动”等系列活动，提高学生综合素质。

6. 做好创新创业平台服务。校企共建钢城大学生创业孵化园和校园创新创业实践基地，助推学生创新创业。

近年来，昆明工业职业技术学院就业创业工作的进步，彰显了校企一体的办学机制，得益于国家政策和云南省教育厅的大力支持，是学院师生共同努力全员参与的结果。站在新的起点，学院将主动适应就业创业工作的新常态，使就业创业工作再上新水平。

附件 1

2014 年度全国毕业生就业典型经验高校名单

东南大学，厦门大学，重庆大学，兰州大学，北京建筑大学，天津财经大学，河北金融学院，唐山师范学院，辽宁科技大学，渤海大学，吉林华桥外国语学院，东北农业大学，华东政法大学，上海海洋大学，南京信息工程大学，浙江传媒学院，浙江科技学院，浙江师范大学，安徽大学，安徽工程大学，福州大学，青岛科技大学，华南农业大学，华北水利水电大学，黄河科技学院，三峡大学，邵阳学院，南华大学，湖南农业大学，西南石油大学，贵州财经大学，云南大学，云南工商学院，河北工业职业技术学院，锡林郭勒职业学院，辽宁林业职业技术学院，吉林铁道职业技术学院，黑龙江职业学院，上海工艺美术职业学院，江苏建筑职业技术学院，常州机电职业技术学院，浙江金融职业学院，江西环境工程职业学院，广东水利电力职业技术学院，广州番禺职业技术学院，广西国际商务职业技术学院，海南经贸职业技术学院，开封大学，重庆三峡职业学院，新疆农业职业技术学院。

附件 2

2012—2013 年度全国毕业生就业典型经验高校名单

北京科技大学，南开大学，承德石油高等专科学校，山西交通职业技术学院，内蒙古财经大学，辽宁金融职业学院，长春中医药大学，吉林财经大学，东北电力大学，哈尔滨工业大学，黑龙江大学，黑龙江工程学院，黑龙江农业工程职业学院，上海外国语大学，上海海事大学，上海师范大学，上海医药高等专科学校，河海大学，江苏畜牧兽医职业技术学院，南通航运职业技术学院，宁波大学，浙江经贸职业技术学院，安徽师范大学，安徽医学高等专科学校，福建对外经济贸易职业技术学院，华东交通大学，山东大学，青岛大学，山东农业大学，山东英才学院（民办），山东商业职业技术学院，黄河水利职业技术学院，济源职业技术学院，武汉理工大学，武汉职业技术学院，武汉船舶职业技术学院，湖南科技大学，湖南工业大学，湖南科技学院，华南理工大学，北京师范大学珠海分校，广东工程职业技术学院，西南大学，重庆文理学院，四川大学，西南财经大学，西南民族大学，贵州大学，昆明理工大学，陕西师范大学。

附件3

2011—2012年度全国毕业生就业典型经验高校名单

中国农业大学，中央财经大学，北京工业大学，北京工业职业技术学院，天津职业技术师范大学，河北工业大学，河北经贸大学，山西建筑职业技术学院，内蒙古工业大学，大连理工大学，沈阳农业大学，辽宁农业职业技术学院，吉林农业大学，哈尔滨工程大学，黑龙江科技学院，黑龙江建筑职业技术学院，东华大学，华东师范大学，上海立信会计学院，南京理工大学，南京航空航天大学，南京师范大学，南京工业职业技术学院，浙江大学，浙江理工大学，浙江机电职业技术学院，合肥工业大学，安徽理工大学，安徽科技学院，江西财经职业学院，日照职业技术学院，河南工业大学，河南城建学院，湖南大学，湘潭大学，湖南城市学院，肇庆学院，海南大学，重庆邮电大学，重庆工商大学，西南交通大学，成都理工大学，四川农业大学，云南农业大学，云南师范大学，昆明冶金高等专科学校，西藏民族学院，西安电子科技大学，西北工业大学，兰州交通大学。

附件 4

2010—2011 年度全国毕业生就业典型经验高校名单

北京理工大学，华北电力大学，北京林业大学，北京师范大学，北京外国语大学，中国政法大学，首都师范大学，天津职业大学，燕山大学，河北农业大学，邢台职业技术学院，东北大学，大连海事大学，长春理工大学，长春职业技术学院，哈尔滨理工大学，黑龙江东方学院（民办），复旦大学，上海理工大学，南京大学，江南大学，南京林业大学，常州信息职业技术学院，金华职业技术学院，安徽职业技术学院，安徽工贸职业技术学院（民办），福建信息职业技术学院，江西理工大学，江西师范大学，九江职业技术学院，中国石油大学（华东），青岛理工大学，山东交通学院，河南大学，河南农业大学，河南机电高等专科学校，华中师范大学，中南财经政法大学，武汉铁路职业技术学院，长沙理工大学，湖南师范大学，湖南铁道职业技术学院，中山大学，华南师范大学，深圳职业技术学院，重庆理工大学，铜仁职业技术学院，西安理工大学，北方民族大学，银川科技职业学院。

附件 5

2009—2010 年度全国毕业生就业典型经验高校名单

北京大学，清华大学，中国人民大学，北京交通大学，北京航空航天大学，北京化工大学，对外经济贸易大学，中国石油大学（北京），中国地质大学（北京），天津大学，天津工业大学，河北大学，太原理工大学，内蒙古科技大学，大连民族学院，辽宁工程技术大学，辽宁省交通高等专科学校，东北师范大学，长春工业大学，鸡西大学，同济大学，上海交通大学，华东理工大学，上海财经大学，上海大学，中国矿业大学，江苏大学，杭州电子科技大学，安徽新华学院（民办），漳州职业技术学院，江西财经大学，郑州大学，河南职业技术学院，华中农业大学，湖北工业大学，中南大学，湖南交通职业技术学院，茂名学院，广西医科大学，重庆交通大学，四川建筑职业技术学院，贵州交通职业技术学院，大理学院，西安交通大学，西安建筑科技大学，杨凌职业技术学院，兰州理工大学，青海师范大学，宁夏医科大学，石河子大学。

后　　记

为深入贯彻落实党的十八届三中全会关于“健全促进就业创业体制机制”及促进高校毕业生就业创业工作的重要任务部署和要求，持续发挥就业典型高校的示范引领作用，根据《教育部办公厅关于开展第二轮高校毕业生就业总结宣传工作的通知》（教学厅函〔2014〕3号）文件要求，2014年12月，教育部正式启动2015年度高校毕业生就业总结宣传工作，经申报推荐、专家初选、社会调查、实地调研等环节工作，截至2015年6月底，2015年度50所就业典型经验高校正式产生。

在申报推荐阶段，全国各地共推荐申报高校117所，涵盖31个省（自治区、市），其中中央部门直属高等学校8所（含1所高职），省属本科院校60所，省属高职高专院校49所。在专家初选阶段，组织专家对各校进行分组通信评审。在社会调查阶段，以第三方专业调查机构为依托，对117所高校开展了毕业生和用人单位满意度调查，共调查毕业生47255人，用人单位5390家。依据专家初评和社会调查结果产生入围实地调研的55所高校名单。在实地调研阶段，组织14个专家组分赴入围高校开展实地调研，核实学校人才培养及就业工作实际情况，帮助学校总结凝练工作经验特色。根据专家调研结果和分类指导、地区兼顾原则，经领导小组核准，最终确定2015年度50所就业典型经验高校。其中，中央部门直属高等院校5所，省属本科院校28所，高职高专院校17所。2015年度就业总结宣传工作取得阶段性成果，各高校的艰苦努力、积极探索为高校毕业生就业创业工作提供了宝贵的经验，对推动高校毕业生就业创业起到了典型示范作用，对深化以就业和社会需求为导向的高等教育改革具有很大的借鉴和参考价值。

教育部副部长林蕙青同志在2015年度全国毕业生就业典型经验高校座谈会上对此项工作给予了高度肯定，强调“这项工作在就业战线乃至社会的影响不断扩大，在推动各高校深化高等教育改革、创新人才培养模式、促进毕业生就业创业工作等方面都发挥了重要导向作用，国务院领导和部党组积极评价，省市高校普遍认可，社会广泛关注。”按照部领导的部署要求，参照往年工作经验，我们编印了2015年度50所典型经验高校特色材料汇编，对今年推选出的就业典型经验高校的经验思路、特色总结进行了汇总提炼。希望通过此书的编印和推广，能够继续为高校毕业生就业战线提供有益的借鉴和参考，将典型经验高校关于促进就业创业工作和深化教育教学改革的好经验和好做法推广出去，为实现更高质量的就业和深化教育教学改革、不断开创高校毕业生就业创业工作新局面提供思路启发和经验借鉴。

就业总结宣传工作的顺利开展和本书的出版，凝聚了来自方方面面同志们的心血和劳动。在本书出版之际，谨对多年来给予高校毕业生就业总结宣传工作大力支持的各有关方面领导和同志们表示衷心感谢！感谢就业总结宣传工作领导小组对工作全过程的精心指导与大力支持；感谢国家统计局社情民意调查中心和北京新锦成数据科技有限公司的鼎力支持；感谢教育部办公厅、高教司、学位办、职成司、财务司和评估中心等单位的密切协作；感谢全体专家同志们的辛勤工作、无私奉献以及各省市就业部门和高校的全力配合。此外，也对就业总结宣传工作中默默奉献的各位工作小组成员一并表示感谢。

编　者

2015 年 12 月